U0059727

謹以此書紀念一位　台灣的「Mr. Vinson」★
海洋台灣文教基金會創辦人　廖中山教授（1934－1999）

★：見本書附錄十三

南極
世界公園

從南極看台灣

圖文並茂的南極綜合介紹

海洋文化、科學務實、南極國際政治、全球環境變遷

Revised & Renamed Version

企鵝先生 著

前衛出版

初版　序（一）　科學觀

從南極看台灣，也是從台灣看南極。李後進君客居紐西蘭 10 年後返國，有感於台灣遭受環境迫害之窘境，特寫成《前進南極：從南極看台灣》一書，值得國人一讀及反省，樂爲之序。

1997 年鎮東在英國的《自然》（*Nature*）雜誌，一連發表了 2 篇文章，探討海洋吸收化石燃料二氧化碳的多寡問題。當時所面臨的瓶頸是缺乏南冰洋，尤其是威得海（Weddell Sea）的冬季數據。由於冬季海況惡劣，從未有研究船前往研究。然而冬季之威得海卻又是全球三大洋底層水的主要來源，缺乏了源頭的數據，對資料的研判，自然造成重大的不確定因素。

之後一年多的時間內，鎮東多方奔走，尋求冬季前往威得海研究的機會。正巧美、蘇當時也對三大洋底層水的生成有興趣，因此由蘇聯提供美國所沒有的大型破冰船（15,000 噸的蘇摩夫號：SOMO），而由美國提供蘇聯所缺的精密設備，合作前往威得海調查。

鎮東當時在奧勒岡州立大學任副教授，也爭取到了上船的機會，與 12 位美國科學家及 13 位蘇聯學者，於 1981 年 10 月 9 日（南半球冬末春初）由烏拉圭首府蒙特維得歐開航，10 月 20 日由南緯 56 度半進入南極威得海冰原，穿透 300 浬之冰原後，11 月 3 日由南緯 62 度半開始返航，11 月 14 日離開冰原，25 日回到蒙城。在冰原中發現，表層海水之溶氧低於正常值達 15%，原因是中、下層低氧的海水湧升至表面後，因冰原之覆蓋無法與大氣交換，溶氧等氣體無法進入。也因此海洋學家才發現過去認爲南冰洋可吸收大量化石燃料二氧化碳的說法是錯誤的。

1984 年鎮東返國擔任中山大學客座教授，隨即展開與法國之合作，84、85 年二度搭乘 6,500 噸的馬麗安號前往印度洋區之南極海域調查，並於若干法屬島嶼登岸。不過由於國內對相關研究不表興趣，鎮東所用的美方經費無以爲繼，86 年最後一次赴印度洋後工作宣告暫停。

日前接獲李後進君來函表示他正在撰寫《前進南極：從南極看台灣》一書，又掀起了塵封的回憶。這麼多年來雖然未能重返南極，不過相關研究未曾中斷（只不過是不得不改用他人收集的資料）。尤其在全球氣候快速變遷的年代，由於南極地理位置的特殊性，以及生態的脆弱，全球環境的改變，往往在南極領先顯現出來。

以氣溫爲例，南極氣溫上升即是科學界極爲關心的問題。預測今後 100 年南極氣溫可能上升攝氏 8 到 10 度，而台灣只會上升 1 到 3 度。再以高空的臭氧洞爲例，南極上空發現的大洞規模極大，因此較早發現。隨後，台灣上空也發現了一個小洞。

地球其實很小，各地空氣、海水互動關係密切，南極產生的變化要不了多久就會影響到台灣。台灣身爲地球村的一份子對南極的關注理所當然，卻一向被忽視了。李君的大作適時的提供了有關南極廣泛、圖文並茂的報導，值得一讀，其用心也令人欽佩。

中山大學海洋地質及化學研究所教授
行政院國家永續發展委員會
陳鎮東
1999 年 3 月 26 日

初版 序(二) 歷史觀

少年時代曾在英文教科書中讀過史考特(Robert F. Scott, 1868 - 1912)的南極遠航探險日記，印象極爲深刻。1998年7月在蘇格蘭的Dundee，登上當年他所搭乘的「探索號」(Discovery)參觀，1999年2月在紐西蘭基督城(Christchurch)的Avon河畔瞻仰他的銅像，也前往他在1901年8月南極遠航時曾停泊整補的Lyttelton港一遊。遙遠而陌生的南極藉著歷史的牽連似乎不再遠不可及，透過「海洋台灣文教基金會」結識了李後進兄，並有緣先閱讀他的書稿，使我能搶先登陸而閱讀南極。

後進兄在南極前進基地的紐西蘭居住多年，也曾親自到過南極，因對南極充滿高度探索的興趣，因此不斷收集資料而奮力撰寫《前進南極：從南極看台灣》一書，作爲返國後送給國人的見面禮。希望擴大台灣人的知識視野，培養海洋國家性格，其精神令人感動。本書內容相當廣泛，涵括自然事物的地質、地形、氣候、生態、動物及南極周邊，人文事物則有由早期至近代的探險活動、交通旅遊、地緣政治、科學研究等，作者編列井然有序的要目，書寫各種自然與人文事物，尤其配上甚多得之不易的圖片，更增加其可讀性，是國人瞭解南極的最佳資料。

作者在書中特別著墨諸多探險家的冒險犯難、堅毅不拔的精神，國家更應積極參與南極的有關研究，藉前進南極改變台灣國際地位等要旨，使這本書不單只是在認識南極而已，在〈從南極看台灣〉一章中所提及的海洋精神、科學精神、從南極看台灣、台灣須進行國家改造、前進南極的學術研究、野外活動探險等，更是具有高度的反省性。

台灣是一海洋島國，台灣人卻不是海洋之子，在長期受制於威權體制而形同陸封之國後，吾人應重新探索台灣的國家屬性與發展方向，由陸地、海洋、海島到海外，從「前進南極」到「從南極看台灣」，面向大海洋，迎接新世紀，這是作序者的感想與期待，更願與讀者共享，是爲之序。

中央大學歷史研究所副教授

戴寶村

1999年3月30日

初版 序（三） 文化觀

兩年多前，海洋台灣文教基金會的網站收到李先生發自紐西蘭的信，表達對我們的宗旨及工作方向的鼓勵和期待，並略述他的寫作計劃。不久，他短暫回台灣收集海功號的相關資料，曾數度來基金會晤談他的寫作計畫、進度及對海洋台灣之寄望，並展示一些初稿與前所未見的南極景觀照片。去年，他在完成初稿的同時，也結束了紐西蘭的業務而回台定居；事實上，他是因著自己「從南極看台灣」的見聞與感想，正在積極推著台灣「前進南極」。

返台後，李先生來基金會研商出版事誼。當時正值三合一選舉逐漸加溫之際，庸俗的我把大部分時間精力集中在各方口水新聞上，時而加入筆戰；對眞正珍貴的書稿僅只漫不經心地瀏覽一下目錄、照片及部分章節。雖也曾陪他向認識的出版界引荐都不曾有結果；幸有基金會原始創始人之一的林文華先生，除精心代爲設計封面外，並仔細研讀及提供改進意見，終獲晨星出版社允予出版。簽約後，作者要我寫序，拖了好幾個月，一直遲遲無從下筆，原因如下：

參與海軍，環遊世界，我 15 歲加入海軍陸戰隊，21 歲進海軍官校，29 歲退伍，14 年的海軍生涯只去過一次琉球。4 年的商船工作、25 年航海教學生活都侷限於一般水域的開船技能，藉以謀生而已。回顧一生，對於有關海洋的人文、社會，特別是基礎科技，如海洋地質、生態等普通常識都極爲貧乏。

而李先生用 10 年的生活體驗，加上純爲理念所走過的道路與心路完成這本著作，對我來說幾乎是完全陌生的領域。

對於這本書，我眞的是無力作序，謹寫出個人的幾點雜感與讀者分享：

千百年來，億萬中國（或曰漢、唐）人，「活著」是最高的價值，

「過好日子」是一切努力的目標。早在一百多年前，西方探險家全憑傳統的帆船登陸南極，現存的一個古基地門外仍保留一具完整的 Husky 狗遺骸。20 年前，有一對英國夫婦由英國格林威治沿 0° 經線南下到達並跨越南極後，再沿 180° 經線（國際換日線）北上直到北極，再向南回到倫敦；這趟繞地球一週走了 3 年，行前花了 6 年時間籌備。4 年前一對澳洲夫婦曾在南極具有最強狂風紀錄的地方建造一棟小屋住了一年，爲了要體驗時速兩百多公里的狂風以及全年平均氣溫在 0℃ 到 -59℃（曾有 -91℃的紀錄）的酷寒。作者曾看見過一位八十幾歲的老翁參加南極旅行以完成他一生的心願……。這些人並非有錢、有閒，而是集一生的努力賺錢、借貸或變賣產業，就爲了完成自己的理想。

大漢傳統文化產生的中國人，從小到老，很難有人會有這種理想或心願。誠如作者說，台灣人（應該是傳統中國人）會問：南極那裡有什麼好玩的？好吃的？我再補充問：去那兒會有什麼好處（名、利、事業、前途）？假如能再回到 20 歲，或能活到 100 歲，我也不會有上述的理想或心願。

作者把西方人文與科技的成就歸之於「科學精神與海洋文化」兩大原動力，對此範疇遼闊的思維我雖有同感，卻無力具體其所以然，只能霧裡看花一樣，粗略述說自己的淺見。

80 年前，中國知識份子大力鼓吹迎接「德先生和賽先生」（民主和科學），現在中國人只迎來德先生的軀殼和賽先生的畫像，全無兩者的精神。

個人認爲「科學精神」首重求眞，具體的表現是親近自然、瞭解自然並向自然學習和諧共生之道，進而體認到自然的美善。「海洋文化」是以眾生平等爲基點，發展出人類彼此及與萬物之間的價値觀、社會結構及生活方式。假設此言有些許道理，則台灣人在「科學精神及海洋文化」方面尚在啓蒙階段。

海洋台灣文教基金會董事長
海洋大學教授

廖中山

1999 年 4 月 11 日

初版 序（四） 社會觀

以「企鵝先生」爲筆名的李後進先生利用旅居紐西蘭的時間從事「南極」的觀察與研究，其具體成果就是一本《前進南極：從南極看台灣》之用心力作。記得20年前他還是一位國小教師時，就相當關心台灣鄉土的一草一木，而台灣的政治生態也不例外。只是理想與現實往往大有出入，也許這點正是他離鄉背景前往紐西蘭寄居的原因。人總是善於適應環境之動物，只是投入並探究其所處環境者實在不多，李先生卻是其中之一。我很佩服他於旅居紐國之後對「南極」如此投入與愛好，繼而完成了這本力作。而此書又能夠被安排在「台灣叢書」裡面，由此可見它受重視之程度。

誠如作者所言：「南極」是個遙遠的地方，可是它卻是我們這個地球行星的重要生態地區。激發作者著述此書的動機，除了讚嘆西方探險家早在一世紀前即有「南極探險」的偉大行止而大書特書者外，更要鼓勵時下的台灣人憑其「海洋精神」去認識「南極」，繼而「前進南極」。

就作者於書中目錄的安排及其敘述的內容見之，可謂對「南極」的探索相當用心且觀察入微。作者在第一章即肯定「南極大陸」是上蒼所賜之「世界公園」，因此一自然淨土的「生態」既活潑又迷人——南冰洋的「冰」、「天候」、「時令」、「特殊生態」、「野生動物」及其與「亞南極關係」等等，所以值得介紹。同時作者又切入有關「南極探險」之歷史，打從「南極大陸」的發現、過去與現在之探險活動、各國在該地區的科學研究基地，以至「南極旅遊」情況及人類活動對「南極」的衝擊等等均有細膩觀察與記錄，誠然用心良苦，精神可嘉。而其中最具啓發性價值的是〈從南極看台灣〉（第20章），它提到西方人的「海洋精神」及「科學精神」之偉大貢獻，因它足以爲島國台灣人之楷模。再從「南極」看台灣這個16世紀被葡萄牙航海家命名為「美麗島」（IIha Formosa）的鄉土，可惜因政治腐敗因素及泡沫經濟奇蹟，即無環保觀念而使它變成「垃圾之島」，又缺乏健全的教育觀與國際觀而使它無「國際戶籍」，所以台灣要向「南極」學習，更要前進「南極」、探險「南極」！作者又提到台灣人要向紐西蘭人學習與借鏡，也強調台灣島國之改造——建構一個健全的民主、經濟、文化、科學、社會安全保障、與大自然融合的「生命共同體」社會；若以基督教的信仰而言，那就是「上帝國」能實現在斯土台灣。

走筆至此，我實在十分佩服做為台灣人的作者對於「南極事物」有如此的熟悉與熱愛，同時對於祖國台灣有如此的感情與期待。台灣是一條太平洋上的大鯨魚，牠要載著斯土斯民游向世界五大洋去認識各國的人文，學習不同民族的優點。而《前進南極：南極看台灣》正是發揚它海洋精神之重要課題。期待這本李先生的佳作，使咱大家有所啓發與學習。

師範大學人文教育中心兼任教授

董芳苑 謹識

1999年4月21日

初版　謝誌

本書幸得各界的大力協助方能完成出版，在此要特別向他們致謝。

內文方面：國內之海洋台灣文教基金會董事長廖中山教授、中央大學的戴寶村教授、師範大學的董芳苑教授、中山大學的陳鎮東教授和台灣水產試驗所的楊鴻嘉博士、劉振鄉博士、王敏昌兄及廖學耕兄，以及民生報的黃德雄兄等都提供了相關之知識／資料與指正，其中陳教授更讓本書收錄其大作〈寶島未來的環境〉；而本書最後章之公共政策提議的「台灣南極博物館」則來自舍弟李後龍的構思。另，紐西蘭的外交與貿易部、南極研究院（NZAI）及南極遺產信託基金會（AHT）、綠色和平組織與科學家 David L. Harrowfield 博士、美國之山脊俱樂部（Sierra Club）、南極公約系統之南極研究計畫經理委員會（COMNAP）、Alpine Ascents 公司、英國的史考特極地研究所（SPRI）及遺產信託基金會（UKHT），還有美、英、德、挪、義、日、法、阿、智、印、中、澳、紐、斐、荷、比、韓、加、波蘭、瑞典及巴基斯坦等之國家南極科學研究機構均支援了其研究活動的相關資訊。

在影像方面，國內之中山大學的陳鎮東教授、台灣水產試驗所的王敏昌兄、張子芸小姐、理想旅運社蘇三仁與陳瑞倫兄、新觀念雜誌社的郭宏東兄、民生報的黃德雄兄、台灣國家山岳協會的張合助兄及中華山岳協會等提供相關議題之影像，生態畫家鄭義朗（魚藏）亦無償地提供其使用於今年最新之生態月曆的鯨豚原作，海洋台灣文教基金會的林文華兄幫忙畫製台灣南極研究計劃的標記，建國會讓本書使用其登錄之台鯨標記則得到張旭文兄的協助，構想中的「台灣南極中心」則由黃俊男兄提供其悉心完稿的圖像。國外，無償支援來自加拿大之 Gareth Wood 先生、挪威的 Sjur 及 Simen Modre 兄弟、英國的 Ranulph Fiennes 爵士、比利時的 Alaian Hubert 及 Michel Brent 先生、美國的 Vaughan 夫婦及其隨隊專業攝影師 Alpineimage 公司的 Gordon Wiltsie 先生等現代南極探險者，及紐西蘭的南極研究院、生態保育部（DOC）、美國的 Lockheed 公司、瑞典的 Hagglunds 公司與澳洲的 Adventure Associates 公司。紐西蘭的國立海事博物館、Auckland 戰爭紀念博物館、Lyttelton 博物館、Canterbury 博物館以及南極中心亦免費讓本書使用筆者分別在其館內所拍攝的相關歷史文物影像，而其國立圖書館內的 Alexander Turnbull 專館和 Canterbury 博物館以及美國的 Alpine Ascents International 公司則讓本書以優惠價購其所蒐集之難得的南極探險照片。澳洲的 Adelaide 大學亦提供了一則歷史影像。美國柏克萊大學的 Douglas M. Lowder 博士則慷慨地讓本書使用其 AMANDA 研究計劃標誌。美國 Griders Promotions 公司、Alpineimage 公司及加拿大的 ANI 公司還曾不吝地協助筆者找到數位南極探險者，以搜集其事蹟或影像。

紐西蘭的吳德朗、周義雄、周三雄、潘耀西、譚維禎、蔣文玲、廖林志翊、劉思漢、劉莉莉及趙吉章等友人在意見提供、編輯方向、翻譯、審閱與電腦作業，及筆者在撰寫本書時遭逢有生以來最低潮與困頓的時候之精神鼓勵等方面都曾給了我相當的幫忙。

因台灣基督長老教會的陳南州牧師及施瑞雲小姐的協助，使簽滿名的八菊旗得以攜往南極留影。回台後，莊春發、何光明及許恆銘兄亦提供寶貴的意見，尤其海洋台灣文教基金會的林文華兄極熱誠地在包括電腦作業、尋求 / 提供相關協助和資訊……，給了我這位久不在原鄉台灣而不熟悉本地事物者莫大的助力。

承蒙陳鎮東教授、戴寶村教授、廖中山教授及董芳苑教授等 4 位學術先進的嘉許與厚愛為本書作序，令人難忘的是其中有本人這趟回國後方認識者，甚至有至今未曾謀面的；而新觀念雜誌社的郭長豐社長與主編劉湘吟小姐熱忱地在其今年之二月號予本書作專文介紹，則給本人極大的精神鼓勵。董芳苑教授夫婦在我回國後的關懷與我的家人之長期支持亦助益良多。

前述之戴寶村教授曾協助尋找出版者，抱病中的廖中山教授還親身帶我去探訪出版社。最後，如無台中晨星出版社陳銘民社長之青睞及編輯團隊的協助，本書將無以順利面市，而陳社長更配合本人的書寫計劃，提撥三個百分比的版稅捐助「海洋台灣文教基金會」以傳播「海洋台灣」的國家發展理念則令人激賞。當讀者 您購買本書時，除了支持晨星出版好書的理念，亦已對前述之事跡作出貢獻而自在本人感謝之列。

企鵝先生

1999年4月22日

台灣．台北

初版　自序

「南極」（台語文 lâm-kek），好一個遙遠、陌生的名字！有多項原因促使筆者大膽地以粗淺的南極經驗來編寫這本書，其中有以下六點：

1. 1996 年初，筆者於高緯度之南極的 Ross 海域地區探訪早期探險者遺留下來之南極古屋時所目睹的一景一物，如在斜陽與寒風下，頸上掛著長鐵鍊且仍完整之 Husky 狗遺骸、作爲燃料與取暖用的成堆腥臭的動物油脂、各有名字的馬廄和極爲簡陋的用品……，著實令人讚嘆「海洋文化」的偉大。再加上數個月後，於此地經網路得知祖國台灣的「海洋台灣文教基金會（FOOT）」正在推廣「海洋台灣」之國家發展理念。

▲史考特（1911）木屋外的哈斯基狗遺骸 / 企鵝先生

2. 一位西洋年輕人可以在南極船遊的航海日誌上寫出那樣有深度的南極感言（見第 39 頁），而我們卻有人質疑「那裡冷得要命，會有什麼好玩的？」甚至劈頭即問：「那裡有什麼好吃的？」
3. 台灣四面環繞溫暖的海洋，是個十足的海洋國家，但我們近海而不認識海，絕大多數人沒有水上活動經驗，教科書沒有水上活動內容，書店及圖書館沒有水上活動的出版品，更無南極圖書，且國人在南極國際舞台上的活動極其有限。
4. 西方人在 500 年前即開始從事南極海上探險活動，在 100 多年前即已登上南極大陸，且早已從遠洋海上探險跨入太空探險，由 1957/58 的國際地球物理年（IGY）所促成國際社會開啟南極科學研究活動中之高空大氣研究，導致的人造衛星發射進而登月成功，到明年將是 30 週年，且火星已在 1 年多前已被登陸。第一代的太空站已運作 10 多年，而第二代的太空站研究計劃亦已展開。
5. 筆者在人口和台北縣（今新北市）相當的紐國此地認識一位厭倦了醫師生活而轉行的歷史學家，他於南島西南角之在近年被聯合國教科文組織（UNESCO）劃為世界遺產（World Heritage）的 Milford 國家公園做了 20 多年之田野調查，且寫了 20 多本書，並都能賣出去，現今前述工作仍在進行。
6. 近年來，在地狹人稠、特殊的「務虛」文化及「一切向錢看」之體制下，大自然環境遭受極度破壞的台灣經一波一波的大自然反撲已窘態畢出，而更嚴重的事故將可預見。

這是一本「圖文並茂」且為「第一本漢文的南極綜合介紹書籍」，希望其能適合各階層之讀者，從學生、一般成人、南極旅者及各公共事務決策者等的參考。筆者將本書分成「自然事物」與「人文事物」二大部分，前者介紹相關之南極的自然之謎，後者則蒐錄人類如何將前述自然知識挖掘出來的動力、南極探險活動史概要、國家南極科學研究活動、南極的國際政治以及反思性的「從南極看台灣」……等；筆者以為有許多「南極智慧」值得關注，其中有 3 大面向：

1. 全球環境變遷（Global Change）——它是南極科學研究活動中的主要內容，且為近年來人們極關注的環境科學議題。
2. 科學務實精神
3. 海洋文化思維

本書是筆者在與南極有特殊地理與歷史淵源的紐西蘭居住 10 年當中，有幸因工作的關係接觸到南極事物，加上激起的興致而進一步投入所累積的一點小成果，作為帶回國響應海洋台灣文教基金會所推廣之前瞻性的「海洋台灣」國家發展理念之小禮物。

本書的南極地圖係「以台灣主體視線」製作，其上端以 121°E 整數大致朝向台灣的重要陸標「玉山」，而應具特殊意義。

由於一則，南極之自然條件極為嚴苛而使作業極為艱辛，甚至需冒生命的危險；二則，一年當中人們真正能在南極從事戶外活動的時間極為有限；三則，因前述理由加上其地處偏遠致作業費用極度昂貴；四則，南極事物之涵蓋領域極為廣泛等；使來自 20 個出處之本書影像極為珍貴。非本人所有的，光找其源頭便曾煞費周章，甚至亦有因一張授權使用狀而費了九牛二虎之力；而在自拍者中，筆者曾因風聞難得探訪某港的某知名研究船即將南下作業，而及時趕抵其停泊處，並潛入管制區以長鏡頭搶拍而得。另在編寫部分，因需作大量的資料蒐集與查詢，筆者曾在近一年期間內幾乎連續每天工作 8 到 10 小時，甚至超過 12 小時，只因為想儘早完成它。

在本書的自然事物中，涉及地理、地質、地形、物理、生物、化學、海洋、醫學、氣象、冰河、天文及環境……等科學；而人文事物中，光是人名及地名便牽涉東加、葡、荷、法、西、英、俄、德、日、韓、挪威及瑞典等語文，筆者才疏學淺但求拋磚引玉，祈請先進們不吝指正，尤其對最後一章所提，有助於使台灣跨越世紀邁向眞正現代化國家之公共政策提議，能大力促成。

企鵝先生

1998 年 10 月 29 日

紐西蘭國 · 奧克蘭市

增修更名再版　自序與謝誌

本書初版《前進南極 ‧ 從南極看台灣》撰寫時，被定位爲「圖文並茂之南極綜合介紹書籍」，期能成爲想瞭解南極的讀者們所必購。承蒙厚愛，儘管有不少編輯作業上的瑕疵，其在 1999 年 5 月面市後至此仍應已達到前述既定目標。

對初版之增修作業始於 2008 年 6 月，本增修更名再版之整體架構未變動：

主文部分——就原有 20 章之主文訂正錯誤，且增加新資訊

附錄部分——新增從第二到第十三、共 12 篇和台灣有關的南極人文事物資訊

主文的內容增添，主要放在人文部分的探險故事、科學研究及南極政治方面，且提升較少見、非英語系國家及鄰近國家的份量，包括俄羅斯、比利時、西班牙、葡萄牙、中國、新加坡、印尼、馬來西亞及泰國等，事例如最新啓用的比利時零污染物排放的環境友善之研究站，和位於南極最高海拔處的中國崑崙研究站，以作平衡介紹。台灣方面亦新增包括南極探險活動和涉入的科學研究等資訊，其分別在第 12 和 14 章。

在此要向在各方面給我重要支援者表達最大的謝意：

毒魚研究權威學者楊鴻嘉博士對南冰洋魚類的中譯指導、台灣大學梁次震宇宙學和粒子天文物理學研究中心的陳丕燊教授提供其涉入之南極點「天壇陣列（ARA）」微中子觀測計畫的相關資訊，以及飽讀史書的好友譚維禎兄對附錄 11 所撰觀點的校對。影像抽換與新增方面，則有來自國立台灣海洋大學海洋環境資訊系陳天任教授、於澳洲的前國立中興大學生命科學系盧重成教授、台灣 Atunas 公司、在美國之好友吳志湧兄、英國東成先生、美國國家科學基金會（NSF）、比利時的 International Polar Foundation、法國 / 挪威 / 俄羅斯的極地研究所、Wikipedia 網站、新加坡的

Lulin Reutens女士、澳洲之Adventure Associates Pty南極旅遊公司、挪威總理辦公室、南極公約50週年高峰會網站、中央研究院資訊科技創新研究中心台灣創用CC計畫及國際綠色和平在台灣等多方支援。編輯出版作業則因長期投注台灣公共議題之前衛出版社林文欽社長和其總編輯鄭清鴻先生、美編張明娟小姐而順利完成，且日後的發行也仰賴他們。

另外，我要大聲感謝白色恐怖政治受難者楊新一兄，他長期關切台灣的公共事物而慷慨地經援贊助使得本再版的夢想得以成眞，這實爲台灣的「Mr.Vinson」(見附錄十三)之一大典範。

本書初版時，係爲配合推動「開啓台灣的南極科學研究活動，設立 Formosa 研究站，進軍南極國際舞台，除爲保護南極的普世價值盡國際義務，亦落實海洋立國」的目標，期待本增修更名再版能觸動更多讀者們的關心與助力。

企鵝先生

2014 年 1 月 1 日

目錄
CONTENTS

南極的自然事務

南極的人文事務

附錄

參考資料

以台灣主體視線繪製的

南極地圖集

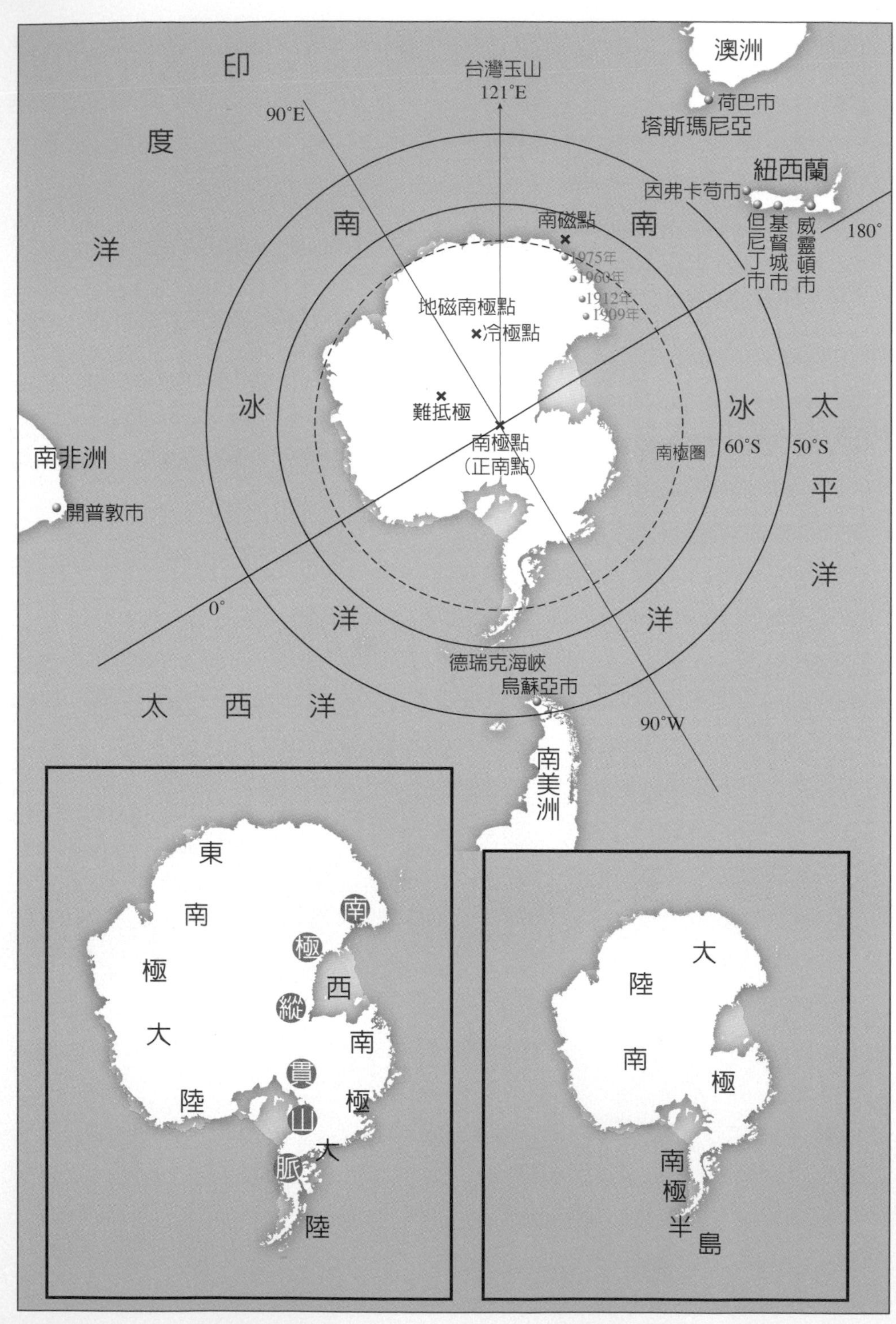
印
度
洋
台灣玉山
121°E
90°E
澳洲
荷巴市
塔斯瑪尼亞
紐西蘭
因弗卡苛市
但尼丁市
基督城市
威靈頓市
180°
南
南
冰
冰
洋
洋
南磁點
1975年
1960年
1912年
1909年
地磁南極點
冷極點
難抵極
南極點
（正南點）
南極圈
60°S
50°S
太
平
洋
南非洲
開普敦市
0°
德瑞克海峽
烏蘇亞市
90°W
太　西　洋
南美洲
東南極大陸
南極縱貫山脈
西南極大陸
大陸
南極
南極半島

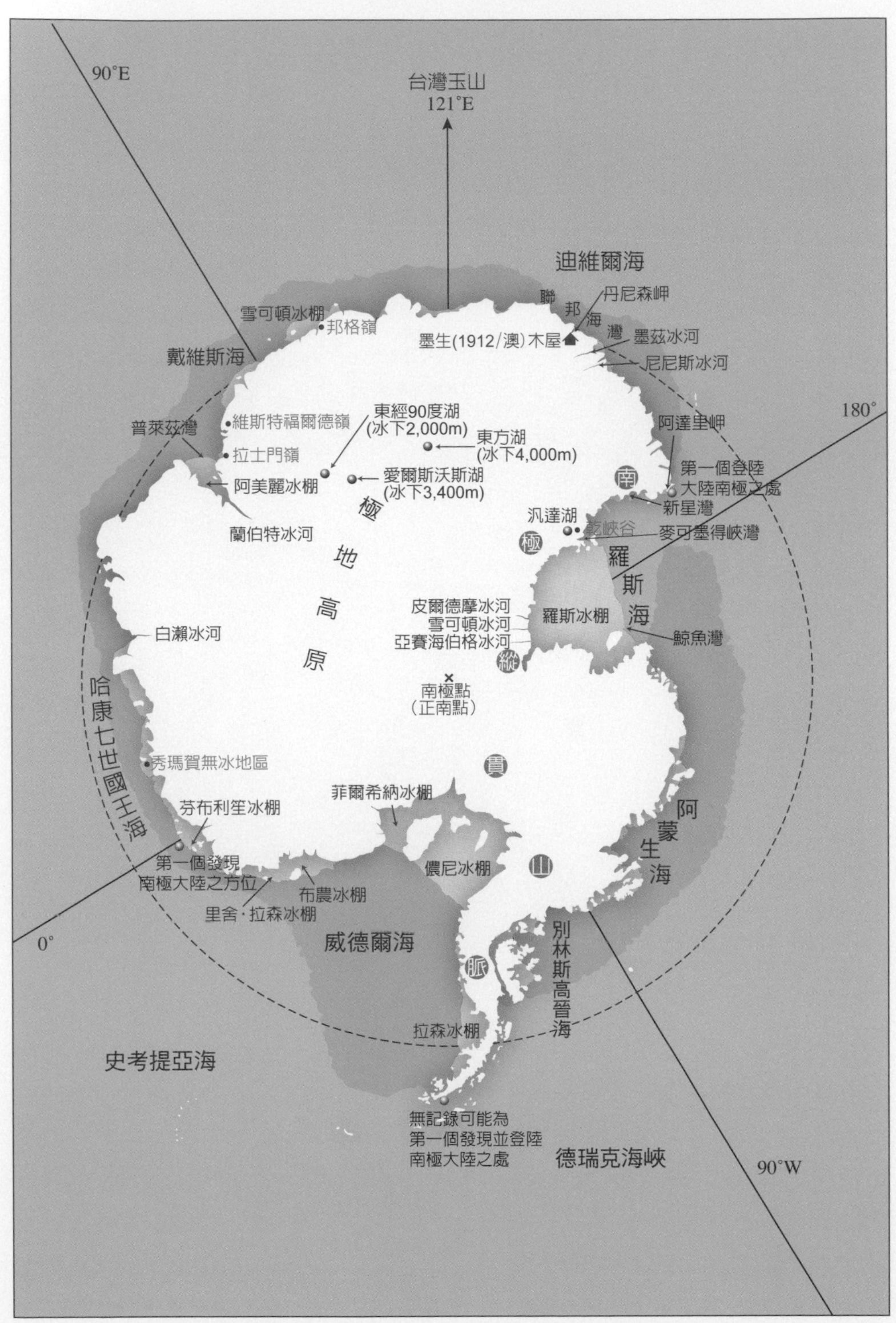

90°E
台灣玉山
121°E
迪維爾海
聯邦海灣
丹尼森岬
雪可頓冰棚
邦格嶺
墨生(1912/澳)木屋
墨茲冰河
尼尼斯冰河
戴維斯海
180°
東經90度湖
(冰下2,000m)
維斯特福爾德嶺
阿達里岬
普萊茲灣
東方湖
(冰下4,000m)
拉士門嶺
第一個登陸
大陸南極之處
愛爾斯沃斯湖
(冰下3,400m)
阿美麗冰棚
新星灣
極
汎達湖
乾峽谷
麥可墨得峽灣
蘭伯特冰河
地
羅
斯
海
高
皮爾德摩冰河
雪可頓冰河
亞賽海伯格冰河
羅斯冰棚
鯨魚灣
白瀨冰河
原
南極點
(正南點)
哈康七世國王海
秀瑪賀無冰地區
菲爾希納冰棚
芬布利笙冰棚
阿蒙生海
第一個發現
南極大陸之方位
儂尼冰棚
布農冰棚
里舍·拉森冰棚
0°
威德爾海
別林斯高晉海
拉森冰棚
史考提亞海
無記錄可能為
第一個發現並登陸
南極大陸之處
德瑞克海峽
90°W
南
極
縱
貫
山
脈

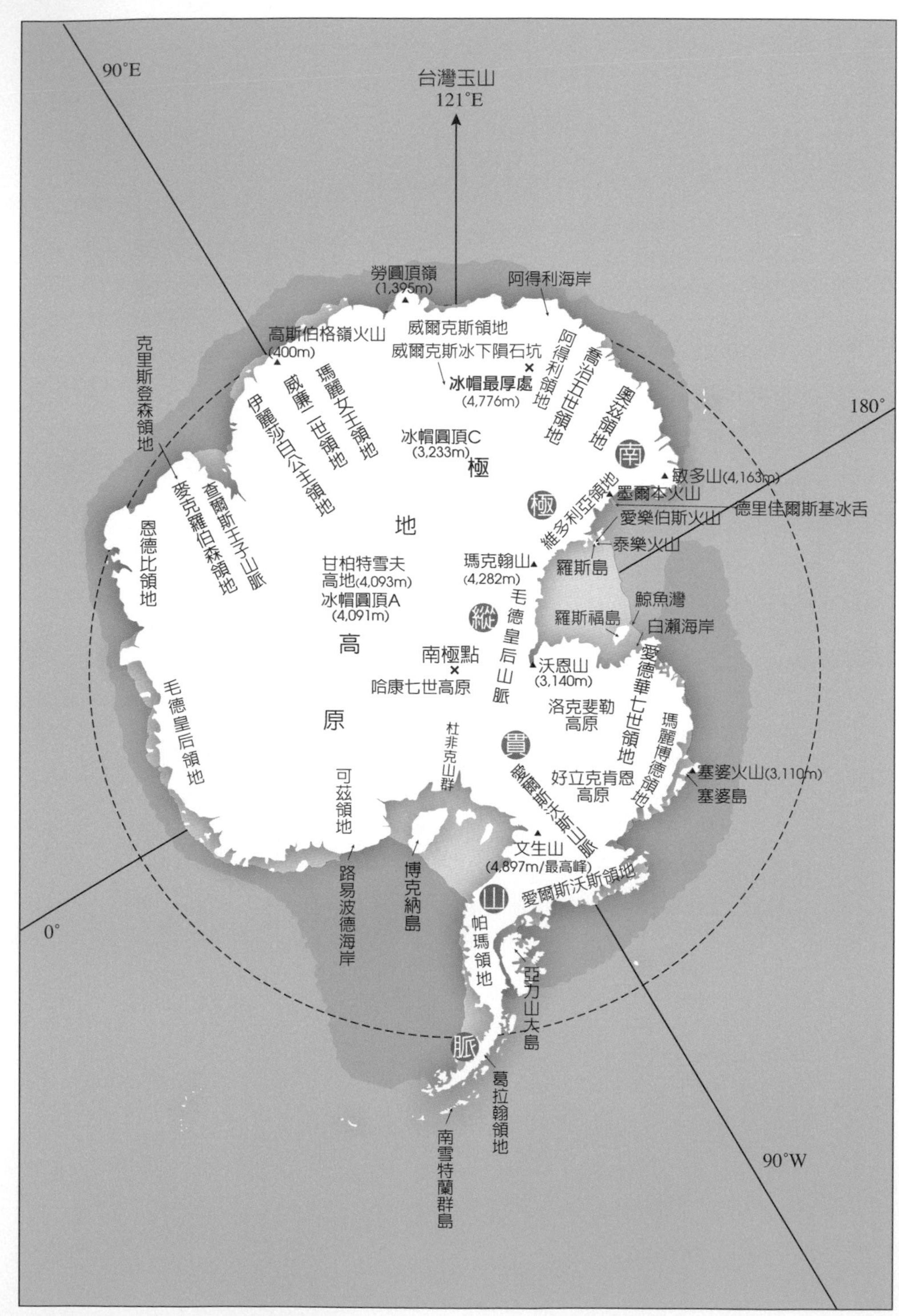

90°E
台灣玉山
121°E
180°
0°
90°W
勞圓頂嶺
(1,395m)
阿得利海岸
威爾克斯領地
威爾克斯冰下隕石坑
冰帽最厚處
(4,776m)
高斯伯格嶺火山
(400m)
克里斯登森領地
瑪麗女王領地
威廉二世領地
伊麗莎白公主領地
阿得利領地
喬治五世領地
奧茲領地
冰帽圓頂C
(3,233m)
南
極
地
高
原
極
縱
貫
山
脈
敏多山(4,163m)
墨爾本火山
德里佳爾斯基冰舌
愛樂伯斯火山
泰樂火山
維多利亞領地
羅斯島
查爾斯王子山脈
麥克羅伯森領地
恩德比領地
甘柏特雪夫
高地(4,093m)
冰帽圓頂A
(4,091m)
瑪克翰山
(4,282m)
毛德皇后山脈
鯨魚灣
羅斯福島
白瀨海岸
南極點
哈康七世高原
沃恩山
(3,140m)
愛德華七世領地
洛克斐勒
高原
瑪麗博德領地
毛德皇后領地
杜非克山群
好立克肯恩
高原
塞婆火山(3,110m)
塞婆島
可茲領地
艾爾斯沃斯山脈
文生山
(4,897m/最高峰)
愛爾斯沃斯領地
路易波德海岸
博克納島
帕瑪領地
亞力山大島
葛拉翰領地
南雪特蘭群島

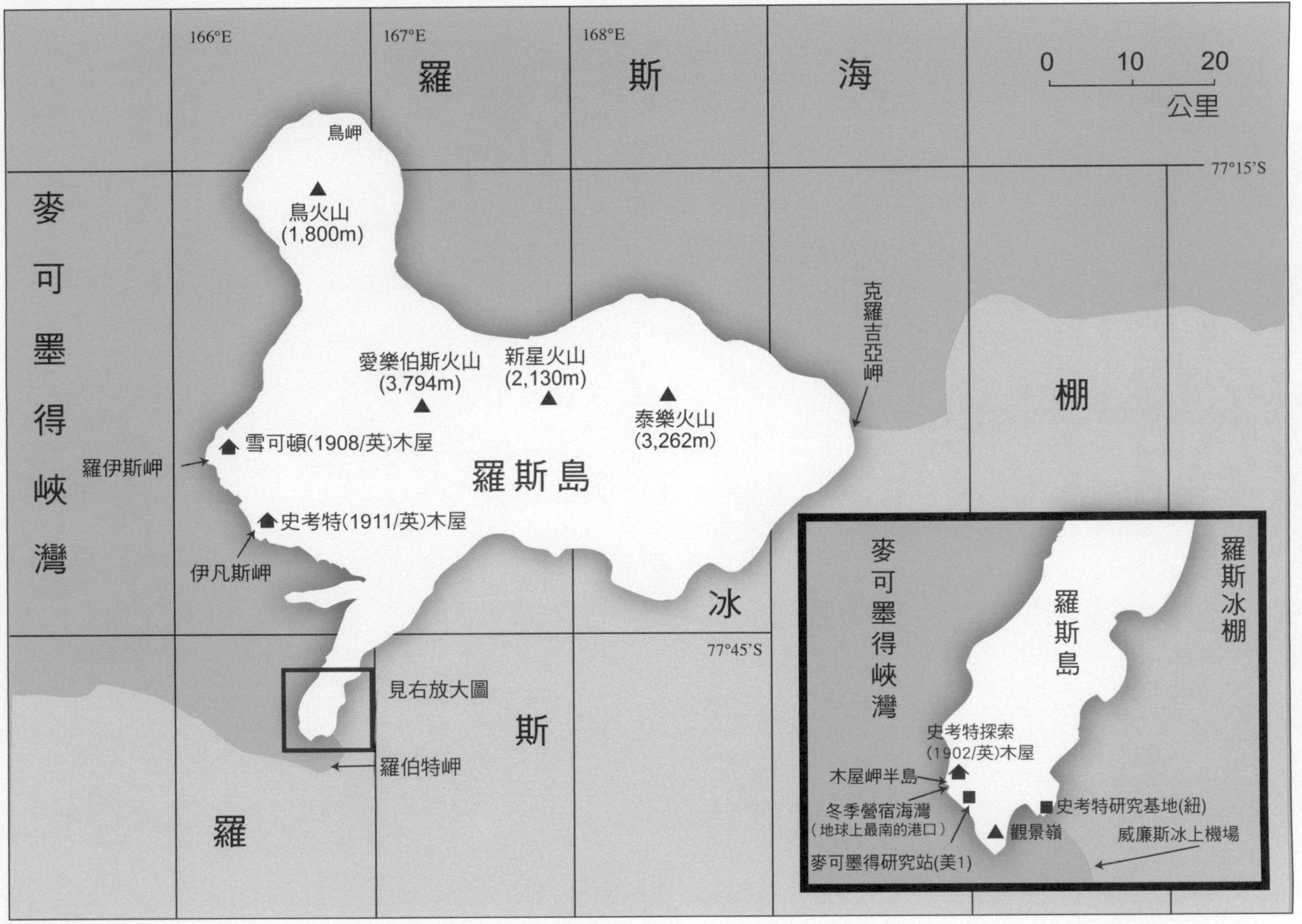

166°E
167°E
168°E
羅斯海
0 10 20
公里
77°15'S
77°45'S
麥可墨得峽灣
鳥岬
鳥火山
(1,800m)
愛樂伯斯火山
(3,794m)
新星火山
(2,130m)
泰樂火山
(3,262m)
克羅吉亞岬
棚
雪可頓(1908/英)木屋
羅伊斯岬
羅斯島
史考特(1911/英)木屋
伊凡斯岬
冰
見右放大圖
斯
羅伯特岬
羅
麥可墨得峽灣
羅斯島
羅斯冰棚
史考特探索
(1902/英)木屋
木屋岬半島
冬季營宿海灣
(地球上最南的港口)
麥可墨得研究站(美1)
觀景嶺
史考特研究基地(紐)
威廉斯冰上機場

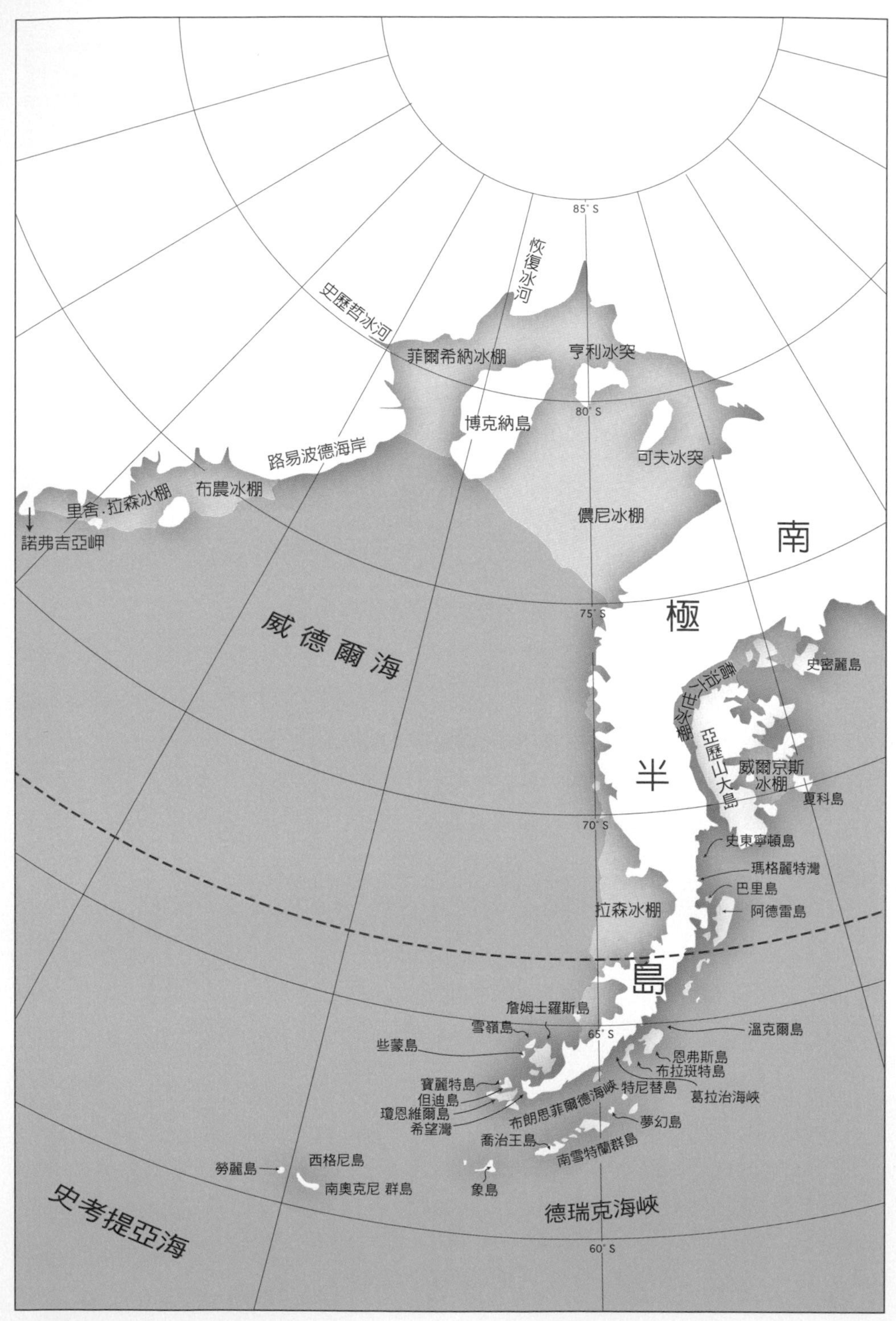
85° S
恢復冰河
史歷哲冰河
菲爾希納冰棚
亨利冰突
80° S
博克納島
可夫冰突
路易波德海岸
布農冰棚
里舍.拉森冰棚
諾弗吉亞岬
儂尼冰棚
南
極
半
島
75° S
威德爾海
史密麗島
喬治六世冰棚
亞歷山大島
威爾京斯
冰棚
夏科島
70° S
史東寧頓島
瑪格麗特灣
巴里島
阿德雷島
拉森冰棚
詹姆士羅斯島
雪嶺島
65° S
溫克爾島
些蒙島
恩弗斯島
布拉斑特島
寶麗特島
但迪島
瓊恩維爾島
希望灣
布朗思菲爾德海峽
特尼替島
葛拉治海峽
夢幻島
喬治王島
南雪特蘭群島
勞麗島
西格尼島
南奧克尼 群島
象島
德瑞克海峽
史考提亞海
60° S

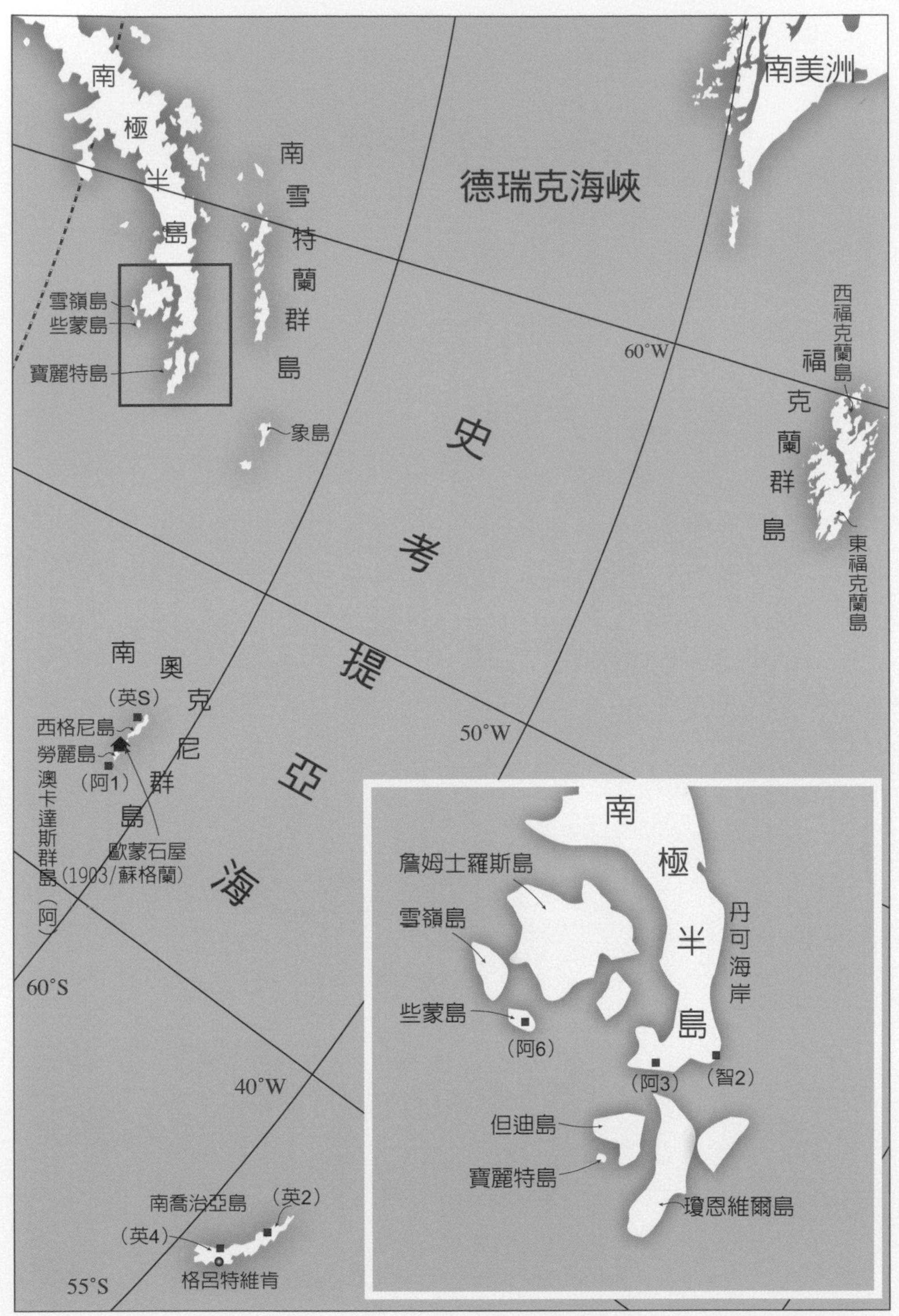

（括弧所指是第十五章科學研究站之編號）

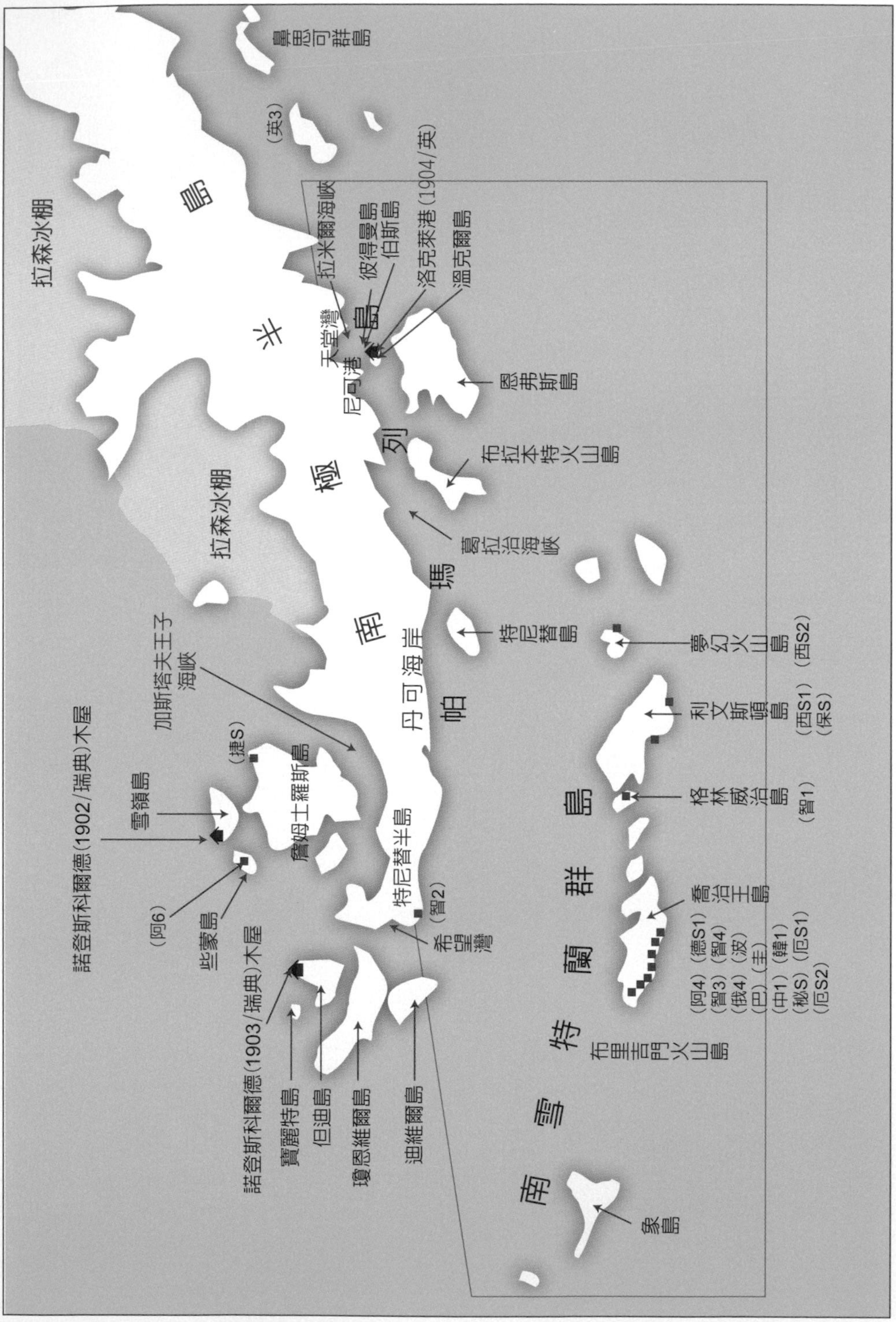

南極半島
拉森冰棚
拉森冰棚
南設得蘭群島
帕瑪列島
丹可海岸
阜思可群島
(英3)
拉米爾海峽
彼得曼島
伯斯島
洛克萊港(1904/英)
溫克爾島
天堂灣
尼可港
恩弗斯島
布拉本特火山島
葛拉治海峽
特尼替島
夢幻火山島
(西S2)
利文斯頓島
(西S1)
(保S)
格林威治島
(智1)
喬治王島
(阿4)(德S1)
(智3)(智4)
(俄4)(波)
(巴)(主)
(中1)(韓1)
(秘S)(厄S1)
(厄S2)
布里吉門火山島
象島
加斯塔夫王子海峽
詹姆士羅斯島
(捷S)
雪嶺島
諾登斯科爾德(1902/瑞典)木屋
(阿6)
些蒙島
特尼替半島
(智2)
希望灣
諾登斯科爾德(1903/瑞典)木屋
寶麗特島
但迪島
瓊恩維爾島
迪維爾島

(括弧所指是第十五章科學研究站之編號)

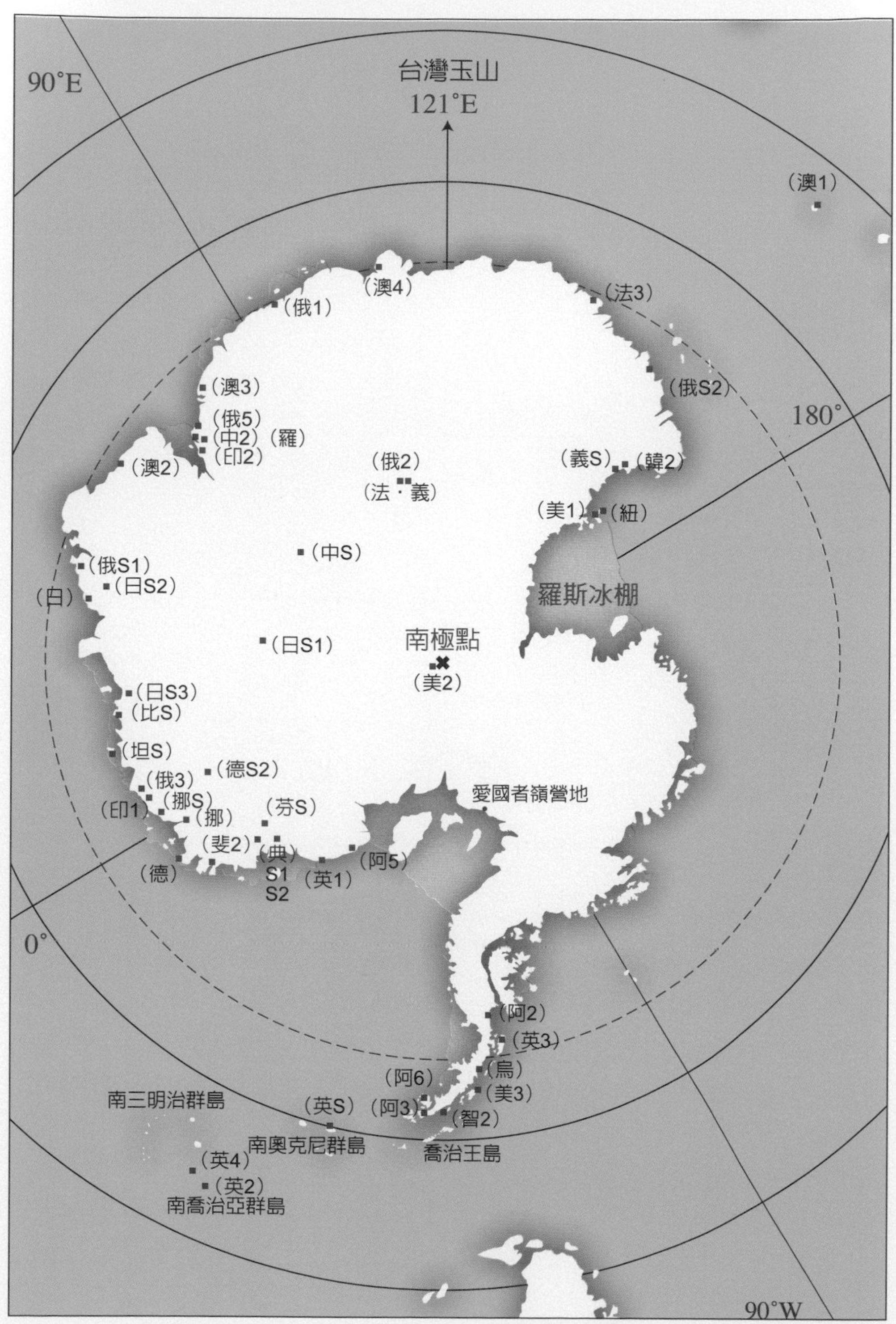

(括弧所指是第十五章科學研究站之編號)

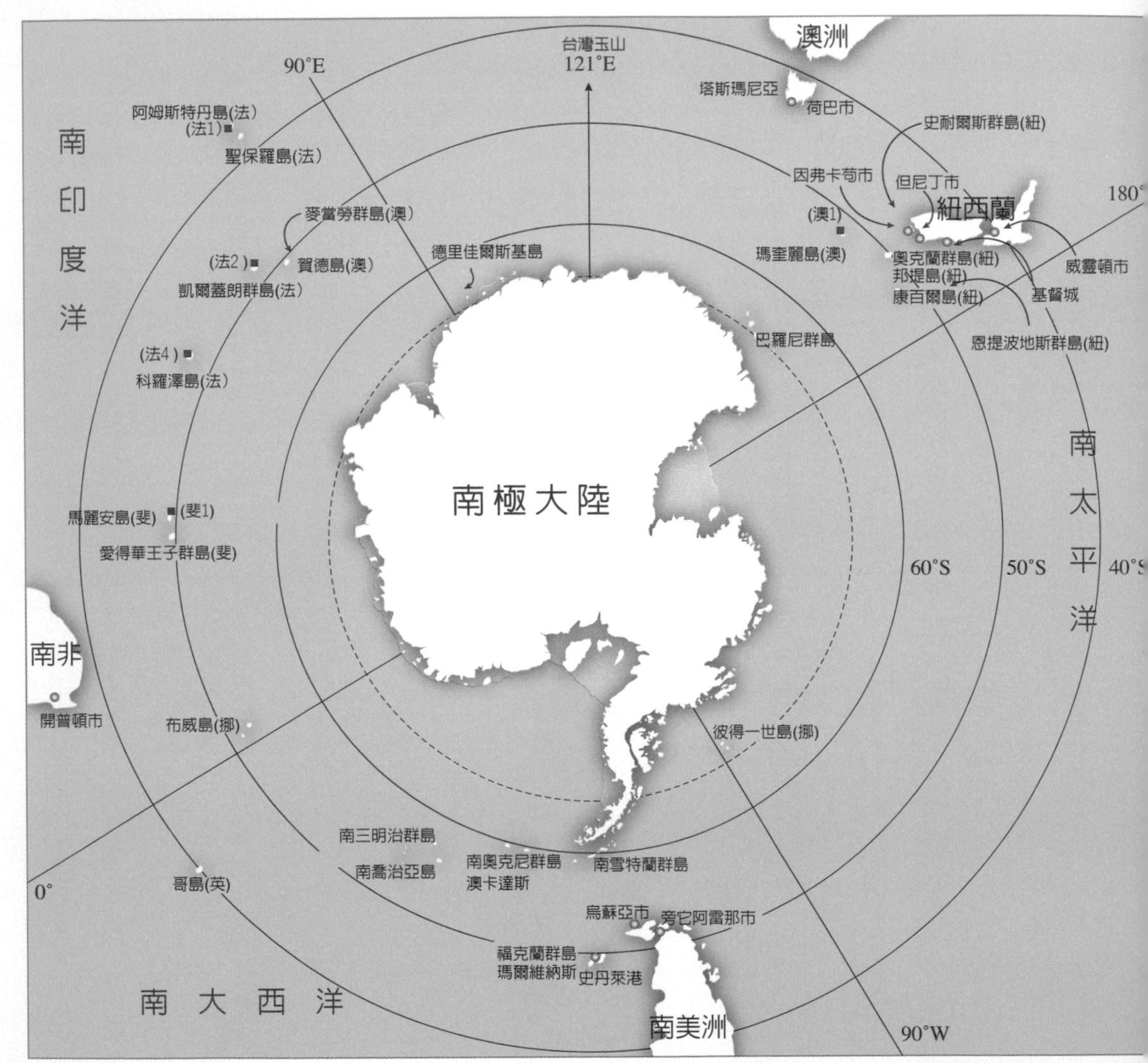

(■旁括弧所指是第十五章科學研究站之編號)

第一章

南極大陸

——世界公園——

簡介

南極大陸是最具大自然風貌的陸地，也是一個知識的寶庫，其對全球的天候型態極具影響力，扮演著巨大的樞紐角色而為一個破壞不得的陸地，現今整個南極地區已被劃為「世界公園」。

圖片來源 / Antarctica NZ

地理位置表示法

本書以 E、W、S、N 字母分別表示東、西、南、北向。在南北極地的地理位置，通常係以緯度在前、經度在後的方式顯示，如南極某處的地理位置爲南緯 80 度 32 分 18 秒與東經 50 度 25 分時，其表示法爲 80° 32' 18'' S, 50° 25' E。

速度單位

本書使用公制單位，而「節（Knot）」爲海事上廣泛被用作風、航行或洋流的速度單位，其換算關係爲：1 節 = 1 浬 / 小時 = 1.853 公里 / 小時。

名詞解釋

南極地區（Antarctic Region）

是指位於 60° S 以南的廣大地區，包括南極大陸、其四周的南冰洋（Southern Ocean）及島嶼，它約佔全球表面積的 10%。

南極圈（Antarctic Circle）

是指位於 66° 33' S 的 1 個極圈（見第 74 頁）。

亞南極地區（Sub-Antarctic Region）

是指「南極匯流圈（Antarctic Convergence）」附近地區（見第 51 頁）。

廣義與狹義的「南極」

漢文裡的「南極」有廣義與狹義之分。前者意爲「南極地區」，如「南極旅遊」應指「南極地區旅遊」，因它不單探訪南極大陸本身；而後者則指「南極大陸」，如「登陸南極」意爲「登陸南極大陸」。

南極大陸簡介

南極與北極地區的地貌型態正好相反。北極是陸地圍繞海洋——即指北極圈（66° 33' N）內，由 8 個國家的陸地圍繞著被大浮冰覆蓋的整個北冰洋海盆地區；南極則是海洋圍繞著陸地——即指南冰洋圍繞著南極大陸。兩者分別位於地球自轉的南北地軸之極點上。

南極大陸面積是 1,360 萬 1,000 平方公里，約是澳洲的 1.8 倍、美國的 1.5 倍、歐洲的 1.3 倍或台灣的 380 倍，而爲世界第五大陸塊。

面積比較

	亞洲	非洲	北美洲	南美洲	南極大陸	歐洲	美國	澳洲	台灣
面積	4450	3030.2	2424.1	1779.3	1366.1	995.7	937.3	768.7	3.6
排名	1	2	3	4	5	6			

單位：萬平方公里

南極大陸像個大黃貂魚而大致呈圓型狀，其直徑約爲 4,500 公里。它亦**是最偏遠的大陸**，離最近的南美洲約有 1,100 公里，距離紐西蘭、澳洲的塔斯瑪尼亞（Tasmania）島及南非洲分別約有 2,500、2,720 及 3,800 公里。

南極大陸的平均海拔約爲 2,300 公尺，**是地球上最高聳的陸塊**，比北美洲的 720 公尺及澳洲的 340 公尺高出甚多，而其「南極縱貫山脈（Trans-Antarctic Mountains）」有多座超過 4,000 公尺的高峰（見第 44 頁）。

南極大陸**是地球上最冷的陸地**，其夏日平均溫度在 0℃左右到–25℃之間，冬日則爲–10℃到–59℃之間。1983 年 7 月 21 日，位於「極地高原（Polar Plateau）」（見第 56 頁）的俄羅斯之東方科學研究站（Vostok Station）（見第 282 頁）更曾有 –89.2℃的**世界最低溫記錄**[1]。

在這種低溫之下，錫和一般鋼鐵掉落到地上可能會分別碎成小顆粒或如玻璃一樣碎裂，而燃燒的蠟燭火焰四週也會一直被結凍的臘牆圍繞。另，由於水銀在 –39℃即結凍，因此在南極大陸通常使用酒精溫度計。

南極大陸亦**是地球上風最強的陸地**，冬天時，其陣風時速可達 160 公里，甚至曾有 320 公里的紀錄。它更**是地球上最乾燥的陸地**，大陸南極與南極半島分別約只有相當於 50 與 500 公厘雨水的年平均降雪量。

南極大陸**是地球上積冰及淡水最多的陸地**，其「冰帽（Ice Cap）」的平均厚度約在 2,700 公尺，保有地球上 90% 的冰及 70% 的淡水儲量（見第 56 頁）。

5 個南極點

南極點（South Pole）

它位於 90° S 的「南地軸點」——即地球自轉的南軸心點——上，其全名爲「地理南極點（South Geographic Pole, SGP）」，它是地圖上南北向的經線所交錯的「地理正南點」或地理上的正南位置，以該點爲中心，任何水平方向都是北方。它離最近的海岸約有 1,235 公里，該處之海拔約在 2,835 公尺。但是它並非指南針所指的點，也不是最冷的地方，其年平均溫度爲 –50℃，比北極點的 –18℃低得多，而最低溫紀錄則是 –77.7℃。

▲南極點 / Antarctica NZ

▲儀式用南極點（後方為美國研究站） / Dwight Bohnet · NSF, USA

由於南極點剛好位在一處小冰河上，其標示每年會循 43° W 左右的經線往威德爾海（Weddell Sea）域方向北移約 10 公尺，而在每年元旦重新定位標示。另有一個「儀式用南極點（Ceremonial South Pole）」標示，與前者相距 100 多公尺，且每 2、3 年也需重新定位。它由插在地上的 12 面南極公約（Antarctic Treaty, AT）原簽約國（見第 243 頁）的國旗半環繞，係作爲儀式及留影用。

假如環繞南極點走一圈，便相當於環繞「世界」一周。

地磁南極點（South Geomagnetic Pole）

地球的地磁軸線並不與地軸重疊，其間有 11° 的傾斜角。約位於 78° 30' S, 111° E 的「地磁南極點」，其實不是地磁束最密、地磁場最強的南地磁極點，因而也不是指南針所指的點。「地磁北極點（North Geomagnetic Pole）」與它分別是太陽風（Solar Wind）所帶來的電磁束貫穿進出地球的端點，以它們爲中心的部份天空範圍即分別是北極光與南極光（Aurora Australis）（見第 75 頁）發生的所在。其位置在俄羅斯的東方科學研究站附近。地磁南 / 北極點除了會每年緩慢向西移動位置之外，甚至還會發生「極性對調現象（Geomagnetic Reversal）」。

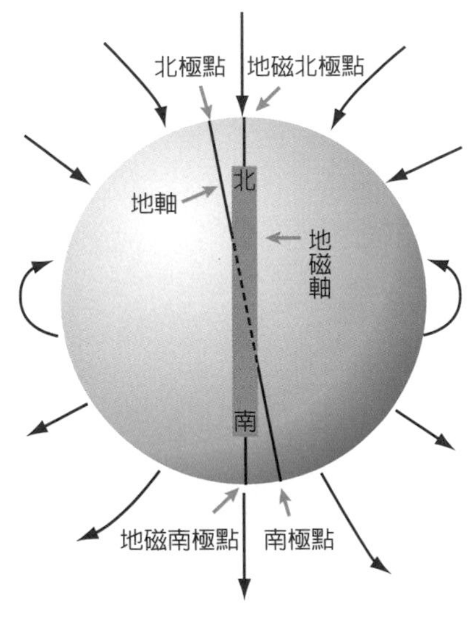

南磁點（South Magnetic Pole）

它是地磁束最密，與地表成垂直，**爲地磁場最強的南地磁極點**，是指南針所指之點，也是個「會移動位置的極點（Wandering Pole）」（見第77頁），現今其位於東南極大陸上、面向澳洲阿得利海岸（Adelie Coast）外的聯邦海灣（Commonwealth Bay）海底，它在2007年的位置是64° 30' S, 137° 41' E，離南極點與地磁南極點分別約有2,900及1,280公里。

難抵極（The Pole of Inaccessibility）

它亦位於極地高原上，**爲陸路交通離南極大陸四周海岸線最遠、最不易抵達的極點**，其位置係由包含「冰棚（Ice shelf）」（見第60頁）的海岸線精算所得，也因此會隨海岸線的變動而移位。在2005/06年時，其位置在83° 50' 37" S, 65° 43' 30" E，離南極點約870公里。

冷極（The Pole of Cold）

前述俄國的東方科學研究站有南極大陸上的最低溫記錄，因此其被稱爲「冷極」。

南極世界公園（Antarctic World Park）

表面上，南極大陸是一塊「荒地」，環繞其四周的南冰洋充滿著冰、風、雪、冷……。人類如果沒有外界支援，根本無法立足。除了科學研究站裡定期替換的工作人員，以及相對於北極地區有超過 100 萬人口的原住民及現代聚落，南極地區則**沒有任何住民**（Settler）❷**與聚落**。

雖然如此，但南極大陸是地球上極富自然之美（Natural Beauty）的地方。它有獨一無二壯闊橫亙的山脈、冰帽、冰河、冰棚及巧奪天工的冰山……，其豐富的野生動物更爲人們印象中的南極標記，**它是地球上最後一個未受破壞的陸地**（The Last Unsullied Continent on Earth）。

南極大陸雖然有嚴酷的自然環境，但卻**是地球上僅存，最由大自然力量主宰的陸地**——在富有「海洋文化精神」的人們眼中，**是最後一塊具有大自然原始風貌與潛藏巨力的陸地**。500 年前，人們即開啓使用極簡陋的設備展開一連串的「南極探索活動（Antarctic Exploration）」；而於 1990 年代中，有一位紐西蘭的青少年羅斯（Aaron Russ）在其南極船遊的行船日誌上，曾有如下讓人引起共鳴的感言：

> Antarctica is a continent of power -- so immense in all respects that once under its influence you can not resist it. It will capture you with its beauty and majesty as it did with those early explorers Charcot, Scott, Shackleton, Amundsen and Mawson. who were drawn back to it again and again to experience something which is yet to be adequately described by any person.

譯述：

南極大陸是一塊在各方面潛藏巨力的陸地，一旦受了它的影響您將無法抗拒。您將被它的美及宏偉所吸引，正如早期的探險家夏科、史考特、雪可頓、阿蒙生及墨生❸等一樣，被吸引著一再地前去體驗那些仍未被任何人貼切地描述的事物。

南極大陸亦是個知識的寶庫，它是**科學的陸地**（見第 300 頁）。南極大陸在全球熱能的交換上扮演著極爲重要的角色。它是影響全球洋流、天候型態以及我們所期望的「風調雨順」等生態，甚至生存的巨大環境樞紐，因此它更是**破壞不得的陸地**。

南極大陸亦是**沒有警察、法官、監獄及軍事對峙之陸地**，是個和平的陸地，整個南極地區已在 1991 年被劃爲「**世界公園**」（見第 246 頁）。

南極的英語俚語

1. Antarctican
   指鍾愛南極事物且具南極活動經歷的「南極人」。
2. Antarctically yours,
   係前者用於通信結尾之簽名前以表達同好身份的套語，相對於一般人所使用之“Sincerely yours,”。

❶ 美國太空總署（NASA）的衛星遙測資訊顯示，在 2010 年 8 月 10 日於南極大陸極地高原上的「冰帽圓頂A（Dome A）」（見第 56 頁）有 –93.2℃ 的更低溫紀錄。但在現場由澳洲和中國共同運作的自動氣象資訊收集站卻並未有該項實測紀錄。

❷ 阿根廷曾特地將 1 位孕婦送往其伊斯匹蘭咱（Esperanza）南極研究站生產（見第 278 頁），這位在 1978 年 1 月 7 日出生於南極大陸的「帕瑪（Emilio Marcos Palma）」被登錄於金氏記錄，而為**首位「南極公民**（Antarctic Citizen）」！

❸ 他們是有名的早期南極探險家，分別參見第十及十一章之第 27/29、23/31、28/35/36、30 及 34/39 的探險選錄。

第二章
南極大陸
的形成與地質

南極大陸原為剛瓦納大陸塊的一部份，它是個多岩石的陸地，其最古老的岩層約在 30 億年以上。它有地球最南的火山，並有數個知名的無冰地區，富有科學研究價值。

圖片來源 / Nick Powell．NSF, NZ

南極大陸的形成

1912 年，德國的氣象學家「華格那（Alfred L. Wegener, 1880 – 1930）」提出「大陸板塊漂流理論」，他推斷原本在地球南面有一稱作「剛瓦納（Gondwana）」的超級大陸塊（Super Continent），它包括今日的南極大陸、澳洲、紐西蘭、非洲、南美洲及印度。

今日的地質學家認爲：大約在 1 億 800 萬年以前，剛瓦納大陸塊開始慢慢分裂漂離，而形成前述今日的各大陸、亞南極陸塊及島嶼等，南極大陸則約在 4,500 萬年前漂流到南極點附近成型，且由環繞四周的強烈南冰洋洋流將其與較暖的北方海洋分隔，經極劇冰凍之後形成所謂的「冰川凍土」之地。紐西蘭及澳洲係約在 9,600 萬年前才最後從剛瓦納分裂出來，而今各陸地仍然以每年 1 至 6 公分的速度繼續漂離。

科學家們曾分別於以上所述陸地發現同樣的岩石、礦物及動植物化石，甚至海底陸地的地磁型態，如在南極大陸的恩德比領地（Enderby Land）海岸附近、印度半島東岸及斯里蘭卡一帶等，有極爲相似的結晶岩；於紐西蘭、澳洲的塔斯瑪尼亞及南美洲的阿根廷，則發現同樣的櫸樹林；而在南極大陸的南極縱貫山脈可發現澳洲、紐西蘭、印度、南美

▲剛瓦納超級大陸塊 / 義大利南極科學研究計畫

及南非等地也存在的動植物之化石；另外，在上述不同陸地當冰河退卻後，可發現來自 3 億 5,000 萬年前冰河時期所遺留下來的相同沉澱物。

南極大陸的地質

由於南極大陸只有約 0.4% 左右的地表面積未被冰帽覆蓋，使得南極的直接地質探究較爲困難。惟有透過近代的遙控探測技術，如無線回應感測（Remote Echo Sensing），才得以間接地揭開深厚冰帽下的南極大陸地質眞相，而得知它是個多岩石的陸地。

另，南極大陸的冷與乾使得岩石的風化過程極爲緩慢，所以，在那裡的土壤極爲有限，年代也極爲久遠。它通常含有較高的鹽份，只有在濱海地區的動物棲息處含有鳥糞土，否則南極土壤大多缺乏有機物，多半極爲貧瘠，在地質學上屬於「原始的」土壤。海岸地帶因較「溫暖」，如其地下 1 公尺處可能達 4℃，且較濕又多野生動物活動，故有較多土壤並含有腐植質。

▲櫸木化石 / 企鵝先生 · Int'l Antarctica Center, NZ

在南極大陸上有些土壤在地表之下永遠結凍，其名爲「永凍土（Permafrost）」。

南極縱貫山脈（Trans-Antarctic Mountains）

南極縱貫山脈除了橫亙整個南極半島之外，還向西一路延伸到大陸南極位於羅斯海（Ross Sea）域西側的維多利亞領地（Victoria Land），其長度約有3,500公里。它約在4,500萬年前形成，有多座海拔4,000公尺以上的山峰，其中有**南極最高峰的**「文生（Vinson）」山❶，以4,897公尺的高度突出冰帽，連同其鄰近21公里×13公里範圍內，有另4座超過4,500公尺的山峰，包括4,852公尺的泰立（Tyree）山、4,667公尺的錫恩（Shinn）山（見第332頁）、4,587公尺的佳德那（Gardner）山與4,520公尺的艾柏利（Epperly）山等，一起合稱爲「文生山群（Vinson Massif）」。

南極縱貫山脈的淺色岩石爲砂岩，深色的爲粗玄武岩（Dolerite），前者含有磁性碎片，提供了有關剛瓦納大陸塊在數億年前位置的相關信息。另，其一部份岩層係由5到6億年未改變的沉積物所組成，並含有在其他陸地也可發現的動植物化石。

東南極大陸（East Antarctica）與西南極大陸（West Antarctica）

南極縱貫山脈將南極大陸分隔成2部份：東南極大陸與西南極大陸，或稱「大南極大陸（Greater Antarctica）」與「小南極大陸（Lesser Antarctica）」，分別位於東西半球。

東南極大陸的岩石屬古地質代的結晶岩，較堅硬而無化石，年齡至少有30億年。已知在其恩德比領地一帶有**南極大陸最古老——39.3億年——的岩石**，他們與澳洲西部已知地球上最古老的43億年的岩石接近。東南極大陸岩層的平均高度接近海平面。

西南極大陸的岩石則較年輕，約爲7億年，它係由冰下盆地（Subglacial Basin）及山巒島嶼群組成的淺海地區，而由威德爾（Weddell）、別林斯高晉（Bellingshausen）、阿蒙生（Amundsen）及羅斯（Ross）等海盆所分隔，該地區有極複雜的沉積和火山活動歷史。西南極大陸的岩層，平均海拔爲海平面以下約440公尺。

南極半島

南極半島原爲南美洲的延伸，它與南美洲的安迪斯（Andes）山脈有極近似的地質狀況，有火山弧侵蝕的遺跡而多沉積岩。它的西海岸地區天候較不嚴酷，故有較多土壤。其年代較年輕，又因其較「溫暖」而有較多野生動物居間活動，所以含有較豐富的腐植質。

無冰地區（Deglaciated Area / Oasis）

南極大陸有20多個極特殊的無冰地區，其中有5處知名者，除了乾峽谷（Dry Valleys）位於西南極大陸的海岸地區之外，其他如邦格嶺（Bunger Hills）、拉式門嶺（Larsemann Hills）、維斯特福爾德嶺（Vestfold Hills）及秀瑪賀無冰地區（Schirmacher Oasis）等，都在東南極大陸的海岸地區。

最大的乾峽谷位於羅斯海域的麥可墨得峽灣（McMurdo Sound）西岸附近，其面積約在2,860平方公里。由於南極縱貫山脈的高

▲乾峽谷 / C. Rudge · Antarctica NZ

聳突起，其每年挺高的速度比冰河橫過的速度還快，阻絕了積冰從極地高原流向乾峽谷。該地區每年的降雪量原本就相當有限，加上來自極地高原的極乾冷強風吹刮，其時速可達 200 公里以上，且溼度常在 10% 以下，使得它更爲乾燥，因而成爲長久以來一直沒有冰雪覆蓋的地方。

乾峽谷的斜坡充滿了砂岩、粗粒玄武岩及偶而可見火山岩等岩石被長期風化及蝕刻的特殊外貌，及只有少量且乾燥的土壤。

美國的太空總署（NASA）曾以該地作爲登陸火星前的最佳模擬研究場所；在 2008/09 年間，還在那裡進行來日登陸木星的第六顆衛星（木衛二）——**歐羅巴衛星**（Europa）時，以器械於其「海洋」中尋找微生物的最後階段測試。

南極的火山

在剛瓦納大陸塊開始分裂漂離時亦伴隨火山活動，使過去的南極大陸曾有多達約 70 個火山。

今日，南極的火山主要分佈在西南極大陸地區，位於島嶼上的，有緊鄰南極半島西側之「南雪特蘭（South Shetland）」群島（見第 118 頁）中的布拉斑特（Brabant）島、布里吉門（Bridgeman）島及夢幻（Deception）島等，均爲火山島，尤其後者最近曾在 1967 到 1970 年間爆發。瑪麗博德領地（Marie Byrd Land）海岸的塞婆（Siple）島上有高 3,110 公尺的塞婆火山。另，羅斯島上海拔 3,794 公尺的愛樂伯斯（Erebus）火山，其火山口有少見的岩漿湖（Lava Lake），直徑約爲 800 公尺，深度約在 270 公尺，已經活躍了約 1,300 萬年，近代雖沒有爆發但仍有活動，**它是南極大陸知名的陸標，亦是地球上最南的火山**。鄰近的泰樂（Terror）火山高 3,262 公尺、新星（Terra Nova）火山高 2,130 公尺及鳥（Bird）火山高 1,800 公尺，則都是死火山。

陸地上的火山，則有 1 座位於維多利亞領地的南極縱貫山脈上，是高 2,733 公尺的墨爾本（Melbourne）火山，其山頂有蒸氣口。

▲愛樂伯斯火山 / Nick Powell・NSF, USA

另，在東南極大陸有 1 座奇特的小火山——直徑 1 公里、高約 400 公尺，且其岩漿有高濃度之鉀元素含量的高斯伯格嶺（Gaussberg Hill）（見第 158 頁）。

南極大陸的礦藏

由於南極大陸的礦脈被深埋在平均厚度 2,700 公尺的冰帽底下，所以只有少數的蘊藏被發現。但初步估計，約有 500 億桶石油，還有煤、銅、鐵、鉑、鈾、鈽及其他貴金屬儲藏其中。已知在南極半島北端東側的詹姆士羅斯（James Ross）島有石油氣，多處地表岩層有初級鐵礦，南極縱貫山脈可能有世界最大儲量的初級煤礦，東南極大陸的查爾斯王子（Princess Charles）山脈有較優質煤礦和鑽石、「儂尼冰棚（Ronne Ice Shelf）」及「菲爾希納冰棚（Filchner Ice

Shelf)」（見第 177 頁）附近的杜非克山群（Dufek Massif）則可能有鈽及鎘之儲藏。

❶「文生山」係美國為紀念其喬治亞州國會議員「文生（Carl G. Vinson, 1883 – 1981）」在 1935/61 年間對南極探險活動的大力支持而命名，它距離南極點約有 966 公里。

第三章

南冰洋

南冰洋是個多暴風且最有活動力的海洋，它有世界最大的洋流，攜帶著最冷、密度最高的海水，它在全球的洋流及天候型態的變化當中扮演著巨大的樞紐角色。

圖片來源／企鵝先生

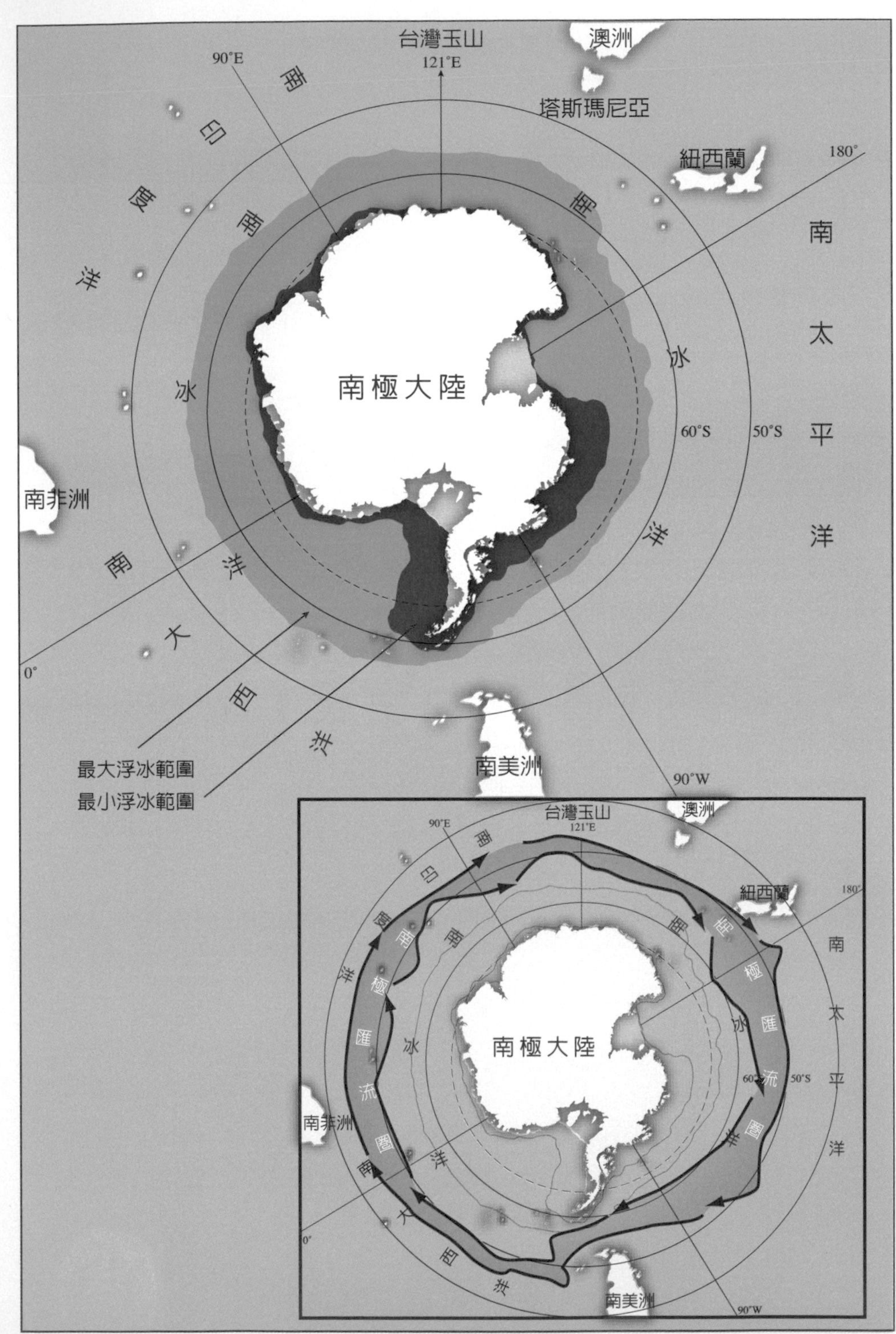
台灣玉山
澳洲
90°E
121°E
塔斯瑪尼亞
紐西蘭
180°
南印度洋
南極大陸
南冰洋
南太平洋
60°S
50°S
南非洲
南大西洋
0°
南美洲
90°W
最大浮冰範圍
最小浮冰範圍
台灣玉山
澳洲
90°E
121°E
紐西蘭
180°
南印度洋
南極匯流圈
南冰洋
南極大陸
南太平洋
60°S
50°S
南非洲
南大西洋
0°
南美洲
90°W

▲南冰洋是極為特殊的海域 / 企鵝先生

環繞南極大陸四周的海洋叫「南冰洋（Southern Ocean / Antarctic Ocean）」，**是世界上最有活動力的海洋。**

南極匯流圈（Antarctic Convergence）

因冰山融化，在南極大陸四周所形成的寒冷且不鹹的強烈南冰洋洋流會向北擴散流動，且因為地球由西向東自轉，導致在強烈的西風推送下，會使洋流折向東北方向，成為「南極環流（Circumpolar Current）」。其每秒流量在 13,000 萬立方公尺，**是世界最大的洋流，具有最冷、密度最高、養分最充足的海水**，可深達相當的底層，其表層（可達數百公尺）的平均流動速度可超過 1 節，是極為強力的洋流。

向北流動的南極環流約在 47° S 到 60° S 之間，與來自北方的大西洋、太平洋及印度洋等較鹹的暖洋流交匯，該交匯處便在南半球的洋面形成「南極匯流圈」或「南極流鋒（Polar Front）」，它是南北冷熱表層海水的分界。夏天時，其平均水溫分別約為 3.9℃及 7.8℃；冬天則約為 1.1℃與 2.8℃。這條分界眼睛看不見，其位置會因全球天候的變遷而異動，自北向南航行的船隻在通過該界線時，可察覺到水溫的陡降。它亦是南極地區的生態界線。

交匯後的南極環流因為較冷、密度較大且較重，會在北方暖流底部往下潛，進而影響到離南極海岸有 2,000 公里之遙的海洋，巨大地左右著全球天候型態的變化。

南冰洋的北界與海域

舊地圖並未將南冰洋和與其相連的大西洋、太平洋及印度洋分隔並標示出來，新地圖則已有標示，對北界的看法雖有些分歧，但大致同意以南極匯流圈為分界。

南冰洋可分為數個海域：威德爾海、史考提亞（Scotia）海、別林斯高晉海、阿蒙生海、羅斯海、迪維爾（Dumont d' Urville）海、哈康七世國王（King Haakon VII）海及德瑞克海峽（Drake Passage），它們均因早期探險活動的相關事物而得名。其中，「史考提亞海」及「哈康七世國王海」係來自使用的船隻與挪威國王之名，其他則是探險者的名字。德瑞克海峽位於南極半島與南美洲大陸之間，雖然是南冰洋最狹窄的海域，但其寬度也達到約 1,100 公里。在

▲洶湧的南冰洋／企鵝先生

那裡，由於寬度縮小，使得原已強烈的洋流變得更強，船隻航越該處極爲艱險。

南冰洋的特色

南冰洋是極爲特殊的海域：

1. 它佔全球海洋總面積的 10%，其東西橫向 360° 連續環繞覆蓋著南半球的部份地表。
2. 它有全球最冷、密度最高的海水，使得海水中能有較多氣體溶解，利於海洋動物的呼吸與植物的光合作用，南冰洋

▲狂暴的南冰洋 / 張子芸

也因此成爲具有極豐富食物鏈底層的微生物海洋。

3. 它和北疆接壤的大洋有相當程度的洋流交融，養分、熱能、O_2 及 CO_2 都能緩慢漸進地交換，使它在全球的生態、洋流及天候型態的變化機制中，佔有極重要的樞紐地位。
4. 它是個風高浪急，並常有風暴的海洋。

第四章
南極的冰

南極大陸有 99.6% 的地表被冰帽所覆蓋，它是全球熱能的調節器，巨大地左右著世界的天候型態。

圖片來源 / C.Rudge Antarctica NZ

冰帽（Ice Cap）

當南極縱貫山脈在 4,500 萬年前形成時，伴隨冰河的發生而在其附近先形成小冰帽，然後擴散積累在整個南極大陸上，約在 1,500 萬年前形成了長期極冷不化的「萬年雪（Firn）」大冰帽。

現今南極大陸表面有 99.6% 被冰帽所覆蓋，面積約在 1,360 萬 1,000 平方公里，它約佔全球積冰總儲量的 90%，其平均厚度約爲 2,700 公尺，使得南極大陸的平均海拔達 2,300 公尺而**爲全球海拔最高的陸地**，是其他陸地的 3 倍以上。其中東南極大陸所蓄有的積冰約是西南極大陸的 8 倍，造成它有平均海拔爲 3,100 公尺的巨大「極地高原（Polar Plateau）」，位於「甘柏特雪夫高地（Gambertsev Highland）」、海拔 4,091 公尺的冰圓錐（Ice Dome）「冰帽圓頂 A（Dome A）」❶**爲其最高點**。南極大陸冰帽的厚度範圍約在 2,400 至 4,700 公尺，其**最厚處**爲 4,776 公尺（深及海平面下 2,341 公尺），位於「阿得利領地（Adelie Land）」之 69° S, 135° E 位置附近；而南極點與俄羅斯的東方研究站附近則分別約爲 2,850 與 3,700 公尺；海岸地區則較薄。

▲突出深厚冰帽的山脊 / 企鵝先生

由於冰帽極爲深厚，使得南極大陸上的高山也被其覆蓋得只剩下部分「山脊（Nunatak）」露出。

深厚而重的積冰使得下方的南極大陸下沉，如果移除積冰，東南極大陸將上升約 1,000 公尺，西南極大陸則爲 500 公尺，而全球海水位也將上升約 65 到 70 公尺。

在無人類活動的情況之下，南極大陸上的冰帽在長年積雪的過程中夾雜各種完整的落塵，包括植物花粉、火山灰、塵埃和空氣泡……，是進行生物學及「全球變遷（Global Change）」的環境科學研究，包括火山活動、天候變遷、溫室效應與空氣污染等極爲珍貴的「科學檔案資料庫」。

冰浪（Sastrugi）

南極大陸上的積雪經持續的強風吹颳，再經低溫冰凍，會形成高低起伏、堅硬、滑溜且波浪高度可達 1.8 公尺左右，極爲難行的結冰表面，這便是「冰浪」。

▲冰浪 / 台灣歐都納世界七頂峰登山隊

水

雖然南極大陸的冰帽蘊藏著全球 70% 的淡水儲量，但那裡卻**是液態水極爲缺乏的地方**。不過，在無冰地區倒是不乏淡水或鹹水的水塘或湖泊，後者如乾峽谷最有名的「汎達（Vanda）」湖，**有世界最新鮮的淡水**。湖面受低溫結凍成的冰，除了可讓日光穿透而巧妙地扮演著如陽光暖屋（Green House）玻璃的角色，並能隔絕熱散，使得冰面底下的湖水不但不結凍，甚至還會蓄積熱量，可能

▲汎達湖 / C. Rudge・Antarctica NZ

達到 35℃的高溫。尤其鹹水湖的水中鹽份可高達一般海水的 18 倍以上，使冰點降爲 –18℃到 –55℃，更不易結凍。在短暫的夏日當中，由於該地區較深色的地表能吸收較多陽光熱能，因此，會造成可能長達 50 公里左右的溪流短暫出現，匯入湖泊。

冰下湖泊（Subglacial Lake）

來自冰帽底下的南極大陸岩層之地熱，會使與其接壤的冰融化而形成冰下湖泊，已知總數超過 360 個。

其中最大者爲「東方湖（L. Vostok）」❷，它在俄國東方研究站所在的冰帽表層底下約 4,000 公尺，其長、寬及深度約是 224 公里×48 公里×484 公尺，面積約 15,690 平方公里。蘇聯（Sovetskaya）湖，位於東南極大陸的 77° 58' S, 89° 16' W，在冰帽表層底下約 2,000 公尺，面積約 1,600 平方公里。近年發現的東經 90 度（90° East）湖則位在附近 77° 24' S, 90° 0' E，面積 2,000 平方公里，爲第二大者。它們可能有「河流」連貫。

在西南極大陸之 79° S, 91° W 位置則有愛爾斯渥斯（L. Ellsworth）湖，其在冰帽表層底下約 3,400 公尺，長度約 10 公里，深度約 10 公尺。

冰河（Glacier）

當積冰自高處向低處流動便成爲冰河，南極大陸爲**擁有最多冰河的陸地**。

南極冰河長達數公里到數百公里，而寬度可達數十公里，其流動速度可達每天 1 到 2 公尺；它是冰棚及冰山（見後述）的源頭。其中皮爾德摩（Beardmore）冰河長 200 公里、寬 23 公里，每天流動速度約 1 公尺，其位於南極縱貫山脈的卡波蘭（Kaplan）山（4,255 公

▲冰河 / Nick Powell．NSF, USA

尺）與科克派翠克（Kirk-Patrick）山（4,528 公尺）之間。白瀨（Shirase）冰河**是流動速度最快者**，每年約達 2 公里，位於東南極大陸的毛德皇后領地（Queen Maud Land）；而蘭柏特（Lambert）冰河長約有 400 公里、寬 40 公里，**是世界最大的冰河**，南極大陸上約有 8% 的積冰即經其入海，它亦位於東南極大陸。

有的冰河潛藏在冰帽下，另有少數的冰河因冰融化及被風耗損殆盡而在半途消失匿跡，在無冰地區即如此。有的冰河被山擋住，在那裡常可發現被夾帶下來的隕石。

冰流（Ice Stream）

它是一種流速較快的冰河，其每年流速可超過 1 公里，通常發生在有水份及硬質的「河床」之處。其長、寬、及深度分別可達數百、50 及 2 公里。已知總數有十幾條，西南極大陸有 6 條冰流匯入羅斯冰棚，而位於 83° 40' S, 145° W 的灰蘭斯（Whillans）冰流是其中知名者。

冰棚（Ice Shelf）

經由較大的冰河往海洋流下來的大量冰，會在其出海口積累成厚且廣大的浮冰，它會與附近的海岸連成一起，並繼續向外海推展而動態地保持著終年不融的相當面積，即成「冰棚」。

南極大陸約有 1/3 的海岸爲冰棚，其中**最大者是羅斯**（Ross）**冰棚**，其位於西南極大陸，面積約爲 52 萬平方公里，幾乎與法國相當。它係由來自極地高原上的積冰，經 3 條橫斷南極縱貫山脈的主要冰河——皮爾德摩、雪可頓（Shackleton）及亞賽海柏格（Axel Heiberg）——向較低處的羅斯海匯流而成。其厚度在內陸與臨海端分別可達約 1,000 及 100 公尺，形成聳立挺直平均高度爲 60 公尺的海岸線，由於它比早年的帆船桅桿還高，因而被稱爲「大冰障

▲羅斯冰棚 / Adventure Associates Pty., Australia

▼大冰障 / Antarctica NZ

（Great Ice Barrier）」；該冰棚向外海推展的年流動速度約在 1.1 公里。

在東南極大陸則有 2 個較大的冰棚——儂尼（Ronne）與緊鄰的菲爾希納（Filchner）冰棚，其總面積比羅斯冰棚稍小，約有 47 萬平方公里，但其內陸及臨海端的厚度較高，分別約爲 2,000 與 203 公尺。另，最大的蘭柏特冰河出海口則有面積較小的阿美麗（Amery）冰棚。

冰舌（Ice Tongue）

小型的冰河在沒有大風浪的出海口匯入海洋時，其所夾帶下來較少量的冰，會在出海口與鄰近的海岸連結，形成向外延展的長條型浮冰，叫作「冰舌」。知名者如德里佳爾斯基（Drygalski）冰舌，位於羅斯海域西岸的墨爾本火山附近。

冰山（Iceberg）

向外海延伸的冰棚最終將因洋流、潮水或波浪的衝擊使其臨海端漸次裂解，形成「冰山」漂流入海。通常其露出海面的部份佔整個體積的 20% 左右，水面及水下高度分別可達約 60 及 300 公尺，而其頂部形狀有平頂、圓頂及金字塔形。

大冰山頂部的長寬度動輒可達數百公尺，在 1987 年 10 月及 1995 年初，曾發現分別達 155 公里 ×35 公里，及 110 公里×37 公里者。2000 年 3 月間，自羅斯冰棚所崩解出來的 B-15 大冰山**是史上最大者**，其長寬度達 295 公里 ×37 公里，而頂部面積約 1 萬 1,000 平方公里。經人造衛星的鎖定追蹤，其裂解後較小的冰山在漂流 10 年後仍未完全融化，且遠達 4000 多公里外的紐西蘭南島東岸。

每年冰山形成的量與全南極大陸的積雪量接近或稍多，其淡水含量相當於全球人口半年至 1 年的用水量。

▲冰山 / 企鵝先生

冰棚的裂解，會將從上游夾帶下來難得的南極岩塊及太空殞石洩入鄰近海域，由冰棚裂出的冰山也在漂流融解後，將夾帶的岩塊沉積在南冰洋各處海底，它們是南極地質甚至是太空研究的好標本。

冰縫(Ice Crevasse)

冰河與冰棚上的冰在融化或流動時，其結構會發生皺折或斷裂，形成「冰縫」，其深度可達 50

▲ 冰縫 / Int'l Polar Foundation, Belgium

公尺以上，寬度往往極爲狹窄，約在 20 公分到 20 公尺左右。其表面又常由薄薄一層的「雪橋（Snow Bridge）」覆蓋，因此不易察覺，一旦掉入常難以脫身，**是南極陸上交通的最大障礙**。

海上浮冰（Sea Ice）

每年 9、10 月左右，是海上浮冰最厚且面積最廣的時候，浮冰可達 2,000 萬平方公里，而比南極大陸還大。其範圍及分佈每年不一，緯度可及 55° S 左右，離南極大陸海岸可遠達 600 到 3,000 公里，其厚度約在 0.92 到 1.85 公尺之間。10 月左右，浮冰逐漸漂流、融化而縮小面積與厚度。2 月底是浮冰面積最小的時候，約只剩下 15% 附著在海岸地區。因爲季節差異，面積變化差距可達 7 倍的海上浮冰，**是爲地球上最大的季節性變遷之自然現象**。過了 2 月後，南冰洋海面會在 1 個月內再迅速結成一半厚度的冰。

無冰洋面的陽光反射率約爲 5%，但浮冰則反射高達 80% 的陽光熱能。也因此，在每年 9、10 月時，雖然春天時節接近，太陽的熱輻射在增強，卻因爲當時最大面積的海上浮冰之故，延緩了南冰洋溫度的回昇速度。

漂流冰（Drift Ice）、漂流冰塊（Pack Ice）及漂流冰域（Ice Floe）

▲ 漂流冰塊 / 企鵝先生

夏日時，薄、鬆散，且會隨風吹及洋流而漂流的近海浮冰，叫作「漂流冰」；被風及洋

▲ 薄煎餅狀的岸浮冰 / 企鵝先生

流堆疊成塊，可能達 3、4 公尺厚，而且已結凍成形至少有 1 年者，叫「漂流冰塊」；面積更大，直徑可達數十公里的叫「漂流冰域」。

岸浮冰（Fast Ice）

指和海岸或淺灘等區域連結的海上浮冰，且其結凍成形後的時間較短而薄，常呈現薄煎餅（Pancake）狀。

海冰穴（Polynya）

指在浮冰中及浮冰間的無冰水域，其直徑可能大到 100 公里以上，是海水熱能的發散口，亦爲海洋哺乳動物換氣之處。

老藍冰（Old Blue Ice）

每年新結成的浮冰含有較多鹽分，鹽會阻礙其結晶化而通常呈現較白的色澤，較薄且硬度較低。多年不融的冰，其鹽分會慢慢釋出、結晶化呈藍色，硬度也會變高而形成「老藍冰」，破冰船通常會避免越過這種海域。

在南極大陸上的藍冰地區所開闢的飛機跑道，因質地較硬而不需特殊的起降設備。

南極的冰與世界天候

南極大陸廣大的冰帽像個超級冷凍庫，它是**全球極強大的低氣壓及強烈西風的發展中心**，它和赤道地區之間的巨大溫差，自然造成兩者間極大的熱能流動；另，造就巨大季節消長的南冰洋浮冰，亦在全球的大氣與海洋熱交換的系統當中，扮演著極重要的角色，因而**共同左右整個南半球甚至全球的天候型態**。

南極大陸廣大的冰帽相當於一個「**全球熱能的調節器**」。

❶ 冰帽圓頂A又名 Dome Argus，其下 2,400 公尺有地底山脈。

❷ 其係在 1959/64 年間的蘇聯南極探險活動中，由地質學家卡皮查（Andrey Kapitsa）所發現（見第 203 頁）。

第五章
南極的天候和時令

遠古的「南極大陸」曾有過天候極溫和的時期，而今日它是全球最冷、風最大及最乾燥的陸地。

圖片來源／張子芸

遠古「南極大陸」的天候

近代的南極大陸有遠古生物化石出土，它們強力地佐證遠古「南極大陸」曾有天候極爲溫和的時期。

植物化石

南極大陸有煤炭的發現，原來那裡曾有大量近似舌羊齒屬蕨類植物（Glossopteris）的生長。另外，還有約 8,000 萬年前長達 20 公尺、直徑達 41 公分的針葉樹幹及紋理清晰的樹葉、木化石的出土。

動物化石

在南極大陸也曾發現動物化石，包括古陸地兩棲及爬蟲類，例如估計爲約 3,500 萬年前，高約 2.1 公尺但不會飛的原始鳥之足骨、約 4,000 萬年前的鯨魚和海豚、約 6,700 萬年前的鴨嘴恐龍（Hadrosaur）牙齒、約 7,500 萬年前的草食性恐龍肢體、約 1 億年前的肉食性恐龍肢體、屬海洋爬蟲類的蛇頸龍（Plesiosaur）頭骨、軟體動物、海洋無脊椎動物和魚類如淡水龍蝦之顎骨等化石的出土。

▲貝化石 / Antarctica NZ

2007 年底，在南極縱貫山脈的皮爾德摩冰河附近，更發現被鑑定爲**史上最大恐龍**的部份足部、腿部和踝部骨骼等化石，其體長估計約在 7 到 8 公尺，體重約 4 到 6 噸，生存年代約在 1.9 億年前。此種長頸恐龍被名爲

「冰河龍（Glacialisaurus Hammeri）」，屬草食性的蜥腳類（Sauropodomorph）恐龍變種，此種侏羅紀早期生物原被認爲只分佈在中國、南非及南北美地區。

已知的資料顯示南極大陸約在 1,390 萬年前開始發生天候巨變，在 20 萬年前的最高氣溫下降到約 8℃，而漸進入永凍狀態，原因不明，可能是大氣中 CO_2 含量或板塊構造的變化影響海洋環流，而導致氣候變遷。

今日南極大陸的天候

位於高緯度的南極大陸，每年原已只有極少量的陽光熱能可以到達，但覆蓋其上的廣大白色冰帽卻又將陽光反射掉 80 %，使得失去的總熱能大於吸收到的總熱能，造成它極冷、強風與乾燥的天候特性。

南極的時令

季節	月份	季節	月份
春季	8、9、10	夏季	11、12、1
秋季	2、3、4	冬季	5、6、7

11 及 12 月是南極大陸一年當中，冰帽表面吸收熱能比釋放熱能更多的短暫時期。夏季僅管短暫，但較他處更長的日照卻仍使氣溫提昇不少，部份地區（尤其是海岸附近）的冰帽及海上浮冰會融化，因而平添不少「南極夏意」——包括各種野生動物的重返與求偶繁殖、科學研究、旅遊及大自然探險活動等，使南極地區又季節性地熱鬧了起來。但在進入 3 月後，急劇減少的陽光與日照時數使天候迅速惡化，導致一切活動快速地休止而靜寂下來。

南極活動的時節與表示法

人們在南極的活動通常是自每年 11 月初左右起到次年 2 月底止，此期間統稱「南極夏日（Austral Summer）」，因爲是跨年度，故其表示法如 1957/58 年及 2013/14 年。

南極大陸的冷

南極大陸之平均氣溫表

	夏　季	冬　季
內陸地區	約－15℃到－35℃	約－40℃到－70℃
海岸地區	約－5℃到 5℃甚至 10℃（在乾峽谷地區）	約－15℃到－30℃

從上表可知南極大陸的內陸地區比海岸地區寒冷。

位於海拔約 2,835 公尺及最高緯度的南極點並不是氣溫最低的地方，其年平均氣溫是–50℃，夏、冬季平均溫度分別是–21℃及 –78℃，其最高及最低氣溫紀錄則分別是 –16℃及 –77.7℃。同樣位於極地高原，在海拔 3,488 公尺的俄國東方研究站，其年平均氣溫爲 –57℃，其最低溫記錄爲 1983 年 7 月 21 日測得的 –89.2℃。另外，近數十年來吸引世界登山者的南極最高峰——文生山——因受高氣壓系統的影響，其夏日平均氣溫爲 –30℃。

南極大陸的風

南極大陸的極冷使其上空經常籠罩著低氣壓，導致強風成爲其另一個天候特性。南極大陸有 2 個極令人生畏的特有強風：「南極大風雪（Antarctic Blizzard）」與「南極下坡風（Katabatic）」；後者曾有瞬間時速達 320 公里的紀錄（見第 81 頁）。

通常風在離海岸數公里的海上會極明顯地減緩，但在低氣壓來臨時卻可輕易地出現時速 180 公里以上的強風。而**南極點並不是風最大的地方**，其年平均風速只有每小時 22.23 公里。

南極大陸的乾

南極大陸是個極爲乾燥、寒冷的「極地沙漠(Cold Polar Desert)」，每年只有相當於 50 公釐雨水的平均降雪量。在內陸地區也只有相當於 10 公釐雨水的平均降雪量，與有名的非洲撒哈拉沙漠旗鼓相當。所以無冰地區的乾峽谷過去 2,000 萬年來是南極大陸上沒有冰雪的地方，加上來自附近極地高原的極乾燥強風使其更爲乾燥，因而使其成**爲世界上最乾燥的地方**。

沿海地區有稍多的降雪量，尤其在南極半島的西部地區，其北端甚至有相當於 900 公釐雨水之平均降雪量。

風凍效應(Wind-chill Effect)

在人們對冷的感覺反應中，風比低氣溫扮演著更關鍵的角色。

低溫加上風的吹颳，會使人們對「冷」有加成的感覺。因爲風會加速熱量的流失而讓人覺得更冷，尤其當風的時速在 8 到 60 公里之間，影響最大，這便是「風凍效應」。

風 凍 效 應

氣溫＼風速	8	21	34	47	60	
10	8.4	3.3	0.6	-0.6	-1.5	危險！裸露的肢體在 1 小時內結凍
0	-2.3	-9.6	-13.5	-15.2	-16.5	
-10	-13.0	-22.5	-27.7	-29.8	-31.5	中度危險！裸露的肢體在 1 分鐘內結凍
-20	-23.7	-35.6	-41.8	-44.4	-46.5	
-30	-34.4	-48.3	-55.8	-60.0	-61.5	
-40	-45.0	-61.2	-70.0	-73.6	-76.5	
-50	-55.8	-74.0	-84.0	-88.0	-91.5	高度危險！裸露的肢體在半分鐘內結凍
-60	-66.5	-87.0	-98.0	-102.8	-106.5	
-70	-77.2	-99.8	-112.2	-117.4	-121.5	
-80	-88.0	-112.8	-126.3	-132.0	-136.5	
-90	-98.6	-125.7	-140.4	-146.6	-151.5	

極度危險！裸露的肢體在數秒鐘內結凍

溫度單位：℃　風速單位：公里 / 時

從上表可知：當氣溫為 –30℃、風速在每小時 47 公里時，相當於氣溫 –60℃無風時對冷的感覺；而當氣溫為 –80℃、風速在每小時 21 公里時，其風凍效應值相當於 –112.8℃。這說明在寒冷的極地，颼風對人們有萬不可輕視的嚴重殺害力。因此，低溫、強風與長夜使南極大陸的冬天特別嚴酷。

南冰洋的天候

南冰洋因其表面顏色較深，只反射 5% 的陽光，使得它如南極大陸沿海地區一般，比內陸地區「相對溫暖」。但因受南極大陸廣大冰帽的強大極冷威力，以及地球由西向東自轉的影響，它仍然寒冷且經常颼有強烈的西風，而是個經常陰霾且有風暴的出名海洋。

西方航海者早就對它流傳著這樣的描述：“Roaring 40、Furious 50 and Screaming 60”，意為：咆哮的 40° S、狂暴的 50° S 與尖叫的 60° S。早年南極探險活動中，有一位沃爾斯萊（F. A. Worsley）船長（見第 181 頁）即曾敘述他在威德爾海域遭遇 12.2 到 15.2 公尺高的巨浪，而海流時速更達 40 公里。筆者從紐西蘭南島尾端的因弗卡苟（Invercargill）港南下羅斯海域的南極高緯度地區時，也曾在 3 週的行程中來回各 1 週日夜，船身左右搖擺 50°，導致艙內未固定的器物全落在地面來回滾動……的艱險經歷。（見第 54 頁）

第六章
南極大陸的特殊自然現象及白色恐怖

南極大陸因為特別的地理位置而具有許多特殊的自然現象，但是在趣味性與知識性之外，也有危險性。

圖片來源／T. Higham Antarctica NZ

▲24小時連拍顯示南極的斜射陽光 / Corey Anthony・NSF, USA

照射角度極為傾斜的陽光

由於位處地球的邊陲，即使在夏日時節，陽光照射在南極大陸的角度仍極爲傾斜，從日初到日落，太陽只在其北方地平線上不高的天空掠過。

永晝、永夜與夏日的午夜陽光（Midnight Sun）

由於地球的自轉軸心與黃道面（地球公轉的軌道面）有傾斜角度，使得在南半球每年 12 月 21 日前後的「夏至」時節，南極圈以南地區將 24 小時曝露在陽光照射之下，這即是「永晝期」，它因爲日不落的「午夜陽光」而蔚爲奇觀。於南半球每年 6 月 21 日前後的「冬至」時節，在南極圈以南地區則將 24 小時完全遠離在陽光照射之下而進入「永夜期」。每年時序即依此週而復返。

在南極圈與北極圈之間的地區，每天都有日出與日落，亦即每天各有日夜區分，沒有永晝與永夜。在南極圈之上，每年的「冬至」是「永夜日」，在那天沒有日出，即太陽不上升過地平線；另，每年的「夏至」是「永晝日」，在那天沒有日落，即太陽不落入地平線。

離南極圈愈南的地區，冬天中整天無陽光日數和夏天中整天有陽光日數都愈多，意即其永夜期及永晝期的日數依緯度逐漸增加。在南極點上，每年只有一次日出與日落，其過程是：在每年

的 3 月 21 日太陽落入地平線以前會有數週的「落日期」，接著是在北邊的地平線天際有數週的「微光期」後進入「永夜期」；而在 9 月 21 日太陽浮出地平線前後，再以相反的程序轉爲「永晝期」。

海市蜃樓（Mirage）

清新而透明度絕佳的空氣，使南極大陸在天氣好的時候有極佳的視線，這本來能縮減人們的距離感，但靠近地面較冷且密度大的空氣與上層稍暖、密度較小的空氣層在低斜的陽光下，容易發生視線的折射，便造成「海市蜃樓」的幻象。

雪震（Snow Quake）

當廣闊的落雪積累在地面到某個厚度時，由於其漸增的重量加上低溫結凍，使其底部原本稀鬆的積雪在一時之間塌陷，視其面積及積雪量不等，可能造成巨大如雷的聲響，這即是「雪震」。

南極光（Aurora Australis / Southern Lights）

在南極大陸的夜晚，常會有搖曳或迴旋的彩色光弧與光幕——「南極光」——橫越在天空，甚至直達約 100 公里以上的高

▲南極光 / Patrick Cullis・NSF, USA

空。它的出現、移動與消失都極爲迅速，可說是曇花一現，其光弧與光幕的型狀也變化多端，主要係由綠、粉紅、淡紫、檸檬黃與橘黃等顏色組成。

它的成因是：在太陽球體外圍，每秒鐘約有 1,000 噸、極高溫、主成分是失去一個電子的氫原子微粒以 400 公里左右的秒速向外擴散，而形成所謂的「太陽風（Solar Wind）」，其所攜帶的磁力束會穿透地球外圍的大氣磁力層（Magnetosphere），當其南向從「地磁北極點（North Geomagnetic Pole）」進入並貫穿地心，而從「地磁南極點（South Geomagnetic Pole）」出來的時候，因與地磁線同向而力道加成，導致這些強力的粒子會分別在以前述極點爲中心及其附近約緯度 20°左右上空的大氣層範圍撞擊、激化大氣分子，釋放出可見光譜，而分別形成「北極光（Borealis Australis）」與「南極光」，統稱爲「極光（Polar Lights）」。當其北向時，則與地磁線相抵而否。

極光出現的頻率及密度與太陽黑子（Sunspot）數目每 11 年的變化週期有密切關係，它會嚴重影響無線電通訊。另，因其移動迅速且不夠明亮，而常使感光器材難以完整地紀錄其美麗與色彩。

地磁極點移位（Polar Wandering）

這也是個複雜的物理學現象，簡介如下：

整個地球是個磁球，但它並不是內部包覆著 1 個大地磁棒，而只在其南北兩端的「地磁南 / 北極點（South / North Geomagnetic Pole）」有「主地磁束」的星球體；相反地，整個南北半球表面也都有「次地磁束」的出入。不過，除了最中心部份是固態以外，地球內部絕大部份係由液態且極高溫的礦物核心所組成，無法被磁化成具有固定強度的永久地磁。這些物質不但是動態的，又都以不同的步調在活動著，使得合成後的地球主地磁場也產生動態變化。另，地球外部地殼的厚度原本就有差別，再加上其中較低溫、會被永久磁化的礦物結構又各處不同，因而導致地球表面各處的次地磁場強弱也不同。前述這樣的「主 / 次地磁場」合成之後，便在地球南北兩極地區出現分別取代原「地磁南 / 北極點」而具有「地磁束最密、地磁場最強並且會動態移位」的「南磁點（South Magnetic Pole）」與「北磁點（North Magnetic Pole）」❶。它們分別爲吸引指南針與指北針的極點，且每年會移位約 10 至 15 公里，週期約是 960 年。

南磁點之移位紀錄

年份	位置
1841	75° 30' S, 154° E
1909	72° 24' S, 155° 18' E
1986	65° 42' 30" S, 138° 48' 6" E
1990	64° 8' S, 138° 8' E
1993	64° 20' S, 139° 10' E
1996	65° S, 139° E
1998	64° 36' S, 138° 30' E
2004	64° 30' S, 138° E
2005	64° 31' 48" S, 137° 51' 36" E
2007	64° 30' S, 137° 41' E

其實，來自太陽風隨時變化的複雜影響，南磁點的地磁強度及位置也都會隨著作小幅度的動態變化。

指南針的指向錯亂

由於吸引指南針的南磁點（South Magnetic Pole）並不位於「正南（Geographic South）」的南極點（South Pole）上，其間相距約 2,900 公里，這意味著指南針的南指向有偏差或不正確。假如位於南磁點與南極點之間的經線上，指南針顯示的南指向將完全相反而朝北指向——因爲南磁點在南極點之北。

指南針的指向與其所在位置的經線（正南北方向線）之間會有 1 個夾角，是爲「磁偏角（Magnetic Declination）」，其顯示了「磁南（Magnetic South）」與「正南」方向間的誤差。

當指南針的位置正好在南磁點時，它則會向下指。1996 年 12 月 1 日下午，筆者在作南極飛行（見第 321 頁）時曾飛越該點，機上的電視銀幕顯示當時機上羅盤因失去水平磁力吸引而無固定指向地自由旋轉。

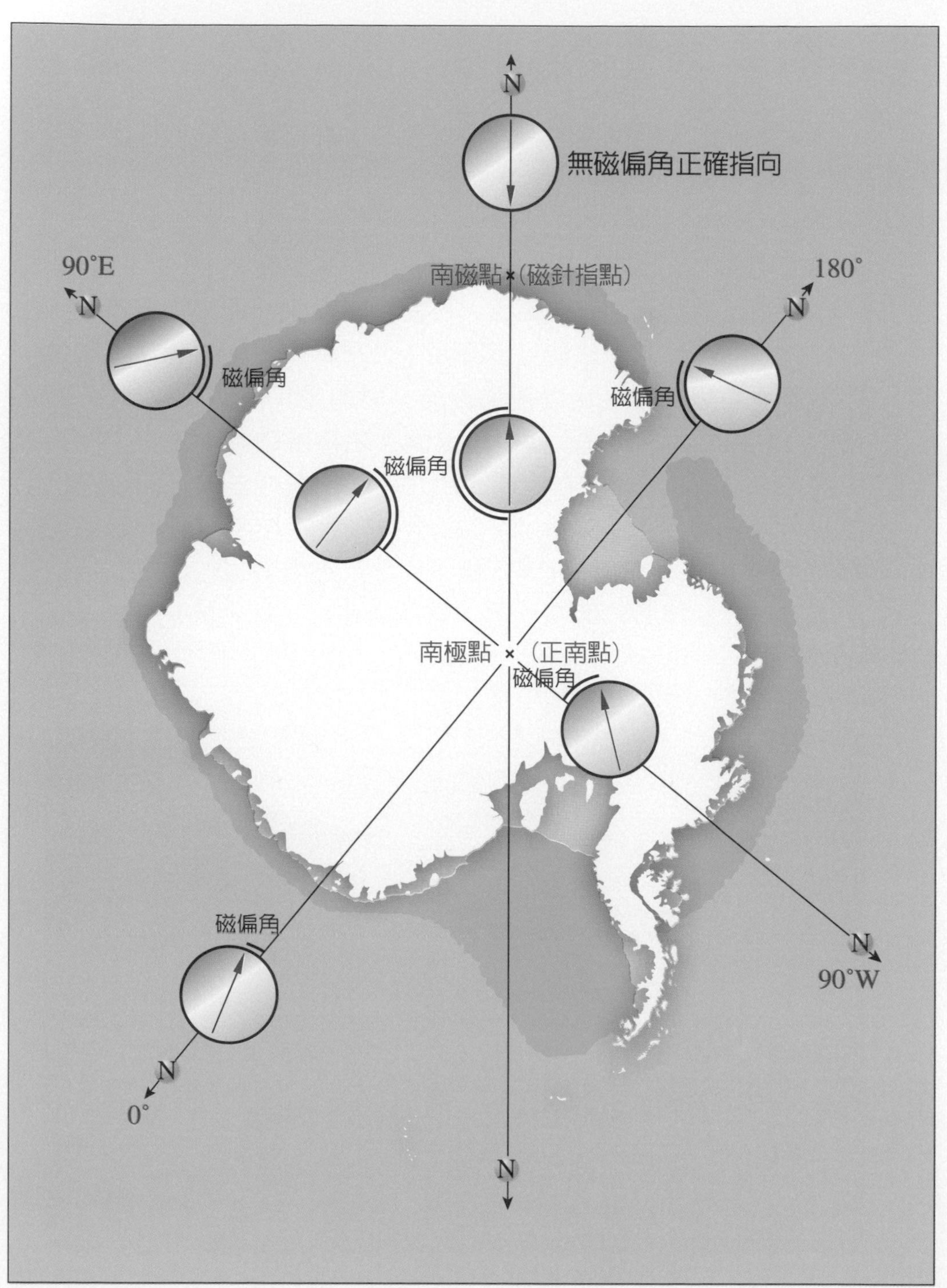
N
無磁偏角正確指向
90°E
N
南磁點×(磁針指點)
180°
N
磁偏角
磁偏角
磁偏角
南極點 ×（正南點）
磁偏角
磁偏角
N
90°W
N
0°
N

南極的大自然白色恐怖

以下介紹 4 項南極的特殊自然現象，其潛藏危險性而帶給人們「白色恐怖」威脅：

南極大風雪（Antarctic Blizzard）

稍高溫的強風夾雜著飄雪，可能瞬時發生而連颼數日不止。當其強烈吹颼時，會使能見度降至 1 公尺以內，站立者在風雪當中看不到自己的腳，極易迷失方向，這即是「南極大風雪」。在 1989/90 年的國際狗拉雪橇橫越南極大陸探險活動中，日本隊員船津（Keizo Funatsu）即曾在南極大風雪中步出營帳飼狗，因而在低能見度及強風中迷失 14 小時，經全體隊員手拉手環繞營帳四周尋覓不著，次日清晨才在離營帳 100 公尺遠處發現船津躲在他挖的雪窖中，船津曾形容在雪窖中像「處在乒乓球內的感覺」（見第 224 頁）。

▲南極大風雪 / T. Higham Antarctica NZ

白化視覺錯亂（Whiteout）

南極大陸的雪白世界會造成「白化視覺錯亂」現象，它使人無法分辨物與物之間的反差與界限，亦會失去天空、地面與地平線的分界，甚至三度空間的感覺。人們不能覺察出地表的高低起伏，也無法分辨遠近、上下左右位置及深度，宛如身處五里霧的科幻白洞中。飛鳥在空中飛行，會失去立體定位感而誤撞雪地，飛行員也可能因此迷航。

陸上探險者常需沿途堆製「雪標（Snow cairn）」（見第223頁），藉此在一片雪白無際的冰原中，透過斜射陽光產生的暗色投影製作標記，或利於空中搜救。

▶雪標 （Snow cairn）

南極下坡風（Katabatic）

「南極下坡風」或「南極狂風」常在夏季過後，由內陸寒冷、海拔較高的極地高原上，一波波密度較高且低溫的空氣往海拔較低的沿海地區快速流動，並經重力加速的下山風，因此又名「重力風（Gravity Wind）」。它時常伴有奇特的自然景象出現，例如會突然發生且可能持續數分鐘後忽然終止，然後又開始，也可能連颳數天不停；另外，它可能伴隨迴捲的雲。

可能因地理位置及地形等因素，使得某些地區經常發生南極下坡風，這些區域即被稱作「南極下坡風走廊（Katabatic Corridor）」；東南極大陸聯邦海灣的「丹尼森岬（Cape Denison）」便是知名者。1911/14年的澳洲探險隊（見第179頁）在那裡曾有過這樣的遭遇：時速145公里連續吹颳24個小時、時速172公里連續吹颳8個小時、整個月中每小時的平均風速高達98公里，甚至陣風時速更高至320公里的下坡風。

高速而持續的南極下坡風可以在暴露的木頭表面上留下颾痕，甚至生鏽的鐵鏈都會被拋光，而重物也會被吹走。**它是南極大陸最惡名昭彰的大自然或白色恐怖現象。**

冰縫（見第 63 頁）

它是南極大陸地面交通的最大障礙，在東南極大陸海岸約 140 ° E 與 150 ° E 之間的尼尼斯（Ninnis）冰河，即是以 1911/14 年間，連裝備等一起掉入冰縫而喪命的澳洲南極探險（見第 180 頁）隊員爲名。

❶ 2012 年的位置約在 85° 54' N, 147° W，即在加拿大北部的埃爾斯米爾（Ellesmere）島西岸的北冰洋中。

第七章
南極的生態

由於生存條件惡劣，南極地區的各種生物均有其適應的本能，但其生態系統卻極為脆弱。

圖片來源／R. Seppett．Antarctica NZ

南極地區的環境

南極大陸之冰帽覆蓋地區

本地區的生長環境極端惡劣——極冷、強風、日照變化大，及尤其是水份稀少——使得大型生物闕如，但冰層內不乏在夏日出現「小水塘」，讓微生物得以繁衍，例如在離南極點數百公里山脊（Nunatak）的北坡仍可見其蹤跡。

南極大陸之無冰地區

本地區比前者更為乾燥，且有限的土壤極為貧瘠，故長期以來難有生物的蹤影。惟在一些表面有裂隙或孔洞的岩石（如砂岩、花崗岩及大理岩等），仍偶爾可見低等植物的生長。另，在湖泊下尚未結凍的水中，仍有微生物能適應該封閉的特殊生態環境。但怪異的是：在離海岸40到50公里的乾峽谷地區，卻可見阿得利企鵝（Adelie Penguin）（見第102頁），以及在陸上行走不易，卻已遺留數千年的食蝦海豹（Crabeater Seal）（見第92頁）之遺骸。

▲食蝦海豹遺骸 / Kristan Hutchison・NSF, USA

南極大陸之海岸地區

它有較溫和的天候、較多水份及土壤，因而成為南極大陸上最佳的生存環境，尤其是南極半島西岸及附近的島嶼有最多的生物。

南冰洋

在夏天時，深色的南冰洋海面比白色的南極大陸吸收更多的陽光熱能。冬天時，結了冰的洋面形同一層絕緣，使其下的海水能保持在 –1.8℃ 以上而不結凍（海水的冰點為 –2°C），且其浮冰之空隙內亦提供了小生物的活動空間，即使在冰棚底下仍然有生物的蹤跡。它是**南極地區最佳的生存環境**，而有極爲豐富的生物族群。

在南冰洋中的生物最受影響的是光線，而不是溫度。

南極地區的生態

陸上動物

只有極少數的低等無脊椎動物能一年到頭生長在南極大陸，他們常由風的吹送或海鳥的運送而從一處移到另一處，已知包括約有 51 種線蟲（Nematode）、50 種蚊蚋（Midge）、28 種緩步類（Tardigrade）、20 種彈尾目昆蟲（Springtail）、2 種雙翅目（Diptera）以及少數的蟇（Mite）、原生動物（Protozoa）和渦蟲綱昆蟲（Turbellarian）等，大都極密集地存活在海岸地區。其中，蟇可在離南極點約 500 公里的山脊被發現，由於其體型極小，通常需用放大鏡才能看清楚，其中**最大的是長只約 1 公分且沒有翅膀的南極百吉卡**（Belgica Antarctica）**蚊蚋**。

海陸動物

沒有任何高等動物能不依賴南冰洋而完全在南極大陸上存活，它們均生長於濱海地區，尤其以較溫暖的南極半島與亞南極島嶼之間最多。特異的帝王企鵝（Emperor Penguin）（見第 101 頁）能倚賴先前夏日所吸收、保存的熱能在南極大陸上過冬，**係唯一毋需作季節性遷移的高等動物**。在南極及亞南極地區有 7 種海豹及 9 種企鵝，但在南極大陸海岸地區活動的則有 5 種海豹及 4 種企鵝。

▲南極地衣 / R. Seppett · Antarctica NZ

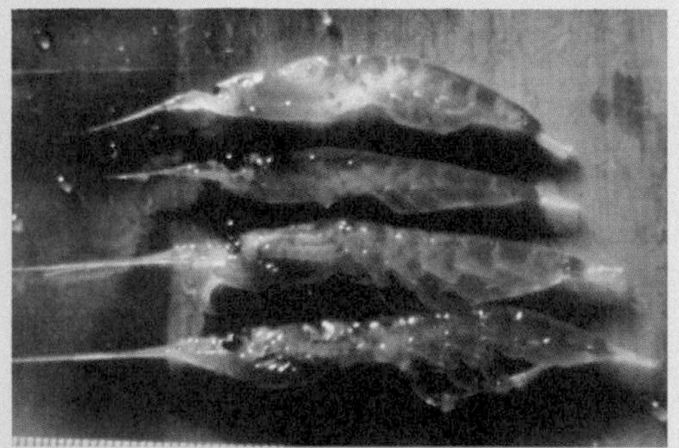

▲南極磷蝦 / Antarctica NZ

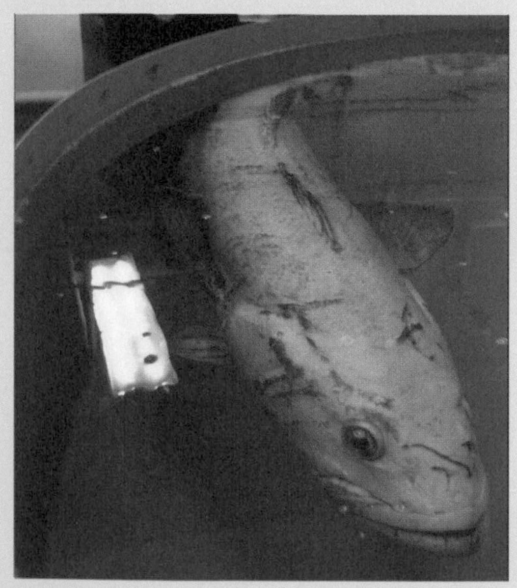

▲鱗頭犬牙南極魚 / Melanie Conner · NSF, USA

陸上植物

能終年生長在南極大陸的低等植物種類較多，已知約有300種藻類、200種地衣、85種苔蘚、28種眞菌及25種地錢（Liverwort），**其中許多地衣是南極大陸特有種**，它們常有艷麗的顏色，使得其生長的雪地形成一片紅、黃、粉紅或綠等繽紛的色彩。有的地衣及藻類可能只生長在岩塊之夾層中，而在離南極點340公里、向陽的山脊仍可發現它們，**爲地球最南的生物**。另有2種較高等的開花植物，它們都生長在南極半島。

所有南極植物之生長均極爲緩慢，經一腳踩踏的植被需要10年以上才能恢復。

海洋動物

南冰洋海水中有各種豐富的「動物性浮游生物（Zooplankton）」、魚蝦及大型的鯨魚……。

在浮游動物中，有數量極多的橈足綱動物（Copepod）、片腳動物（Amphipod）、磷蝦目動物（Euphausid）及其他甲殼類動物如蝦類等。其中，南極磷蝦（Antarctic Krill）常以極大的數量出現——

每平方公里可能高達4,600公噸，整個海域可能因而變色，是爲**世界上族群規模最大的生物**。其體長約6公分，雜食性，壽命可達5到8年而爲長壽者。

南冰洋約有14種鯨豚、200種深海魚類和共約300種魚類，魚類的族群規模比其它海域小。其有名者如巨魷可長達18公尺，**是世界最大型之無脊椎動物，也是最大型眼睛的動物，有如排球般**，只要食物充足及水溫適合快速生長；另有棲息於300到2,500公尺深海的鱗頭犬牙南極魚（Antarctic Toothfish / Antarctic Cod）和小鱗犬牙南極魚（Patagonia Toothfish）最知名，其可達約2.2公尺長與120公斤重，生長緩慢致壽命可達45年，分別分佈於高緯度及亞南極海域；另有鰭魚及冰鯖魚（Mackerel Icefish）等。

南冰洋的海床中有超過3,000種海洋生物，包括海蜘蛛、珊瑚、海星、海蝸牛及其它軟體動物等，多於北極地區。

海洋植物

在南極大陸的附近海域中，沒有任何較高等的海洋植物（如海草）能適應生長，但南冰洋中有約200種植物性浮游生物（Phytoplankton）及小單細胞植物，其中有顏色的冰藻可在洋面廣闊地延伸，使海水或浮冰變成粉紅色或棕色。南極海洋植物可以適應在浮冰底下光線較少的特殊生存環境。

南極生物的適應

南極地區的生物都具有特異的生存本領以適應嚴酷的生存環境，例如因夏日極短使得其生長及活動的時間極爲有限，因此生物活動週期較短且快，並常有極大的族群，或有的採單性繁殖，甚至有的可處在冰封的環境中一段時間，不需要O_2仍能存活。

在低溫的環境下，食物的供應有其季節性，有限的能量也因此需作極妥善的應用。動物們需要較快的新陳代謝以供應身體的機動力及活動速度，因爲它們需要更多的體力尋找食物及逃避捕食者的追捕，多餘的能量才能用在其它比較不迫切的方面，例如身體的成熟及繁殖器官的成長，但這些能量也相當有限，結果是使它們演化出通常較長壽、繁殖後代量較少的生命型態，如海蠍可活約 100 年，而海綿則爲數百年。

低溫對生物的最大傷害機制是：冰的分子結構會在組織細胞內形成，從而破壞了外層細胞膜，並使得組織細胞的功能受到不可回復的嚴重損害。因此，避免這種傷害在體內出現是適應酷寒的最基本原理。

高等動物適應嚴酷生存環境的其他方法：

1. 發展出良好的絕緣：企鵝、海豹、鯨魚及海鳥等生物，均依賴其皮下的厚油脂以隔絕外界之低溫，如威德爾海豹（Weddell Seal）（見第 93 頁）的皮下油脂便有 10 公分厚；而企鵝則有加厚且重疊的羽毛。
2. 改變活動行爲：如帝王企鵝互相擁靠以減少體熱散失而過冬（見第 102 頁）。
3. 不同的血液循環機制：爲許多海洋哺乳類及鳥類所採行，如企鵝位於心臟邊陲的四肢、鰭與蹼的靜脈與動脈較爲接近，使其靜脈內回流心臟的血液能被來自心臟較溫暖之動脈血液加溫，並因而能維持四肢內之主要組織的溫暖；其它易於散失熱量的週邊組織及皮膚則減少血液循環，而得以減少體溫之散失。

   較短的四肢：如企鵝有較短的四肢以減少體熱之散失。

   幼雛體型大，且只要食物充足即快速成長。

   控制新陳代謝甚至生殖腺等以選擇性地使用能量。

植物及冷血動物的方式：

1. 失水：如地衣、藻類、無脊椎動物和昆蟲在低溫時，體內的水分跟著降低或以乾燥卵的型態來過冬。
2. 防凍劑：節足動物、冰魚（Icefish）、鱗頭犬牙南極魚和小鱗犬牙南極魚等會在體內產生抗凍劑，以阻止冰的分子結構在細胞組織內形成，或與生理鹽分及冰結晶結合，得其體液的冰點低於南冰洋海水。

3. 無紅血球：寒冷的南冰洋中溶解有較多的 O_2 成分，魚類的紅血球較少或甚至沒有紅血球，如冰魚、冰鯖魚及蒙生鱈魚（Mawson Cod）等魚類，利用無色的血漿做氣體交換，也就因此有白色的腮及內臟。其血液相對較稀薄、新陳代謝也較緩慢，而能消耗較少能量以保留維生的體能。

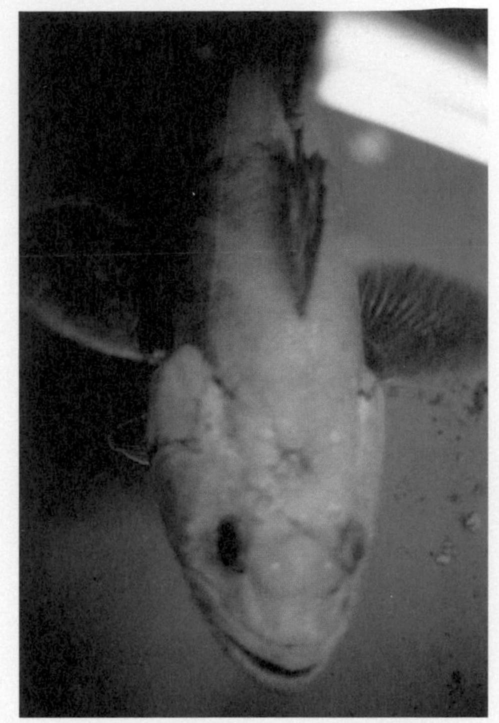
▲無紅血球的蒙生鱈魚 / Antarctica NZ

4. 不同的組織液：如體內積蓄葡萄糖、鹽分及蛋白質等物質，使體內組織液的冰點降低。
5. 不同的酵素：如冰魚體內有效率較高的酵素，可以使其在0℃的低溫下，也能如其它的魚在 20℃水中一樣地活動。
6. 體色：有些低等的植物會有較深的體色以易於吸收熱量。
7. 生長地的選擇：如植物生長在北坡隱蔽的岩縫中。

南極地區的食物鏈

南冰洋海水表層的植物性浮游生物，係食物鏈中最底層的食物供應者。夏日陽光會促使其大量繁殖，它們成爲動物性浮游生物的食物來源。而動物性浮游生物中，又以南極磷蝦最爲重要，是許多南極高等動物（如海鳥、企鵝、海豹到鯨魚等）的主要食物來源，這些高等動物甚至演化出特殊的牙齒而利於捕捉。光是鯨魚 1 年就要消耗約 1 億 5,000 萬噸的南極磷蝦，**沒有它，整個南極生態圈將崩解，這意味南極地區的生態系統極爲脆弱**。另，魷魚亦是極重要的食物供應者，在前述的捕食者的胃中不乏有它們的蹤跡。

陸上的捕食者主要係海鳥，如賊鷗（Skua）、巨海鷗等；而豹紋海豹（Leopard Seal）則是企鵝的主要捕食者（見第 92 頁）。

第八章
南極與亞南極地區的野生動物

南極與亞南極地區給人們的印象是有極豐富的海豹、企鵝及海鳥……各種野生動物。

圖片來源 / Glenn Grant · NSF, USA

以下簡介一些南極大陸與亞南極島嶼間的野生動物：

海洋哺乳動物

海豹

海豹是最能適應南極環境的哺乳動物，它們有短的鰭與厚且富油脂的外皮，在水中極爲活躍，但在陸上則極爲笨拙，它們在陸上繁殖及脫皮，所以並非水中動物。海豹分 2 種：「無耳蓋（Earlessed）」及「有耳蓋（Eared）」海豹；前者又名眞海豹，有皮下油脂而不似後者有厚的皮毛，其後鰭連長在一起不能向前擺動，所以在陸上行走就必須像毛毛蟲一樣以縮 / 推的動作前進；後者是皮毛海豹，體型最小。

南極地區有 6 種海豹，其數目遠多於北極地區。現簡介其中 4 種及 1 種亞南極海豹：

1. 食蝦海豹（Crabeater Seal）

食蝦海豹性喜食磷蝦，與螃蟹（Crab）沒有關聯；其身體瘦長，雄豹可達約 3 公尺，雌豹略小，可重達 250 公斤。

它們喜歡小群地在浮冰上活動，有特殊門牙與犬齒以利於大口呑入海水後濾下於淺水補捉的磷蝦；亦可輕易潛入 250 公尺深補食。通常在 9 至 11 月間產下幼豹，成長極爲快速，哺乳時間約在 4 週。其天敵是後述的豹紋海豹，會攻擊其幼豹。

其是族群規模最大的海豹，總數約在 1,500 萬隻以上。

2. 豹紋海豹（Leopard Seal）

豹紋海豹體型瘦長，可達約 3 公尺，但重量可達 500 公斤，雌豹的體型較大。

它們在繁殖季節的夏天會成群結隊，其他時間則常獨自在淺水處，尤其在企鵝群附近或浮冰邊緣伺其跳出水面時獵捕。它們一樣有特殊的門牙與犬齒以利大口吞入海水後濾下它們於淺水補捉的磷蝦，但也有比例較大的頭、可張很大的口及強力的顎，**是唯一捕食溫血動物的海豹，亦會捕食其他海豹，甚至可能攻擊人類**；在2003年7月，即曾發生英國的研究人員布朗（Kirsty Brown）被攻擊而溺斃的事件。通常在11月間產下幼豹；其天敵是殺人鯨（見第96頁）。

豹紋海豹的分佈遍達印度洋部分的亞南極群島，其數目約在22萬隻以上。

3. 威德爾海豹（Weddell Seal）

威德爾海豹的體型較肥胖，長度可達3公尺，卻可重達400公斤，且雌豹體型略大。其名來自蘇格蘭探險者威德爾（James Weddell）船長（見第145頁）。

它們喜歡在近海岸的浮冰上群聚出沒，**係能在最南緯度活動的海豹**；冬天時通常在冰下過冬，常利用浮冰的破洞、隙縫或自行咬掘以鑽入水中覓食，或露出換氣。通常在10月間產下幼豹，**其母乳是哺乳動物中營養成分最豐富的**。威德爾海豹有極佳

▲食蝦海豹 / P. Dingwatt · Dept. of Conservation, NZ

▲豹紋海豹 / C. Court · Antarctica NZ

▲ 威德爾海豹 / C. Rudge · Antarctica NZ

的視力，可在720公尺的水深、光線不佳之下補食，且可停留近1個小時。

其分佈遠達亞南極群島，組群數目穩定。

4. 皮毛海豹（Fur Seal）

皮毛海豹有齒、無體脂，但有濃密的體毛以保暖故名，雌雄的體型懸殊，雄豹可長達2公尺而重200公斤，雌豹則可長達1.5公尺，但只重約50公斤。

通常在11月底至1月間產子，每隻雄豹可配對4到5隻雌豹，雄豹通常會嚴守在旁以防其撫幼被侵擾。可潛水深達100公尺處覓食。

皮毛海豹分佈在南極半島與亞

▲ 皮毛海豹 / Adventure Associates Pty., Australia

▼ 象鼻海豹 / 企鵝先生

南極島嶼間，本世紀初，它們在各亞南極群島曾經歷相當的捕殺，現在的族群數目穩定，其生存威脅來自被商業魚撈活動所遺棄的尼龍網所纏繞。

5. 象鼻海豹（Elephant Seal）

這是體型最大的海豹，雄豹可長達 6 公尺、重可達 4 公噸，而雌豹較小但仍可長達 3.5 公尺且重達約 1 公噸。

它們通常在海裡過冬，直到春天才上岸繁殖，雄豹間不停地爭鬥爭取繁殖機會，每隻雄豹可能與多至 20 到 30 隻的雌豹配對。胚胎期爲 3 週，其嬰兒重約 40 公斤，但成長極快，約 23 天後斷奶時可達約 120 公斤。它們可能遠離其棲息地達數千公里之外，並做深達 1,500 公尺的潛水補食魷魚，且可潛水長達 120 分鐘免換氣。

象鼻海豹主要分佈在亞南極群島，少部分在南極半島，其中南喬治亞（South Georgia）島（見第 122 頁）約有 36 萬隻。它曾被嚴重地捕殺，現今的數目雖有回復，但在某些地區仍有減少的趨勢。例如過去 50 年來，澳、紐的瑪奎麗（Macquarie）（見第 128 頁）及康百爾（Campbell）島（見第 127 頁）均有其數量減少的相關報導，可能與全球氣候的變化而導致食物供應減少有關。

鯨

鯨是透過頭頂上的鼻孔在水面換氣，其呼出的氣柱會將肺部內的蒸氣及鼻孔附近的海水向上推送形成「噴水」，高度及形狀依鯨而異。它們通常都能做長時間的潛水，並發聲做溝通、辨識或回聲定位，其係群居且季節性遷徙的動物。不同於一般魚類的游泳方式，鯨的游水係上下地搖擺尾鰭。南極夏日時，在南冰洋活動的鯨是經季節性的遷徙而來，以捕食上湧的洋流所帶來的豐富的食物。以下簡介 7 種：

▲ 抹香鯨 / 企鵝先生

1. 有齒（Toothed）鯨

其有顎骨及大牙以撕裂獵物且體型較小，只有一個鼻孔。

(1) 抹香鯨 (Sperm Whale)

抹香鯨的雄鯨可長達約 15 公尺，重達 45 公噸，雌鯨則可長達約 11 公尺，重達 15 公噸，**是有齒鯨中體型最大者**；其特徵是極富鯨脂的大頭部，以及小而長滿牙齒的下顎。

春夏之交，它們會成群地在南冰洋繁殖活動。懷胎期約 16 個月，幼鯨約長 4 公尺。冬天時，它們會遷移到較溫暖的海域，甚至到北半球。其性喜深潛捕食魷魚，可深潛海底 2,000 公尺至少 1 個小時之久。

抹香鯨曾遭受嚴重的捕獵，1979 年後已受到全面的保護，但數目回復速度仍緩慢。

(2) 殺人鯨 / 虎鯨 (Killer Whale / Orca)

殺人鯨有優美黑白相間的外表，**係海豚類中體型最大者**，但

▲ 殺人鯨 / Jeanne Cato・NSF, USA

無長型的嘴，其背鰭可長達 9.2 公尺、重達約 9 公噸，母鯨略小。

它們喜歡在較冷的海域大群聚出沒，進行它們的招牌動作「同步游泳」——動作一致地游泳並抬起上身豎立在海面以做偵察（Spy Hopping）。殺人鯨有貪得無厭的食慾，**它們會攻擊體型比其大的海洋哺乳類**，如豹紋海豹、企鵝等溫血動物，**卻從未有人被其攻擊的報告**。它們非常聰明，可以訓練成良好的表演者；其壽命可達 60 歲以上。

殺人鯨的數目約在 14 萬隻。

2. 無齒（Toothlessed）鯨

▼藍鯨 / 鄭義郎（魚藏）

其體型較修長且較大，有一對鼻孔，上顎有向下生長、每側數目約在 160 到 360 根之間的鯨鬚（Baleen），用以濾除口中的海水並留下其主食，如南極磷蝦等小型獵物。

(1) 藍鯨 (Blue Whale)

藍鯨是體型最大的鯨，也是體型最大的動物，其體長可達約 26 公尺，重則達 120 公噸，雌鯨體型稍大，其最大特色是下潛時會將其尾鰭翹高。

它們常單獨或成對地活動，並可能到南極大陸近海，成爲在**地球最南緯度可見到的最大型動物**。以南極磷蝦爲主食，每條藍鯨每天可吃掉約 4 公噸。冬季時可能回游遠達北極地區。

藍鯨是捕鯨人最有興趣的目標，曾經歷嚴重的獵捕，自 1965 年起受到全面保護。現今在南半球的數量約有 2,300 條。

(2) 鰭鯨 / 長鬚鯨（Fin Whale）

鰭鯨係世界第二大體型的鯨，雄鯨可長達 22 公尺，重可達 55 公噸，雌鯨略大。它比藍鯨稍修長，下顎白色，且游泳時速可達約 35 公里，**是無齒鯨中最快者**。

在夏天時，它們常在 50° S 到 60° S 間的海域活動，且幾乎全以南極磷蝦爲食，每條鰭鯨每天可吃掉約 1 公噸。冬天時，它們甚至會回游到北半球。

鰭鯨亦曾遭嚴重捕殺，直到 1976 年起被列爲完全保育，但其數目回復極爲緩慢。

▲ 鰭鯨 / 陳瑞倫・理想旅運社

▲鰭鯨 / 鄭義郎（魚藏）

(3) 塞鯨 (Sei Whale)

塞鯨與前兩者極近似，不過其體型較小且修長，雌鯨可長達約 16 公尺，重可達約 25 公噸，雄鯨則略小，其有極快的短程游泳能力，時速可達約 55 公里。

南極夏日時，它們常小群地南下到較低緯度約 40° S 到 50° S 之間的南冰洋活動，並以浮游生物、南極磷蝦或魷魚爲食，每條塞鯨每天可吃掉約 1.5 公噸。

▲ 塞鯨 / 鄭義郎（魚藏）

塞鯨亦曾遭極嚴重的捕獵，直到 1978 年起被列爲保育動物，然而其增生的速度緩慢。

(4) 隆背鯨 / 大翅鯨 / 座頭鯨 (Humpback Whale)

隆背鯨的體型比較不修長，雌鯨可長達約 14 公尺，重可達

▲ 隆背鯨 / Rebecca Shoop・NSF, USA

約 30 公噸；雄鯨略小，其有約 1/3 體長的左右鰭，並有大而圓的頭。不同的個體之間，左右鰭與背鰭朝下端也會有不同斑點的差異。

雄鯨在水底經常不停地發出聲音，**是最會發聲的鯨種**，但是在近南極大陸海域則很安靜。在南極夏天時，它們可在高緯度的南極海域出現，冬天則回游至赤道附近甚至遠達北極地區繁殖。以南極磷蝦爲主食，每條隆背鯨每天可吃掉約 1.5 公噸，亦以小魚爲食。

隆背鯨游速緩慢，並且喜歡在海岸逗留，因此曾遭極嚴重的捕殺。現今它們在南半球的總數約有 45,000 條。

(5) 小鬚鯨 (Minke Whale)

小鬚鯨係無齒鯨中體型最小者，體長可達約 11 公尺，重量約在 9 公噸，雄鯨較小。

南極夏日時，它們會南達約 60° S 與 70° S 間較高緯度的南冰洋海域出沒，並因性別及年齡而分群，其游泳起來極敏捷，且會因好奇而接近船隻。

小鬚鯨在過去並沒有遭受嚴重的捕殺，**現爲南冰洋中族群最大的無齒鯨**，其於南半球的總數約有 76,000 條。

▲小鬚鯨 / 鄭義郎（魚藏）

企鵝

全球有 18 種企鵝，**它們都分佈在南半球**。1620 年，法國的雷魯 (Beaulieu Leloup) 船長在非洲南端首度驚見會潛游捕食的企鵝時，稱其爲「有羽毛的魚」。南極與亞南極地區有 9 種企鵝，其中在大陸南極海岸繁殖的有 2 種，其他都在南極半島海岸與亞南極之間的島嶼。它們常有極大的族群，數量約佔南極地區海鳥數目的85%。

企鵝的主要食物是小魚及磷蝦，天敵是殺人鯨及豹紋海豹，賊鷗則會攻擊其幼雛及捕食其蛋。通常他們都很長壽，如帝王及國王企鵝分別可達20至30年。

下述企鵝中，前4種分佈在南極地區，後5種則在亞南極地區：

▲ 帝王企鵝幼雛 / Antarctica NZ

1. 帝王企鵝（Emperor Penguin）

帝王企鵝的身高與體重分別可達約115公分與40公斤，其以體型最大及外形優雅而得名，與國王企鵝爲近親。

▲ 帝王企鵝 / Glenn Grant・NSF, USA

在秋天時節，其他已完成繁殖的野生動物紛紛離去之際，它們則歷經1個夏季的攝食而有充沛的體能，反而自海岸向南極大陸的內陸棲息地推進，開啓一段**感人而特異的繁殖過程**。每年5、6月份，配對後的雌鵝產下1個重約4.5公斤的巨蛋，不久即將蛋交與雄鵝。雌鵝即經更遠（海面已冰封，可能達200公里）的長途跋涉，消蝕了約25%左右的體重後回到南冰洋過冬。雄鵝則在可低至－60℃劇寒、強風可達時速150至200公里的永夜下，將蛋夾孵在兩腳間覆蓋羽毛並與地面隔離之處，且可能多達6,000隻成群地互相蜷靠取暖、換位置來保溫（見第392頁）。64天後，約在每年7、8月份，小企鵝便破殼而出，此時已約4個月沒有進食的雄鵝還自胃內吐出液汁以餵食其幼鵝。雌鵝則經長途跋涉，在成群中辨識出家人而適時地出現。在換手之後，雄鵝乃長途跋涉回到海中攝食，補回已剩下約一半的體重。1個月之後，它再回到繁殖地點，並輪流來回覓食以撫育幼鵝。幼鵝成長極爲快速，到了12月份左右便可獨立。它們是唯一能在南極大陸過冬的溫血動物。

帝王企鵝能下潛超過630公尺約20分鐘之久進行覓食，**是潛水能力最強的鳥類**。

其棲息地均位於大陸南極海岸，已知有42個，最大者爲羅斯海域中的柯曼（Coulman）島，島上約有20萬隻，但是較溫暖的南極半島卻沒有；其總數約有40萬隻，**是族群最小的企鵝**。

2. 阿得利企鵝（Adelie Penguin）

阿得利企鵝的身高與體重分別約70公分與6公斤，它一頭烏黑，但眼圈卻是白色的，常好奇而近人。法國探險家迪維爾（Dumont d' Urville）（見第146頁）以其妻之名命之，它與頜帶企鵝和間投企鵝爲近親。

冬天時，它們向北遷徙，但仍常成群出現在浮冰或冰山上活動。春天一到，它們即遷回其陸地棲息處，通常雄鵝會先抵達並以鵝卵石修復巢；雌鵝則慢數日抵達。在配對後，雌鵝產下2個蛋並即交由雄鵝孵抱4週以得幼鵝，此時雄鵝已失去一半體重。在餵食時，成鵝常跑給幼鵝追，輕易放棄追逐者往往得不到食物。

阿得利企鵝可能下潛175公尺以覓食，其游速極快而可達每小時15公里，並可跳高約達2公尺上岸，利於逃避豹紋海豹的捕食。

其棲息地遍佈整個南極大陸海岸及臨近島嶼，羅斯海域的阿達里岬（Cape Adare）**是其最大的棲息地**，約有50萬隻，其總數約在500萬隻。

3. 頷帶企鵝（Chinstrap Penguin）

頷帶企鵝的身高與體重分別約66公分與4公斤，近似阿得利企鵝，惟其有1條黑色帶圍繞在下顎，狀似帽子的頷帶，故得其名。

▲ 阿得利企鵝 / 企鵝先生

▲ 頷帶企鵝 / Dept. of Conservation, NZ

▲ 頷帶企鵝 / Adventure Associates Pty., Australia

它們常在浮冰上出現，在陸上常用滑行，喜歡在岩石陡坡處築巢。母鵝在每年 11、12 月左右會產下 2 個蛋，孵化期約 37 天，幼鵝在次年 2、3 月間便可成熟。其潛水的深度約可及 100 公尺。

頜帶企鵝的總數排名第二多，其數目約在 1,400 萬隻，主要棲息地在南極半島北端西岸的南雪特蘭群島（見第 118 頁）及亞南極島嶼，而南三明治（South Sandwich）群島（見第 121 頁）就約佔了 2/3 的數量，少部分在羅斯海域的巴羅尼（Balleny）群島（見第 120 頁）。

4. 間投 / 巴布亞企鵝（Gentoo Penguin）

間投企鵝的身高與體重分別約 76 公分與 6 公斤，它有橘黃色的喙，在眼後則有白色的羽毛，比較怕人。

它們以石子或草築巢；視地區不同，在每年 6 至 12 月開始繁殖。雌鵝每次產 2 個蛋，約 36 天孵化，每次撫育 2 隻幼鵝，習性與前 2 者雷同。它通常在近海岸較淺處覓食，但亦深潛至 100 公尺。

▲ 間投企鵝 / Antarctica NZ

間投企鵝的總數約在63萬隻，其分佈在南極半島北端西岸的南雪特蘭群島及亞南極島嶼，其中有超過半數在福克蘭（Falkland）（見第130頁）及南喬治亞群島。

5. 國王企鵝（King Penguin）

國王企鵝的身高與體重分別可達92公分與25公斤，是體型第二大的企鵝，其外表近似帝王企鵝，但更鮮豔。

它們有複雜特異的繁殖習性，每3年繁殖2次，母鵝在11月到次年4月間，每次產下1個蛋，其雙親輪流將蛋孵抱在其兩腳之間，孵化期約55天。幼鵝亦會互相擁靠取暖，並會被照顧約1年。

它們分佈於亞南極群島，過去曾遭相當的獵殺而現今總數約在300萬隻。

▲ 國王企鵝 / Adventure Associates Pty., Australia

6. 馬可羅尼企鵝（Macaroni Penguin）

馬可羅尼企鵝的高與重分別約76公分與7公斤，其雙眼間有左右相連、朝後豎起的橘色流蘇羽毛，屬「長冠企鵝（Crested Penguin）」，並有較寬闊的喙，且善於在岩石間跳躍行進。

它們在每年夏日繁殖，每次母

▲ 馬可羅尼企鵝 / Zee Evans・NSF, USA

▲ 跳岩企鵝 / Dept. of Conservation, NZ

▲ 皇家企鵝 / Dept. of Conservation, NZ

鵝會產 2 個蛋，第一個蛋較小，並在第二個蛋生出來之後被逐出其巢，只有第二個蛋會被孵抱。

其分佈於南極半島往東直到澳屬賀德（Heard）島（見第121頁）之間的亞南極群島，**是族群最大的企鵝**，總數約在2,400萬隻，其中約有半數在南喬治亞島，其他島嶼各有數百萬隻（如賀德島即有200萬隻以上）。

7. 跳岩企鵝（Rockhopper Penguin）

跳岩企鵝高與重分別約 60 公分與 3 公斤，其外表與體型稍大的馬可羅尼企鵝近似，**是最小型的長冠企鵝**，但是其頭上的左右流蘇並不相連。雄鵝略大於雌鵝，它們會在鬆動的石塊上，或在陡峭岩壁間的洞穴築巢，因爲善於跳躍進出故得其名，也**是最有攻擊性的企鵝**。

它們在 9、10 月間產 2 個蛋，也唯有第二個蛋會被孵抱，但偶會也會出現兩個蛋同時被孵抱，且同時撫育 2 隻幼雛的情況。孵化期約 35 天。

跳岩企鵝只分佈於亞南極群島，總數目約在 750 萬隻，其中福克蘭群島約佔 1/3，在某些地方如康百爾島，其數目劇減而受到關注。

8. 皇家企鵝（Royal Penguin）

皇家企鵝的身高可達約 76 公分，狀

似馬可羅尼企鵝，亦同屬長冠企鵝，唯其有白色的臉且喙較小，雄鵝略大於雌鵝。

通常在每年春末繁殖，每次產2個蛋，亦只有第二個蛋會被孵抱，孵化期約6週。幼鵝在次年1、2月左右即成熟獨立。

皇家企鵝是澳屬亞南極的瑪奎麗島之獨有品種，它們以極大規模的族群聚集，曾受相當的捕殺，現今其總數約有300萬隻。

9. 黃眼企鵝（Yellow-eyed Penguin）

黃眼企鵝的身高約76公分，因有黃顏色的眼睛而得名，是害羞膽小、極爲稀有且可能是最古老的品種。

它們通常在每年9月開始在離海岸稍遠的隱蔽樹叢中築巢，每次產2個蛋，且雌雄輪流孵抱，孵化期約40到50天，1次可撫育2隻幼鵝，到次年2月便可成熟獨立。

黃眼企鵝是紐西蘭南島東南角及附近之亞南極群島的特有種，總數約只有4,000隻而有保育的危機。其棲息處必須根絕野鼠，以免其蛋和幼雛遭受攻擊。

▲ 黃眼企鵝 / 企鵝先生

海鳥

南極及亞南極地區的海鳥約有57種，它們通常有較大的體形、產下的蛋也比較大，族群較具規模，冬天需遷徙，壽命也長。

它們在特殊的生存環境，必須面對2個適應問題：

1. 因爲飲用海水及捕食海中獵物，所以海鳥透過特殊的生理機制以排除體內過多的鹽分。這些鹽分會被血流送到其鼻腺，再形成滴狀流到鳥喙尖端，經由鳥的甩頭動作將鹽分排除體外，所以海鳥常有較大甚至明顯突起的鼻腔。

2. 當海鳥自空中俯衝下潛入水捕食時，需要面對巨大衝擊力、鼻腔進水及換氣的問題。因此，海鳥的頭及頸部的羽毛較厚，可減少衝擊力，也必須很快地回到空中來換氣，同時避免吞入過多海水。另，其鼻腔入口亦有角質物可從外部堵塞，防止海水進入。

海鳥的喙常有倒勾，以利在海面捕食小魚及包括磷蝦在內的甲殼動物等。它們也都具有長程飛行能力，途中可在海面或船隻上休息，或隨船隻航行活動覓食。

以下簡介數種南極與亞南極的海鳥：

1. 賊鷗（Skua）

在南極地區有「南極賊鷗」，或稱「褐賊鷗」（Antarctic / Brown Skua），以及「南極地賊鷗（South Polar Skua）」2 種，其體長約 53 與 63 公分，前者的體型略小且羽色較淺白，不同亞種的賊鷗可能

▲ 好奇的賊鷗 / 企鵝先生

成對的活動。前者活動範圍主要在亞南極及南極島嶼，後者則在南極海岸。其飛翔的姿勢看起來有些笨重，滑翔較少但卻有極強的飛行能力。前者曾有在南極點上出現的紀錄，**是最南緯度可發現的鳥類**。冬季時，它們向北遷移甚至可能遠達北太平洋的阿留申群島。

▲ 攻擊時的賊鷗 / K. Westerskov · Antarctica NZ

賊鷗在夏日繁殖，每年 11、12 月間產 2 個蛋，孵化期約爲 27 天，不過經常只有 1 隻幼鳥能存活。賊鷗通常以阿得利企鵝蛋、海鳥、魚、鱗蝦，甚至任何腐肉爲食。它們會 2 隻合作出擊，通常是由一隻在前引開他們欲攻擊的海鳥，另一隻在後掠取其蛋，而得其名。

2. 海燕（Petrel）

海燕的外型近似信天翁，最大差別是其喙的上部有鼻管，是分佈範圍極廣的海鳥，其體型懸殊，有不下於 8 種，今介紹 2 種：

(1) 大海燕（Giant Petrel）

大海燕的身高、體長與翼展分別可達約 65 公分、76 公分及 2.1 公尺，**是海燕中最大型者**，通常有深色的羽毛。

它們所築的巢較簡易，每年 8 至 10 月間產 1 個蛋，孵化期約爲 60 天，4 個月即可飛翔。有極大的食慾，是兇猛的獵食者；在海陸攻擊其他鳥類，包括帝王企鵝等體型較大者。主食是魚、魷魚及腐肉，正如南極的兀鷹，其搶食之後的血腥外表常讓人作嘔，但是卻極友善近人。

▲ 大海燕 / Dept. of Conservation, NZ

大海燕有極強的飛行能力，在南冰洋到處都可見其蹤影，壽命可達約 25 年，但常因捕食釣鮪船延釣線（Long Fishing Line）上的魚餌而溺斃。2008 年，它被「國際自然與自然資源保育聯盟（IUCN）」❶ 的紅皮書列爲幾近受威脅（Near Threatened）物種。

(2) 南極海燕 (Antarctic Petrel)

南極海燕的身高可達約 43 公分，翼展約 110 公分，其上身是褐色，翅膀上則有白色長條。

它們喜歡在海邊陡峭的岩壁築巢，但也會棲息在內陸地區，性喜大量聚集，可能多達 20 萬對，尤其愛停留在冰山上。通常在每年 11 月產下 1 個蛋，次年 3 月幼雛便可成熟獨立。

以小魚、磷蝦和魷魚等生物爲食，棲息地主要在 60° S 和南極大陸海岸之間，尤其是羅斯海及威德爾海域地區。

3. 鸕鶿（Shag / Cormorant）

南極與「帝國（Imperial）」鸕鶿的身高分別約在 60 到 88 公分，

體重約在3.5公斤。

他們通常在陡峭的海岸岩坡築巢，每年10、11月繁殖，每次可產3個白色或淡藍色的蛋，並可同時撫育3隻幼鳥。

其分別分佈在南極半島及亞南極島嶼，通常在近海活動並深潛捕食，其族群規模穩定。

▲ 南極海燕 / Dept. of Conservation, NZ

4. 燕鷗（Tern）

燕鷗的身高及翼展分別約40及80公分，其體型雖小，但飛行時尾翼大張、姿勢靈巧優雅，且飛行能力極強。其廣佈於亞南極群島及南極半島，在南冰洋上也可見遠自北極而來者。

它們通常在海岸峭壁築巢，每年11、12月產下數個雜色的蛋，包括深綠、橄欖及橄欖棕色配上黑暗褐斑點，每次孵出1至2隻幼鳥。

燕鷗喜歡在離海岸不遠的海上捕食淺水的小魚，群集性也很強，其族群規模約在7萬對。

▲ 帝國鸕鶿 / 企鵝先生

▲ 燕鷗 / Dept. of Conservation, NZ

5. 信天翁（Albatross / Mollymark）

信天翁是外型優雅的海鳥，英文的“Albatross”比荷蘭語的“Mollymawk”（意為笨拙的海鷗）體型較大，它與海燕最大的差異是在海上獵捕磷蝦、小魚及魷魚等生物爲食，而不食腐肉。每2年繁殖1次，其24種中的17種分佈在面對南大西洋的亞南極群島，通常以草叢築巢，在求偶時會有特殊的「舞姿」。

信天翁有極長的壽命，30到40年通常不是問題，漂泊信天翁更有活到80歲的紀錄；有固定配偶。今其中19種有滅絕危機，捕食釣鮪船長釣線上的魚餌導致溺斃，是其重大威脅。

(1) 灰頭信天翁（Grey-headed Mollymark）

灰頭信天翁的身高可達約63公分、翼展約2.2公尺，其上下喙有橘黃顏色並有灰色的頭部。

它們常築巢在岩崖，每隔年的10月產下1蛋，孵化期約爲70天，主要由雌鳥負責，但雙親共同撫育幼雛，幼雛需時約4個月便成熟獨立。

▲ 灰頭信天翁 / Dept. of Conservation, NZ

其主要的棲息地在亞南極群島，尤其南喬治亞島有約8萬對，紐西蘭的康百爾島約有1萬對。

(2) 皇家信天翁（Royal Albatross）

皇家信天翁有白尾及黑色上翼，體型極大，立高、翼展及體重分別可達約125公分、3.5公尺及8.5公斤，**是體型最大的信天翁，也是全球最大型**

▲▶ 皇家信天翁 / 企鵝先生

會飛行的鳥，其主要棲息地在康百爾島。

它們築巢在草叢中，通常在 11 月產下 1 個蛋，孵化期約 66 天，幼鳥將在巢裡被照顧至少 7 個月。

皇家信天翁的總數約為 4 萬隻。

(3) 漂泊信天翁 (Wandering Albatross)

漂泊信天翁的外型及大小和前者極為近似，在遠處極難清楚分辨，其出沒的範圍較廣，幾乎整個南冰洋都有其蹤跡，而得其名。

其習性和皇家信天翁雷同，但繁殖季節較遲，於 1 月底才開始，且由雙親負責，並會隨船隻航行活動覓食。

其總數約為 8 萬隻。

▲漂泊信天翁 / Adventure Associates Pty., Australia

▼ 黑眉信天翁 / Adventure Associates Pty., Australia

(4) 黑眉信天翁

(Black-browed Albatross)

黑眉信天翁的體型次於前者，屬中型，其立高、翼展及體重分別可達約 95 公分、2. 5 公尺及 3 公斤。其頭是白色，橘紅的喙，上翼及尾都是黑色，且因有黑眉而得名。

它們通常築巢於陡岩壁的草叢中，且可能與灰頭信天翁及跳岩企鵝鄰近。每隔年 10 月初產下 1 個蛋，幼雛在次年 3、4 月間即飛翔離巢。其以磷蝦及小魚等為食，壽命可達 30 多年。

其活躍於南極匯流圈附近，福克蘭群島則有約 68,000 對，佔其族群總數的 85%，在北大西洋亦可見其蹤跡，不過它也是國際自然與自然資源保育聯盟列名瀕臨絕種的保育鳥。

❶ IUCN 在 1948 年成立於瑞士，旨在自然資源保育，今有 83 個會員國及 955 個會員，後者包括政府和非政府組織（NGO）。

第九章
南極與亞南極島嶼

人們於 19 世紀初入侵這些島嶼時，它們曾是野生動物的屠場，現在卻已成為特別保護區，以及南極探險活動史蹟與科學研究站的所在，充滿了自然性與歷史性。

圖片來源／張子芸

在南極與亞南極地區有相當數量的島嶼，它們大部分都有較年輕的地質、火山遺跡或仍有活火山，約略可分爲 3 大類：南極大陸島嶼、南極大陸近海島嶼及亞南極島嶼。

南極大陸近海島嶼及亞南極島嶼，因爲長期受洶湧的南冰洋海浪的侵蝕而少有沙岸，但它們大都比南極大陸海岸地區有更多的野生動物，具有極豐富的自然資產。在早期，具高經濟價值的鯨魚、海豹及企鵝等很自然地成爲人們獵補掠奪的對象，使得這些島嶼曾經是這些野生動物的大屠場（尤其是企鵝）。同時，由於天候嚴苛、設備簡陋，當地不僅海難頻繁，疾病也經常蔓延，使得那裡既是捕鯨／海豹者等冒險家的樂園，也常成爲他們的墳場。這些島嶼除了還保留有當年獵捕鯨／海豹的設備，以及避難處的遺跡，亦可見荒草中的孤墳。不過，今日它們都成爲「南極公約（Antarctic Treaty）」（見第 241 頁）轄下的「特別保護區（Specially Protected Area, SPA）」，並受各相關國政府的管制，其中澳屬瑪奎麗（Maquarie）島更被聯合國教育科學文化組織（UNESCO）劃爲「世界遺產（World Heritage）」。

▲提煉鯨油的大鍋／張子芸

由於特殊的地理位置，這些島嶼自古以來亦是人們從事各種南極活動的所在，因此不乏早期南極探險活動史蹟與現代科學研究站，而具有豐富的自然與人文資產，並成爲南極船遊（見第 321 頁）常探訪的景點。

南極大陸島嶼

這是指那些被冰棚和南極大陸海岸長年連在一起而分不出界線的島嶼，其氣候屬南極大陸型態——乾而極冷。島上的植物有限，惟其海岸則有各種野生動物棲息。以下簡介 3 個：

亞歷山大（Alexander）島

亞歷山大島係由最寬處約 64 公里的喬治六世（George VI）冰棚，與南極半島南半部西側相連，係狹長型，長度約 390 公里、寬度 80 至 240 公里，**是最大的南極大陸島嶼**。其由俄羅斯的別林斯高晉（F. G. T. v. Bellingshausen）船長於 1821 年所發現（見第 144 頁），英國曾在該島上設有 1 個夏日研究站。

羅斯（Ross）島

羅斯島位於羅斯海域的底部，經羅斯冰棚與南極大陸相連，上面有知名的陸標——愛樂伯斯火山，爲英國羅斯（J. C. Ross）船長於 1841 年所發現（見第 148 頁）。

它是人們進出南極點、橫越南極大陸及科學研究等活動之重鎮，現有 3 個古基地（Historic Hut）及美、紐 2 個科學研究站。

博克諾（Berkner）島

博克諾島位於威德爾海域，由儂尼與菲爾希納冰棚所包圍，長約 320 公里、寬約 135 公里，是次大的南極大陸島嶼，也是地球上最南的島嶼。由挪威裔美國人儂尼（Finn Ronne）船長在 1947

年發現並命名（見第 198 頁），在近代常被當作橫越南極大陸探險活動的起點，前述的羅斯島則爲終點。

南極大陸近海島嶼

這是指那些在南極大陸近海的島嶼，其氣候是典型的南冰洋型態，常有強勁的西風、霜雪與陰霧。島上有植物，且都有豐富的野生動物棲息與繁殖。以下簡介 4 個：

南雪特蘭（South Shetland）群島

南雪特蘭群島是所有南極與亞南極群島中最大的島群，它包括 11 個較大的島嶼，以及約 150 個小島成串地沿南極半島北端橫亙在西岸，綿延約 540 公里。其中的夢幻（Deception）島是個活火山島，有溫泉及冒蒸汽的海灘，其地面溫度可達 50℃。在極地

▲ 夢幻島的地熱海灘 / Adventure Associates Pty., Australia

蔚爲奇觀。

最早發現南雪特蘭群島的人，可能是荷蘭人葛利茲（Dirk Gerritsz）於1599年9月15日的紀錄；英國人史密斯（William Smith）則在1819年2月19日抵達，而後在10月16日重返該地宣佈其主權，並且登陸、命名了今日的喬治王（King George）島。挪威自1904到1921年間曾在夢幻島**經營全球最南的捕鯨站**，而該島亦曾爲1928年**第一個南極飛行探險的前進基地**（見第189頁）。另，象島（Elephant）是1914/17年英國人雪可頓（E. H. Shackleton）的探險隊落難105天之處（見第182頁）。英國曾在1908年將夢幻島併入其「福克蘭群島領地（Falkland Islands Dependency）」，且在1944年將該群島劃入「英國南極領地（British Antarctic Territory）」，但智利及阿根廷均表反對。

群島上有數目極大的海鳥、企鵝與海豹，包括百萬隻以上的頷帶、阿得利、間投與相當數量的馬可羅尼企鵝、威德爾海豹及食蝦海豹等。植物有地衣、苔蘚及開花植物，尤其海岸峭壁常長滿鮮艷的橘黃色地衣。

今日有超過10個國家在該群島設立科學研究站，其中喬治王島就超過10個，**是科學研究站密度最高之處**，波蘭的研究站（見第285頁）旁**有最南的燈塔**，而且在每年的2月底到3月初之間，該島上會舉辦始於1995年、里程約42.195公里的**南極馬拉松比賽**。另，保加利亞位於利文斯頓（Livingston）島上的研究站（見第289頁）則**有最南的東正教禮拜堂**。**該群島是南極船遊最常探訪之處，亦是南極地區中人類活動最頻繁的地方**。

彼得一世（Peter I Oy）島

彼得一世島位於南極圈內的別林斯高晉海中，長約15公里、寬7公里、面積約有240平方公里，全島幾乎被深厚冰雪所覆蓋。其海岸高達40公尺，是個極難登陸的島嶼，其四周一年到頭也都被浮冰所包圍著。海拔1,750公尺的克里斯登森峰（Lars

Christensen Peak）係其最高點。

該島是俄國探險家別林斯高晉在 1821 年 1 月 21 日所發現（見第 144 頁），挪威捕鯨業大亨克里斯登森（Lars Christensen）的探險隊（見第 373 頁）在 1929 年 2 月 2 日首次登陸，並宣佈對該島的主權，它**係南極地區內唯一有主權歸屬的領土**。

島上有海苔及地衣等植物；動物方面，特別是南極管鼻（Antarctic Fulmar）在島上的一些處所繁殖。企鵝則不多，但有爲數不少的海豹，尤其可見食蝦海豹及豹紋海豹。

南奧克尼（South Orkney）或澳卡達斯（Orcadas）群島

它約位於南極半島尖端外的史考提亞（Scotia）海中，包含 4 個大島。

該群島係在 1821 年 12 月 7 日由美國探險家帕瑪（N. B. Palmer）與英國波威爾（G. Powell）船長所共同發現（見第 145 頁）。1908 年，英國曾將該群島劃入其福克蘭群島領地；在 1912/30 年間，挪威與智利曾在島上設立捕鯨站；1925 年，阿根廷宣佈對該島群的主權，稱其爲「澳卡達斯（Orcadas）」群島；今日，在其中的勞麗（Laurie）島上有 1903 年由蘇格蘭探險隊所建、後由阿根廷接管至今的**南極最古老的研究站**——澳卡達斯研究站（Orcadas Station）（見第 278 頁）。而西格尼（Signy）島屬南極公約管轄，島上有 1 個英國的夏日研究站。

巴羅尼（Balleny）群島

巴羅尼群島位於維多利亞領地（Victoria Land）外海的南極圈上，它有 7 個幾乎全由冰雪覆蓋的主島，南北排列近 200 公里。這些島嶼有極陡峭的海岸，野生動物較少。

最早發現該群島的是 1839 年英國的巴羅尼（J. Balleny）與福利曼（T. Freeman）船長（見第 372 頁），而**台灣第三次南極漁業科學研究探險隊曾在 1982 年初抵達附近作業**（見第 208 頁）。

亞南極群島

它們是指那些位於南極匯流圈附近的島嶼，包括 22 個主島或島群，總數約有 800 個島嶼，其氣候型態均是典型的南冰洋式——冷、濕且西風大。

這些島嶼分別由阿根廷、澳州、英國、法國、紐西蘭、挪威及南非等擁有主權，其中南三明治（South Sandwich）群島及南喬治亞（South Georgia）島長期以來，由阿、英兩國宣稱擁有其主權而一直有糾紛，在經歷 1982 年福克蘭戰爭後由英國佔領，並在 1985 年起於福克蘭島設行政長官管轄，惟阿根廷從未聲明放棄其主權。

被宣稱擁有主權的亞南極島嶼

國家	島嶼
阿根廷	澳卡達斯群島、南三明治群島及南喬治亞島
澳　洲	瑪奎麗（Macquarie）島、賀德（Heard）島及麥當勞（McDonald）群島
英　國	哥（Gough）島、南奧克尼群島、南三明治群島及南喬治亞島
法　國	阿姆斯特丹（lle Amsterdam）島、聖保羅（lle St Paul）島、科羅澤（Isles Crozet）群島及凱爾蓋朗（Isles Kerguelen）群島
紐西蘭	奧克蘭（Auckland）群島、康百爾（Campbell）島、史耐爾斯（Snare）群島、恩提波地斯（Antipodes）群島及邦提（Bounty）島
挪　威	布威（Bouvet）島
南　非	馬麗安（Marion）島及愛得華王子（Prince Edward）島，合稱愛得華王子群島

亞南極島嶼都有登岸管制規定：需登陸許可、有探訪人數或時間限制、不得攜入泥土（上下船前需清洗鞋具）、不得攜入 / 出動植

物、需攜出垃圾、不得搜取任何自然紀念品，也必須謹防疾病輸入，甚至要收取登陸參觀費用等。島上如有研究站，其人員經常兼負導遊與督查之職，或如紐西蘭則有其政府官員隨行。其部分島嶼則完全禁止登陸，只能以小船環航。

以下簡介幾個常被包含在南極船遊行程之內的島嶼：

南喬治亞（South Georgia）島

南喬治亞島離阿根廷最南的烏蘇亞（Ushuaia）市約 1,700 公里，是個長約 175 公里、寬約 40 公里的狹長島嶼，面積約有 3,755 平方公里。它有一半以上面積是由冰雪所覆蓋，**是山最多且平均海拔最高的亞南極島嶼**，有 13 座高度超過 2,000 公尺的山峰，最高者係 2,934 公尺的培吉特（Paget）山。另有許多峽灣，並有超過 24 座以上的湖泊。

那裡每年約有 200 天的陰雨日及 185 天的降雪日，島上幾乎是整年冰雪覆蓋。其近海區域長滿草叢、地衣、藻類並有開花植物。

該島是在 1675 年 4 月被英國商人安東尼奧（Anthony de la Roché）所發現，100 年後，英國庫克（James Cook）船長登了岸（見第 142 頁）並宣告其主權，成群的捕豹者隨之蜂擁而至。1882/83

▲廢棄的捕鯨站 / 張子芸

▲格呂特維肯 / 張子芸

年間，德國人曾在島上設立科學研究站。1894 年挪威的拉森（Carl Anton Larsen）船長在做第二次南極探險時（見第 149 頁），曾試圖在該島設立捕鯨站不成，直到 1904 年 11 月終於成功地在其格呂特維肯（Grytviken）建立現代捕鯨站，並有戲院、教堂及圖書館等規模龐大之設施。在 1917 年左右，島上共有 7 個捕鯨站，直到 1966 年由日本接手 3 年後關閉之前，**它曾經是世界捕鯨的大本營**。特殊的地理位置使它**成爲極具歷史性的島嶼**，知名的英國南極探險家雪可頓即葬於格呂特維肯（見第 184 頁），當年的教堂及博物館仍然開放，另有 2 個科學研究站（見第 282 頁）。

繼英國在 1908 年將該島併入其福克蘭群島領地之後，阿根廷在 1927 年亦再度宣佈對福克蘭及南喬治亞島的主權。1982 年 4 月 2 日，其海軍以 2 艘配備直昇機的艦艇、200 名地面部隊襲擊英國在該島的科學研究站，爆發了**人類在最接近南極地區的衝突——福克蘭戰爭**。4 月 25 日，英軍奪回該科學研究站，島上

▲國王企鵝群 / 張子芸

即有其行政官員及軍隊，直至 2001 年撤離。

南喬治亞島上有豐富的野生動物，海豹的數量有相當地增長，其西北海灘甚至已被太多的皮毛海豹佔領而難以登陸。島上約可見到 57 種鳥類，含各種海鳥及企鵝，其中有 30 種在島上繁殖。數目最多的是馬可羅尼企鵝，約有 1,200 萬隻，還有約 20 萬隻間投企鵝與相當數目的跳岩及國王企鵝，另有當時捕鯨 / 海豹人引進來的馴鹿。該島附近的經濟海域有商業性漁業捕撈。

奧克蘭（Auckland）群島

奧克蘭群島位於紐西蘭南島尾端以南約 450 公里，它由 6 個島所組成，其中奧克蘭島是最大者，長約 48 公里、寬約 24 公里，面積約 627 平方公里。它經常有陰雨天，冬季會下雪但不長期積雪。

紐國的毛利南島原住民（Moari Austronesian）應係其最早發現者，歐洲人則以 1806 年 8 月英國恩德比兄弟公司（Enderby Bros Co.）之布

奧克蘭島 / 企鵝先生

▲福克氏海獅 / 企鵝先生

里思託（A. Bristow）船長（見第 372 頁）最早，捕鯨 / 海豹者隨之。美、法及英國的南極探險隊均曾先後到過該島。1849 年，該島上住有約 60 位毛利人。次年，恩德比兄弟公司在其北端曾遷入 300 位英國移民並設立了捕鯨站，不過在 1856 年前紛紛撤出。1874 年的金星觀測研究熱潮中，德國人曾在奧克蘭島的羅斯港（Ross Port）設有觀星台，今日該處仍留有 3 支安裝儀器用的磚柱遺跡。在 1914 年巴拿馬運河通航前，該群島南端海域是澳洲與英國海上航線路經的通道。當時因缺乏精確的海圖，導致海難頻繁。紐國曾在其上建造避難木屋，並每半年以船舶巡視與救難，直到 1927 年止。另在 1941/45 年第二次世界大戰期間，該島上曾設有氣象站並有海岸巡防隊駐防。

該群島擁有 233 種導管植物，爲所有亞南極群島當中最多者，並有樹林。其廣泛的野生動物包括紐國特有的黃眼企鵝，與全球只有約 9,000 隻的福克氏海獅（Hooker's Sea Lion），奧克蘭群島也是漫遊信天翁及5萬隻害羞信天翁（Shy Mollymawk）的全球最大棲息處。另在200浬經濟海域被宣佈之前，外來漁船曾於附近捕撈巨大的「國王龍蝦（King Crayfish）」。該群島在1934年被劃爲「國家自然保育區」，現在每年只核准600人的登岸許可，並需付費。南極船遊通常探訪其中的奧克蘭島及恩德比（Enderby）島。

康百爾（Campbell）島

康百爾島位於紐國南島尾端以南約700公里，面積約是166平方公里，爲紐國最南的領土。其氣候型態與奧克蘭群島類似。

紐國的毛利南島原住民應係最早發現者，而歐洲人則爲1810年1月的英國人哈什伯格（Frederick Hasselburg）船長。他保密了1年後，捕豹人仍蜂擁而至，直到1820年代。1874年，法國人曾在堅毅（Perseverance）港設有金星觀測台，今日遺跡仍存，並做徹底的測量，使該島地圖上不乏法文地名。1909/16年間，島上曾設

▲大草香 / 企鵝先生

▲皇家信天翁的故鄉 / 企鵝先生

有捕鯨站，但農牧倒是自 1895 年持續到 1931 年。現在島上有 1 座建於 1957 年的自動氣象站。

康百爾島的植物體型大致比奧克蘭群島的小，種類亦較少，但其導管植物仍多達 213 種，其中 128 種是當地的特有種。它特有的大型開花草本植物叫「大草香（Megaherb）」，也有 5 公尺高的灌木叢。位於露營灣（Campcove）有 1 棵高達 6 公尺的雲杉（Spruce）爲全島唯一，在金氏紀錄中被視爲「世上最孤獨的樹」。

該島在 1957 年被劃爲「國家自然保育區」，有各式的海鳥、象鼻海豹和稀有的福克氏海獅，尤其是全球最大的皇家信天翁棲息處，其登岸管制與奧克蘭群島相同。

瑪奎麗（Macquarie）島

瑪奎麗島是個狹長的島嶼，長約是 34 公里、最寬處爲 5 公里，離澳洲的塔斯瑪尼亞約有 1,500 公里。它有 1 打以上的湖

皇家企鵝 / Adventure Associates Pty., Australia

泊，最高點是海拔 433 公尺的漢彌爾頓（Hamilton）山，每年會有至少 1 次 6 級以上的地震。

它最早應係由太平洋原住民發現，而前述的英國人哈什伯格船長在 1810 年到達，它很快地變成野生動物——尤其是象鼻海豹——的屠場，使得今日島上不乏其設備遺跡。後來俄、美及英國的南極探險隊均曾到過該島。1911 年，澳洲探險家墨生（Douglas Mowson）（見第 178 頁）更在那裡設立了**第一個亞南極的無線電通訊站**，且被其豐富的野生動物震懾而稱其爲「**世界奇地之一**（One of The Wonder Spots of the World）」。今日島上雖只有地衣、苔蘚與草叢等植物，但野生動物方面卻有 4 種企鵝——**世上特有的 300 萬隻皇家企鵝與 20 萬隻的國王企鵝**，另有相當數量的跳岩企鵝、間投企鵝和 72 種海鳥，以及 9 種爲數多達 10 萬隻的海豹。該島在 1933 年 5 月被其國會劃爲「野生動物保護區」，後被聯合國教育科學文化組織在 1978 年 2 月宣布爲「野生物保護區（Biosphere Reserve）」，後於 1997 年 12 月 3 日更進一步**被劃爲世界遺產**。

該島每年只開放 500 人的登岸許可，每次 60 人，時間爲早上 7 時到下午 7 時之間，每天還有登岸人數限制。登陸艇需離岸至少 200 公尺，不得攜帶食物上岸，必須走木板步道及需付登陸費，在該島北端有一科學研究站（見第 279 頁）。

其他島嶼

其非屬亞南極島嶼，但由於其地理位置、歷史與自然性特質使其常被排在南極船遊的行程中：

福克蘭（Falkland）或瑪爾維那思（Las Malvinas）群島

福克蘭群島位於阿根廷南端以東約 510 公里的南大西洋中，離英國 13,000 公里，總面積約爲 12, 175 平方公里。它共約有 200 個島，東福克蘭及西福克蘭島爲其主島，前者略大且地形複雜，並由2個深水峽灣分割，其北端有高705公尺的攸斯本（Usborne）山；後者東部多山，高700公尺的宏比（Hornby）山爲其最高峰。

該群島全年陰雨可達250天，11月是較晴朗的月份。常有大風、冬季多霧，島上無樹。

最早發現該群島的是英國人戴維斯（John Davis, 1550? – 1605），時間是1592年8月。荷蘭及法國人繼之，而法國於1764年即在東福克蘭島有聚落，英國人則於次年在西福克蘭島落腳。統治阿根廷的西班牙人在1770及1774年分別趕走了法國及英國人，並宣告其主權。阿根廷人續於1816年驅逐了西班牙人而獨立，並在1820年宣稱該群島是其第24個省，稱其爲瑪爾維那思群島。1832年12月，英國人又入侵並控制了該群島，阿根廷乃持續力爭恢復對群島的主權。

而後，該群島曾爲人們在南極及亞南極活動的前進基地。到上世紀初，英國宣佈將南雪特蘭、南喬治亞及南三明治等（群）島

▲福克蘭戰爭紀念碑 / 張子芸

併入其福克蘭群島領地，便引發與阿根廷的進一步爭執。在 1960 年代，兩國曾在當時的聯合國內有一連串領土爭奪糾紛。在第一及二次世界大戰中，英國海軍曾以它作爲 1914 年及 1939 年與德國爭奪南大西洋控制權的基地，直到 1982 年 4 月 2 日福克蘭戰爭爆發，阿根廷出兵佔領該群島及南喬治亞島約 10 週，在歷經激烈爭奪戰之後，6 月 14 日阿軍撤出，但阿根廷仍始終未放棄對該群島之主權。

今日在該群島設有半自治政府，總人口爲 2,120 人，位於東福克蘭島人口 1,560 人的史丹萊（Stanley）港爲其首府，其附近有 1 個小國際機場。島上的產業是畜牧、觀光及漁業，近年來開始在附近海域開採石油。

福克蘭群島有豐富的野生動物包括各種海豹、海鳥及 5 種企鵝在那裡繁殖，它亦是黑眉信天翁的最大棲息地。

第十章

南極大陸的發現與早期的探險活動

南方大陸存在的推論，吸引早期的人們從事南極探險活動，英國是最積極的參與國家，日本則是唯一曾投入的亞洲國家，西方的私人企業尤其非常積極地投入。他們無畏艱險的「海洋性格」表現，積累成這一段輝煌的南極活動史。

圖片來源／Fram Museum, Norway

南方大陸存在的推論

西元前約 530 年，發明畢氏定理的古希臘名數學家畢達歌拉斯（Pythagoras, 582 ? – 500 ? BC）提出「地圓學說」。

西元前 4 世紀，古希臘名哲人亞里斯多德（Aristotle, 384 – 322 BC）提出「地球平衡」的論述——即地球的南北半球應各有相對應的人口稠密地區以保持平衡，才不至於造成它的翻轉。希臘文將北方天空大熊星座（Artos）下方的北半球人口稠密地區稱爲"Artos"；而在該推論中，對稱且遙遠的「南方大陸」則名爲"Antarktos"，即意爲大熊星座對面天空下方（即南方）的陸地；而在今日的英文中，南極大陸被稱爲"Antarctica"，與此不無關聯。

西元 150 年左右，埃及地理學家托勒米（Claudius Ptolemy, 85? – 165?）進一步支持前述推論，且更具體地提出地球的另一端必有一"Terra Australis Incognita"（拉丁文）——意爲「未知的南方陸塊（Unknown Southern Landmass）」。

南北磁點存在的推論

西方人約在 11 世紀中葉才開始使用羅盤，尤其自 16 世紀起逐漸增多的航海活動更仰賴它進行海上定位及導航，但他們很快地發現磁針所顯示的南北方向（磁南 / 磁北）與正南北向有出入，這促成了人們對地磁學的研究，進而推論出除了「地理南 / 北極點」之外，另有「南 / 北磁點」的存在。德國物理學家高思（Carl Friedrich Gauss, 1777 – 1855）更在 19 世紀初進一步分別計算出其大致位置，其中南磁點位於 66° S, 146° E。

促使早期人們從事南極探險的原因

1. 受「南方大陸塊」存在推論的吸引。

▲海洋經濟動物獵捕 / Antarctica NZ

2. 冒險犯難的海洋性格，與科學務實的求知精神。
3. 受海豹、企鵝及鯨魚等經濟動物的吸引。
4. 國家主義開疆破土的精神。
5. 在「南 / 北磁點」存在的推論被提出，及其位置分別被計算出來之後，英國的羅斯（J. C. Ross）船長在 1831 年實地找到北磁點（見本章探險選錄第 17），鼓舞了南磁點的搜尋❶。
6. 私人的英雄主義，尤其在 1885 到 1917 年間。

早期南極探險活動的特色

最早以科學探討及開疆破土爲出發點的「南極探查活動（Antarctic

Exploration）」係由國家主導，但自19世紀末起，漸漸有私人、國家機關與學術團體❷的合作。資金來源除了原本的政府支持外，還加上大眾捐輸，甚至私人獨資。

其實，**早期的海豹/鯨魚獵捕業者所從事的商業海上探險活動遠多於前述**，他們以亞南極及南極半島附近為主要的活動地區，**大約有1/3的南冰洋島嶼是由他們所發現**。根據英國的史考特極地研究所（Scott Polar Research Institute, SPRI）（見第256頁）的說法：在1820年時，約有120艘船隻在今日的南雪特蘭群島附近活動。而在1780至1892年海豹獵捕的全盛時期當中，上述水域有超過1,100航次的私人商業海上探險活動，儘管其中至少有160個航次遭遇沉沒與死亡；他們來自德國、法國、南非、阿根廷、紐西蘭及澳洲……，尤其以英國、挪威及美國最為活躍。相對於以發現新大陸為目標的探險船隻才只有約25艘，**南極半島的發現與登陸顯然是由商業海上探險活動所完成**。另外，也有愛國的私人企業在商業探險之外，不忘投入開疆破土之活動（見附錄二）。在發現南極大陸的巨大探險工程中，**私人的探險活動具有相當程度推波助瀾的功能，使其在早期的南極探險史上佔有相當重要的地位。**

在早期的南極探查活動中，**英國的參與次數最多，來自北極地區的俄羅斯和挪威有輝煌的成就，日本則是唯一曾投入的亞洲國家**，由於他們無畏艱險的「海洋性格」之表現，而積累成這一段輝煌的南極活動史。

早期遠洋南極探險面對的困難

在連發動機、電力及鐵殼船等設備都還沒有的年代，早期的遠洋南極探險活動必須面對許多難題。從今日看來極為基本的照明、保暖及保鮮，乃至於航行定位、通信、氣象、醫療衛生、海上安全/救難與補給等，各種條件都極為原始。其中「現代無線通信」的缺乏應該是最不方便的事情，因為缺乏聯繫工具，探險隊在出發後就與外界全然隔絕，船與船間的聯繫亦大有問題，不乏因此而吃足苦頭的事例，如 1901/03 年之瑞典及 1914/17 年的愛爾蘭探險活動（見本章探險選錄第 25 及 35）。以下簡介 3 項基本困難：

航行定位

除了羅盤，光學式的「六分儀（Sextant）」是最早被使用的航海定位儀器。它用來測量船隻所在與天體（尤其是太陽）間的水平角度，再計算出其緯度和經度。發明者是 1730 年的英國人哈德雷（John Hadley, 1682 – 1744）和美國人葛弗瑞（Thomas Godfrey, 1704 – 1749）。

▲六分儀 / 企鵝先生．Auckland Museum, NZ

在精度定位方面，英國製鐘者哈理遜（John Harrison, 1693 – 1776）在 1761 年造出第一個機械式的精度儀（Chronometer）。它是個直徑約 13 公分、構造精密、可靠度高而精準的時鐘，用以告知正確的葛林威治標準時間（GMT），然後與當地時間做比較，以計算出經度，並與六分儀相輔使用。

在未有現代精確的衛星定位（GPS）導航科技，早期的長程海上航行實係某種程度的摸索，所製作的海圖也因而粗略。

冰山與海上安全

在接近南極圈附近航行會遇到冰山，它是早期南冰洋航行的最大威脅之一，其高度常比早期帆船的桅桿還高。法國的迪維爾與美國的威克斯（見本章探險選錄第 15 及 16）的航海日誌均記載曾經被多達約 60 及 100 座大小冰山環繞的紀錄。

▲迷霧中難以分辨的冰山 / 企鵝先生

人員的身心健康

高緯度極地的長程海上航行必須長期遠離陸地、與親人失去聯絡、隨時面對酷嚴的環境甚至死亡等威脅，尤其在缺乏先進的相關知識及設備之下，隨行工作人員的身心健康極受挑戰。

在生理健康方面，船上醫療人員與設施的配置、船上生活環境及人員生理衛生的要求等均被採行。早期長程航行有 2 個常見的生理疾病：痢疾（Dysentry）及壞血病（Scurvy）；分別是衛生及營養均衡問題，它們曾經極嚴重地威脅船員的健康。在未有電力保鮮設備的時代，長程的海上航行常仰賴醃肉作爲主食，使得船員因長期缺乏新鮮蔬果以攝取維生素 C 而導致壞血病，故它又被稱爲「水手病」。患者會牙齦紅腫、牙齒鬆脫腫脹、關節硬化、貧血及身體虛弱甚而致命。

荷蘭人最早懂得分發柑橘汁給水手們飲用。1719 年，蘇格蘭醫生林德（James Lind, 1716 – 1794）建議英國海軍當局分發檸檬汁到其船艦上，使得壞血病在其水手間受到控制。英國的庫克船長曾堅持船上必須要有適當的菜單，讓水手們能保持良好的健康；但後來不知何故，英國的鼻思可（John Biscoe）（見本章探險選錄第 14）及法國迪維爾船長的探險隊仍有壞血病嚴重肆虐的紀錄。

在完全沒有蔬果供應的南極地區，進食味道怪異的企鵝及海豹肉以補充有限的維生素 C，便成為一項救急的選擇，如法國迪維爾的探險隊。

在心理健康方面，人性化的領導統御，加上娛樂設施及活動的安排，如歌舞演唱、飲食的調配及圖書研讀等均被採用，但在尚未電氣化、電子娛樂設備闕如的時代，人們的活動顯然侷限得很。

南極陸上探險面臨的困難

早期的南極陸上探險極仰賴滑雪與狗拉雪橇的交通方式，以下簡介其所面臨的幾項困難：

1. 風凍效應：強風增加低溫的危險性。
2. 雪盲（Snow-blindness）：長期處在白色的冰雪中，強烈的反光會使眼睛紅腫及視力減退。
3. 曬傷：導因於較長且密集的日照、臭氧層破洞與冰雪表面所反射的極強烈的夏日陽光。
4. 南極大風雪：低能見度易使人在強風中無法掌握行進方向而迷失。
5. 冰浪：人員及雪橇行經其上極易摔倒、翻覆甚至割傷，尤其在能見度低的情況下更令人視為畏途，常需使用冰斧在前開路。
6. 冰縫：紮營之處可能緊鄰冰縫區，一旦掉落不易脫身，如察覺有異，必須互相用繩索連繫住，再用滑雪杖試探。

另，白矇天使人分不清方向，南極下坡風則增強了風凍效應；諸如飲水的準備、保暖、個人衛生、長期不變的食物、強風中紮營、補給及其他如流鼻水的處理、墨鏡結霧、野外進食時需避免被極冷的餐具及食物凍傷嘴唇、口腔及牙齒清潔等日常事務都煞費周章。其他像是低溫下的機械修理可謂大事一件，還有如因天候不佳而中斷行程時，雖然得以在營帳內休息，但弔詭的是，這樣卻會加速食物的消耗，反而提高了活動的失敗率。

早期的南極探險活動選錄

筆者將「動力航空器在南極大陸的應用」做為人類南極活動史的分水嶺，在此之前歸為「早期」，之後的劃為「近代」。

現在讓我們來看看那些海洋國家的子民如何花費了數個世紀，使用極原始的方式與器具，歷經重重艱險甚至死亡，一點一滴地摸索而將那片「未知的南方大陸」之圖像逐漸拼湊成型；其中選錄第 25 及 35 的故事**最曲折**：

01．西元前 650 年．東加王國．蘭吉歐拉

西元前 650 年，傳說中位於南太平洋的東加王國酋長蘭吉歐拉（Uite-Rangiora）曾以其戰船貼魯以阿提亞號（Te-Lui-O-Atea）向南航行，直到遭遇一片有如雪白粉末覆蓋，及隆起入天際的大岩塊的海洋。

02．1497 年．葡萄牙．達伽瑪

1497 年，葡萄牙人達伽瑪（Vasco da Gama, 1460 – 1524）船長的海上探險隊繞過非洲南端再東行至印度附近，發現非洲大陸不如傳說中與「南方大陸」連在一起。

03．1519/22 年．葡萄牙．麥哲倫

1519 至 1522 年間，葡萄牙人麥哲倫（Ferdinand Magellan, 約 1480 – 1521）船長使用維多利亞號（Victoria）帆船做了**人類首次的環球海上探險**。他發現並命名了今日智利的火地島（Tierra del Fuego），及南美

洲大陸不與那「南方大陸」連在一起。

04·1577/80年·英國·德瑞克

1577年12月，英國人德瑞克（Francis Drake, 1540 – 1596）船長受英皇伊利沙白一世的密令，率旗艦金鹿號（Golden Hind）等5艘帆船及166位人員進行其首度的環球航行。他經由南美洲南端進入太平洋，並繞過非洲南端，而在1580年9月回到英國。

當他橫渡南美的麥哲倫海峽時，曾在1578年8月24日的航海日誌上做了**人類首次看到企鵝的記載**：「我們看到奇怪的鳥，它們不會飛也不能快跑……」他這趟「**既作海上探險，亦伺機劫掠的航行**」也未發現那「南方大陸」，但今日南美洲與南極半島之間的「德瑞克海峽（Drake Passage）」即因其得名。

05·1603年·西班牙·卡斯地拉

1603年，爲對抗荷蘭的海盜入侵，西班牙的卡斯地拉（Gabriel de Castilla, 1577 – 1620）[3]船長率3艘船艦經智利的瓦爾帕萊索（Valparaiso）港南下，曾於今日的別林斯高晉（Bellingshausen）海域南抵64° S，惟未有「南方大陸」之記載。

06·1642/43年·荷蘭·塔斯瑪

1642年，荷屬東印度公司的塔斯瑪（Abel Janszoon Tasman, 1603 – 1659）船長率領1支海上探險隊東行，使用的是1艘32.3公尺、120公噸的希姆斯柯克號（Heemskerk）帆船。

他原以爲所發現的區域——即今日澳洲的塔斯瑪尼亞及紐西蘭[4]的南島——便是那「南方大陸」，不過後來很快地察覺根本不是。

07·1738/39年·法國·布威

學生時代的法國人布威（Jean-Baptise Charles Bouvet de Lozier, 1705 –

1786）看到地圖上遠南地區的一片空白極爲驚訝。1738 年 7 月，終於得到其老闆的資助，領著老鷹（Aigle）與瑪麗號（Marie）帆船南行，以找尋傳說中的「葛納維爾（Gonneville）」❺和「南方大陸」。

次年 1 月，他們在南非以南發現了今日以其爲名，屬於挪威的亞南極島嶼——布威島，原以爲那是「南方大陸」突出的一部份，後來才察覺不對。

08・1771/72 年・法國・凱爾蓋朗

當法國國王路易士十五世正在思考如何擴張在遠南印度洋的霸權時，凱爾蓋朗（Yves-Jeseph de Kerguelen -Trémarec, 1734 – 1797）船長提出的「葛納維爾及南極探險計劃」適時在 1770 年 9 月被採用。

1772 年 2 月 12 日，他領著白亞號（Berryer）在印度洋的高緯度海域發現了 1 塊陸地，原本以爲是那「南方大陸」的一部份，但後來察覺那只是一些島嶼。但他回國後卻謊報那是個適合殖民的新陸地，導致後續 1773/74 年的烏龍探險——他帶著國王交給他的 700 人去墾殖不成，而後被軍法審判並逐出海軍。不過，卻沒影響今日那些亞南極島嶼仍被命名爲「凱爾蓋朗（Kerguelen）群島」。

09・1772/75 及 1776/79 年・英國・庫克

1772 年 7 月，曾經在 1768 至 1771 年間做觀察金星運行的探險航行，且爲外界首位抵達澳洲東岸、夏威夷群島及環航紐西蘭的庫克（James Cook, 1728 – 1797）船長，開始了他爲期 3 年多，也是**首次的英國國家南極探險活動**。他使用的是果斷號（Resolution）和冒險號（Adventure）運煤帆船，前者只有 33.7 公尺長。

次年 1 月 17 日，他**空前地越過南極圈**，抵達並命名了今日的南喬治亞島及南三明治群島。他曾曲折地做了**人類首次環繞南極大陸外環航行，並 3 度橫越南極圈**，甚至曾深入到 71° 10' S, 90° / 150° W，惟運氣不佳，該處附近正是南極大陸海岸向內凹的

▲凱爾蓋朗甘藍菜 / Wikipedia

◀庫克船長 / Nathaniel Dance・英國國家海事博物館・Wikipedia

地方致無功而返。

1776 年 7 月，他又開始了第二次南極探險，而在南非的東南海域命名了今日南非所屬的亞南極島嶼之「愛德華王子（Prince Edward）」群島。同時，其自然學家安得森（William Anderson, ? – 1778）在凱爾蓋朗群島發現並命名了「凱爾蓋朗甘藍菜（Kerguelen Cabbage）」[6]。惜 1779 年 1 月，庫克在夏威夷群島被原住民所殺。

由於仍一無所獲，發現南極大陸的探險活動乃停息下來，但庫克在南冰洋海域發現許多具經濟價值的海豹、企鵝及鯨魚等消息，卻鼓舞了後續許多私人的商業海上探險活動。

10・1819/21 年・俄羅斯・別林斯高晉

1819 年 7 月，來自愛沙尼亞（Estonia）的別林斯高晉（Fabian Gottlieb Thaddeus von Bellingshausen, 1779 – 1852）船長受沙皇亞歷山大一世（Alexander I）之命，率領了史上第一個籌備最完善的國家南極探險隊出發，使用 600 公噸、外覆銅皮的東方號（Vostok）及 530 公噸之和平號（Mirny），人員分別爲 117 及 22 人。

他先到英國蒐集資料及購買航海儀器，然後南下南三明治群島，並於次年1月26日進行庫克船長以後的首度跨越南極圈。次日，終於在69° 21' S, 2° 14' W位置看到今日大陸南極的「芬布利笙（Fimbulisen）」冰棚，而成爲**第一個發現了南方大陸的人，除了驗證有南方大陸的推論以外，並證實了南極圈以南確有陸地。**

▲別林斯高晉 / Canterbury Museum, NZ

1821年1月，**他首度深入南極半島西側、今日以其爲名的「別林斯高晉海」**（見第52頁），並曾抵達最南點紀錄之69° 53' S , 92° 19' W，且陸續發現及命名了與其相連的「亞歷山大（Alexander）」島與今日挪威所屬的「彼得一世島（Peter I Oy）」。於回程途中，他曾在南雪特蘭群島驚遇由帕瑪（N. B. Palmer）船長率領的美國南極探險隊（見探險選錄第13）。

別林斯高晉做了**人類第二次環繞南極大陸外環航行，並前後橫越南極圈7次**。可惜其空前成就並未受到該國重視，致使後續的探險活動中斷。直到第二次世界大戰結束後的冷戰時代，當時的蘇聯政府才積極地回頭參與南極活動與相關事務。

11·1819/20年·英國·史密斯及布朗斯菲爾德

1819年2月19日，英國捕海豹商人史密斯（William Smith, 1775 – 184?）在南極半島北端西側發現了南雪特蘭群島。該年12月，在南美洲的英國海軍即租用他的船「威廉斯號（Williams）」由布朗斯菲爾德（Edward Bransfield, 1785 – 1852）與其共同前往勘查。

次年1月30日，即別林斯高晉率領俄羅斯探險隊首度發現南極大陸後的第三天，他們發現了**南極半島的陸地**——即今日南極半島北端西岸的特尼替（Trinity）島方位，惟其並未登陸 ❼ 而沿著附近海岸製作海圖。今日其附近島嶼與南極半島間即名爲「布朗斯菲爾德海峽（Bransfield Strait）」。

12・1819/21 及 1822/23 年・蘇格蘭・威德爾

1822 年 9 月 17 日，蘇格蘭的威德爾（James Weddell, 1787 – 1834）船長繼他的 1819/21 年商業探險之後，在其老闆史特拉臣（James Strachan）的資助下開啓了他的第二次南極探險活動，使用的是 165 及 65 公噸的傑恩（Jane）與博福伊號（Beaufoy）帆船，人員數目分別爲 22 及 13 人。

他曾抵達南奧克尼群島，搜集了 6 張前所未見的海豹皮，這便是「威德爾海豹（Weddell Seal）」命名的由來。次年 2 月，他們曾在今日以其爲名的「威德爾海（Weddell Sea）」深入到 74° 15' S, 34° 16' W 的位置，而締造了當時人類抵達最南緯度的新記錄——比當年庫克船長更南行了 345 公里，即使是今日的破冰船也不容易。但因南極大陸海岸線也正好在該處附近凹入，而未有所獲。

13・1820/22 年・美國・帕瑪

1820 年 11 月 12 日，14 歲即開始航海、當年僅只 21 歲的美國人帕瑪（Nathaniel Brown Palmer, 1799 – 1877）船長，以只有 45 噸的英雄號爲首的 3 艘商業捕海豹船隊自福克蘭群島第二度南下，前往南雪特蘭群島。**他是早期南極探險史上最年輕的指揮官**。

16 日的天候極佳，他宣稱目睹特尼替島及其後的南極半島。次年 2 月，他驚遇前述俄國的別林斯高晉之船隊，別林斯高晉極訝異於他的年輕以及對該地區的了解，而將其所發現的南極半島海岸地區命名爲「帕瑪領地（Palmer Land）」❽。

次年 12 月，帕瑪與途中結識的英國人波威爾（George Powell）船長共同發現了南奧克尼群島。

14·1830/33 年·英國·鼻斯可

1830 年 7 月，英國恩德比兄弟公司（Enderby Bros. Co）旗下的鼻斯可（John Biscoe, 1794 – 1843）船長，使用 150 及 50 噸的度拉（Tula）與快活號（Lively）帆船進行了其商業及尋找南極大陸的探險活動。

次年 2 月 24 日，他們除了首度在印度洋的方位發現並命名了今日大陸南極的「恩德比領地（Enderby Land）」以外，也記載了南極光的綺麗。1832 年 2 月，他們續於南極半島西海岸發現及命名了「阿德雷（Adelaide）」及「恩弗思（Anvers）」島。

在壞血病的嚴重肆虐下，鼻斯可東行完成了人類第三次環繞南極大陸航行。雖然沒捕獲多少獵物又折損人員與船隻，但其老闆並不在意，而剛成立不久的英國皇家地理學會更以金質獎章表揚了他。

15·1837/40 年·法國·迪維爾

1837 年 9 月 7 日，17 歲即參與海上活動的海軍軍官迪維爾（Jules Sébastien César Dumont d' Urville, 1790 – 1842）率領了 1 支由 380 公噸的阿斯特羅萊布（Astrolabe）與 150 公噸的澤萊號（Zelee）所組成的法國國家南極探險隊南下，菲利普（Louis Philippe, 1773 – 1850）國王重金鼓勵其打破先前威德爾船長所創的最南緯度記錄，並首度搜尋南磁點。

▲迪維爾 / British Museum · Wikipedia

次年 2 月，他們的船在威德爾海域首度被浮冰卡住，經過挖掘航道搶救，在 1 週後終幸運脫險。1840 年 1 月，迪維爾自澳洲南下，在 19 日發現並命名了大陸南極的「阿得利領地（Adelie Land）」，以感念其妻 3 度同意他從事長期探險活動而成爲**第一個少數以親人之名做爲南極地名者**。在附近搜尋南磁點的航行中，他們驚遇由威爾克斯船長（見下一探險選錄）所率領的美國探險船海豚號，惟雙方並未停船交談。

經歷壞血病肆虐，全體190多人中折損了20多人，迪維爾於該年11月回到法國，所有人員均受重賞且其更升任爲少將，英國的皇家地理學會亦頒給他金質獎章。今日，法國南極科學研究站（見第282頁）與其所處的阿得利領地附近海域均以其爲名。

16·1838/42年・美國・威爾克斯

1838年3月，海軍上尉威爾克斯（Charles Wilkes, 1798 – 1877）被命爲美國國家南極探險隊指揮官，而開啓了**準備最不周全、過程也不順利、甚至被視爲最烏龍的南極探險活動**。

首先是海軍部門的杯葛，使指揮官人選一改再改。尤其是包括780公噸的旗艦文生尼斯號（Vincennes）等6艘船的陣容雖大，但根本是雜牌軍——太老舊，航速太慢，甚至船舷太低致海浪越入船內，就連最基本的禦寒衣物也不對，總數430位人員之間亦不合作。

船與船間的通信很快發生問題，但他們仍奮力在次年3月25日南抵70° S，比庫克船長多南行了1° 10'。

在自南美西行到澳洲後，威爾克斯在該年12月隨行帶了史上**第一條前往南極地區的狗**自雪梨南下。他們在1840年1月16日於66° S, 154° 30' E，比迪維爾早3天在很接近的位置看見大陸南極，並在3天後登陸以確認，惟搜尋南磁點同樣一無所獲。他們於29日驚遇迪維爾的法國探險隊，但**雙方沒有停船交談的理由成爲南極探險史上的謎題**。在西行途中，他們發現了今日的「雪可頓（Shackleton）冰棚」。

威爾克斯等沿大陸南極海岸航行了近2,000公里，發現並命名了許多山脈及海岬，並製作了太平洋方位300個島嶼的海圖，還收集許多科學資料。但在1842年6月回國之後，**其空前的成**

就卻換來了軍事審判及公開申誡，美國當局就此次深具歷史性的南極探險，甚至只印了100份報告後歸檔了事。所幸後來雪可頓冰棚附近的大片海岸地區仍被命名爲「威爾克斯領地（Wilkes Land）」。

17·1839/43年·英國·羅斯

在多達6次的北極探險活動中，11歲即加入海軍而時年31歲的羅斯（James Clark Ross, 1800－1862）船長，在1831年5月31日首先於加拿大北方的布希亞（Boothia）半島實地找到北磁點。1839年10月15日，在其政府及皇家地理學會的充分支持下，他率領了2艘帆船所組成的英國國家南極科學探險隊南下找尋南磁點。

在經澳洲南下後，他避開已知法國人迪維爾及美國人威爾克斯所活動過的地區轉向東南深入，發現了今日以其爲名之「羅斯海」。1841年1月起，他們陸續發現了附近之「屬地（Possession）」島、「富蘭克林（Franklin）」島、羅斯島與其上2座分別以其2艘船爲名的「愛樂伯斯（Erebus）」和「泰樂（Terror）」火山，還有「維多利亞領地（Victoria Land）」、「阿達里岬（Cape Adare）岬」以及羅斯冰棚。

雖經過計算而得知當時南磁點的位置——75°30' S, 154° E——應在維多利亞領地的內陸，惟有浮冰阻隔使其無法登陸。羅斯等人在以其370及340噸的2艘帆船締造了即便是數千噸的現代船舶亦無把握的南行最高緯度新紀錄，深入其所發現及命名的「麥可墨得峽灣（McMurdo Sound）」至78°9.5' S後，退回澳洲。

▲羅斯 / Wildman, John R·英國國家海事博物館·Wikipedia

1843年9月，他們經歷羅斯及威德爾海域的巡航均無所獲之後返抵英國。但其在羅斯海域首度成功的地理發現，開啓了往後在該地區一連串的海陸空探險活動，並使其成爲進出南極大陸的重要門户與歷史性地區。

18·1872/76年·英國·耐爾斯及湯森

1872年12月21日，在其政府與皇家地理學會的資助下，愛丁堡大學的湯森（Charles Wyville Thomson, 1830 – 1882）教授與耐爾斯（George Strong Nares, 1831 – 1915）船長開啓了英國國家南洋自然科學探險活動。其使用了2,345公噸、有實驗室、圖書室及相片沖洗室等空前大型且設備完善的挑戰者號（Challenger）帆船，它是第一艘南極科學研究船，也是第一艘以蒸氣輔助動力越過南極圈的船舶。

他們共約240人經南美東岸再東行至印度洋中的凱爾蓋朗群島，建造了一座金星觀測站，並採集了知名的凱爾蓋朗甘藍菜。1874年2月，繼續南下到阿美麗（Amery）冰棚近海打撈南極岩塊標本，後經紐、澳返國。

在爲時3年半的海上探險活動中，隨行的科學小組做了許多標本採集及動植物、海洋、地質、地磁、氣象、大氣及天文等研究，並沿途設立了氣象、地磁及天文觀測站，這是人類近代自然科學研究的創舉，並開啓了南極的科學研究活動。

19·1892/93及1893/94年·挪威·拉森

14歲時即上船工作的挪威人拉森（Carl Anton Larsen, 1860 – 1924）曾參與1888年知名的航海家南森（Fridtjof Wedel-Jarlsberg Nansen, 1861 – 1930）[9]的北極格陵蘭海上探險活動。1892年9月，他率領捕鯨業鉅子老克里斯登森（Christen Christensen, 1845 – 1923）（見附錄二）的商業探險隊前往南喬治亞島，試圖設立捕鯨站後到南極半島附近活動，但未能找到所要的南露脊鯨（South Right Whale），反而攜回許多海豹皮與海豹油。

1893 年底，他又率領 3 艘蒸氣船，包括用於北極而頗富盛名的傑森號（Jason）、赫塔（Hertha）及卡斯特號（Castor）[10] 前往南極半島。他們發現並命名了「奧斯卡國王二世（King Oscar II）海岸」及「拉森（Larsen）冰棚」，並首度在南極半島作滑雪陸上探險，甚至在些蒙（Seymour）島上發現了木頭化石——這是人類首度在南極地區發現化石。

1901 年，拉森又任船長而參與瑞典諾登斯科爾德（Nils O. G. Nordenskjold）的南極探險活動（見探險選錄第 25），並於 1904 年 11 月成功地在南喬治亞島上的格呂特維肯（Grytviken）設立了第一個南極捕鯨站。

20・1893/95 年・挪威・布爾

1893 年 9 月 20 日，挪威人布爾（Henryk Johan Bull, 1844 – 1930）在捕鯨業企業家弗因（Svend Foyn, 1809 – 1894）[11] 的資助下，南行探險以評估將羅斯海域開發為捕鯨場的可行性，其所使用的南極號（Antarctic）是 226 公噸具有蒸氣動力的捕鯨帆船。

沒有鯨魚卻捕到不少海豹，他們共 31 人曾於紐西蘭南方海域擱淺，有幸掙脫前往澳洲修船，挪威自然學家博克格雷溫克（Carsten E. Borchgrevink）（見探險選錄第 22）加入了他們。次年 11 月初，他們曾在南冰洋驚遇 1 座原以為是陸地，實際上卻是擱淺、高達 180 公尺的大冰山，後又退往紐西蘭的但尼丁（Dunedin）修船，並在當地增募了 4 位水手。

1895 年 1 月 18 日，他們深入了羅斯海，在屬地島上發現了地衣——為人類首度在南極圈內發現植物。24 日，繼而登陸了阿達里岬（Cape Adare）——為人類首度登陸大陸南極，不過，誰最先在這塊土地上留下歷史性的腳步卻有爭論 [12]。他們在那裡收集了地衣、海草、岩石甚至捕捉企鵝當研究標本後離去。

儘管此行在商業上的收穫乏善可陳，但他們卻引發了後續一連串的南極陸上探險活動。

21·1897/99 年·比利時·葛拉治

1897 年 8 月 16 日，29 歲的海軍上尉葛拉治（Adrien Victor Joseph de Gerlache, 1866－1934）船長在布魯塞爾地理學會（Brussels Geographical Society）主辦募款與其政府的部分資助下，雖只籌到 3/8 之經費，卻仍啓程南下。

此行使用的百吉卡號（Belgica）是長 30 公尺、250 公噸並配有輔助引擎的捕鯨帆船，大副爲 25 歲的挪威人阿蒙生（Roald E. G. Amundsen）（見探險選錄第 30）。研究人員則有比利時的磁力及天文學家丹可（Emile Danco, 1869－1898）、羅馬尼亞的生物學家拉科維察（Emil Racoviţă, 1868－1947）、波蘭的地質學家阿克拓斯基（Henryk Arctowski, 1871－1958）⑬以及美國外科醫生庫克（Frederick Albert Cook, 1865－1940）⑭。

他們遲在 12 月中才自智利揚帆南下，隨後在南極半島西北端地區發現並命名了「葛拉治海峽（Gerlache Strait）」、「丹可海岸（Danco Coast）」和數個島嶼並製作海圖，同時命名了「帕瑪列島（Palmer

▲首在南極過冬的百吉卡號 / Canterbury Musuem, NZ

Archipelago)」，另又首次做了約 20 次的密集登陸及照像紀錄。

時序不早，應是返航的時候，但他們卻繼續深入別林斯高晉海。自次年 3 月 1 日起，百吉卡號終在亞歷山大島西側海域被冰封而進退不得。

在毫無任何準備之下，他們被迫在 60° S 以南進行人類首次的「南極越冬（Winter over）」，而讓科學家首次進行全年性的南極天候觀測。在永夜期間，即便在中午時分也只能在北邊地平線見到微光，或終日冷月相隨。庫克醫生適時安排牌局遊戲以排遣船員們因惡劣的天候、無盡的黑夜、孤寂甚至幾乎棄船的恐慌所帶來的心理壓力，並力主將人們厭惡的企鵝和海豹肉首度排入菜單，以對抗悄悄地降臨且致命的壞血病。但 6 月 5 日，丹可仍因心臟病發而死，成為第一個在南極過冬期間喪生的人，前述的丹可海岸即以其為名。

在冰封期間，他們曾做了人類首次南極浮冰上的風帆雪橇及長距離的滑雪探險之旅。1899 年的 1 月，庫克醫生建議使用手鋸及炸藥——南極地區首次——在約 2 公尺厚的浮冰上開鑿長約 600 公尺的水道以通往無結冰的水域。但是費時約 1 個月才完成的工作，卻在一陣刮風下前功盡棄。眼看著冬天的腳步又近，百吉卡號在歷經 377 天的冰封，並隨浮冰漂離了約 600 公里後，幸在 3 月 14 日脫險。

在 11 月回到比利時後，力歐普二世（Leopold II, 1835 – 1909）國王授勳獎勵，庫克醫生則受到全體衷心的禮讚。儘管「其探險隊自南美延遲出發是否有意？」一直為人們心中的疑團，但此行卻鼓勵了後繼者在南極大陸設立基地，從事全年性的探險活動。

22．1898/1900 年．挪威 / 英國．博克格雷溫克

在參與 1893/95 年布爾的南極探險並成功地登陸阿達里岬後，母親為英國人的挪威人博克格雷溫克（Carsten Egeberg Borchgrevink, 1864 – 1934）決心成為第一個在南極大陸過冬的人。1897 年，經奮

力募款幸得英國出版商紐恩公爵（Sir George Newne）的大力資助，並放手讓其主導整個探險活動。因此，博克格雷溫克使用 521 公噸、配備強力蒸氣動力的南十字星號（Southern Cross）挪威捕鯨船，31 位年輕隊員中絕大多數也都是挪威人，但卻懸掛英國國旗，這使得自 1880 年代中期便主導英國大型南極探險計劃，且從一開始就不支持他的皇家地理學會百味雜陳。

1898 年 8 月 23 日，他們啓程經澳洲南下，經 43 天方突破浮冰阻隔而在次年 2 月 18 日才登上阿達里岬。繼之在以博克格雷溫克之母命名的理萊（Ridley）海灘上，用預造的堅固建材及海豹皮作絕緣，組成了兩棟簡易的「博克格雷溫克木屋（Borchgrevink Hut, 1898）」，其主建築長寬爲 6.4 及 5.5 公尺，成爲**南極地區的第一個古基地**。留下 3 名英國人、2 名芬蘭人、1 名澳洲人及 4 名挪威人等共 10 位精選的隊員後，南十字星號在 3 月 2 日退往紐西蘭過冬。

▶博克格雷溫克 / Thomson & Co・Brianbouton・Wikipedia

▼博克格雷溫克木屋（1898）/ Canterbury Museum, NZ

在入冬之前，他們在附近進行陸上雪橇探險並收集了地質及動植物標本。現今其附近的紐恩公爵冰河（Sir George Newne Glacier）即以其資助人爲名。他們經歷了嚴苛的心理、生理艱難，甚至遭遇了2次燃煤取暖時因通風不良致幾乎窒息致命或火災，以及掉入冰縫幸能脫險的意外。另外值得一提的是：由於係首次長居在了解有限的南極大陸，他們曾儲備相當的彈藥以防可能有如北極熊一般兇猛動物的侵襲。

1990年1月28日，南十字星號重返。在深入麥可墨得峽灣並登陸屬地島、羅斯島及羅斯冰棚進行動植物及地質標本收集、地磁觀測、南磁點位置計算及海圖製作等工作後，撤退回國。

此行中有數項南極探險史上之重要紀事：

1. 建立第一個南極大陸上的基地並在其中過冬，且長住了將近1年；這證明人類在南極大陸長住的可行性，而鼓舞了後繼的陸上探險活動。
2. 他們隨行帶有75條哈斯基（Husky）狗，爲首批進入南極大陸者，並首度登陸羅斯冰棚做長程雪橇之旅，南達空前的78° 50' S並攝影，這是狗拉雪橇首度用於南極大陸，開創了長程陸上探險的先河。
3. 剛成婚不久的隊員——挪威動物學家漢森（Nicolai Hanson, 1870 – 1899）於1899年10月14日病死，這是首位被葬在南極大陸上的人。他被葬在附近的山脊，成了當今的「漢森之墳（Hanson Grave）」，是南極大陸上僅存的一座墳。
4. 15歲即上船工作的隊員英國磁力及測量學家科貝克（William Colbeck, 1871 – 1930）曾首度詳細製作了羅斯海域地圖，這對日後以該地區進出之陸上探險活動助益良多。
5. 此行爲首次純私人資助南極探險的典範，雖經費有限卻極豐收。
6. 他們首度攜帶脫水食物（約2噸）同行。

在挪威，他們一行人的空前成就使博克格雷溫克受到策封爵士的獎勵；惟英國直到 1930 年，權威曾被挑戰的皇家地理學會才承認其事蹟而頒獎給他。

23・1901/04 年・英國・史考特（1）

當英國皇家地理學會正在籌備另一個南極探險計劃之際，前述的博克格雷溫克卻已完成了南極過冬的探險活動而返。1900 年 6 月，他們隨即聘請了 13 歲便加入海軍、當時才 32 歲的史考特（Robert Falcon Scott, 1868 – 1912）作爲英國國家南極探險隊的領隊，主要目標在締造「首達南極點的歷史紀錄」。

除了使用全新、裝備良好、53 公尺長、1570 噸、船頭包覆鐵皮及配備蒸氣動力的科學研究帆船探索號（Discovery）之外，英王愛德華七世（Edward VII, 1841 – 1910）更在 1901 年 8 月 5 日親自送行。他們一行 45 人在取道紐西蘭基督城南郊的麗投頓（Lyttelton）及但尼丁的查摩斯（Chalmers）港整補與接受捐助後，南下羅斯海域。

次年 1 月，他們經阿達里岬，在羅斯冰棚東緣發現並命名了

▲史考特探索木屋（1902）/ 企鵝先生

「愛德華七世領地（Edward VII Land）」。2 月 4 日，他們在鯨魚灣（Bay of Whales）登陸做雪橇陸上探險曾深達 79° 3' S；又做了**南極大陸首度的空中飛行**，搭乘以繩索繫住的伊娃號（Eva）氣球上昇到 245 公尺的空中俯瞰羅斯冰棚，隊員雪可頓（E. H. Shackleton）⑮ 更在其上**做首次的南極空中攝影**。

在繼續深入麥可墨得峽灣後，他們於羅斯島上搭建了 1 座含有 3 間木屋的陸上基地，其中 2 間爲地磁研究室，1 間做爲一般科學研究及娛樂活動用——即今日仍保存良好的「史考特探索木屋（Scott Discovery Hut, 1902）」，其長寬爲 9.3 及 9.1 公尺；原要回紐西蘭避冬卻被冰封在峽灣中的探索號，則被用於指揮管理及日常起居。他們還在船首裝設了風力發電機，**首度在南極擁有電氣照明**，但不久即被暴風吹毀。而 1 趟雪橇之行，也造成年輕隊員文生（George Vincent）（見第 294 頁）的意外死亡。

隨著時序的推移，他們停留了 4 個月之後，各種科學研究活動即陸續展開。雪可頓開始在船上**出版了南極第一份刊物**——《南極時報》（*South Polar Times*），除了以圖文呈現各種相關紀事之外，還有詩、填字遊戲與繪畫等娛樂性內容。配合娛樂安排，他們的南極過冬極爲平順。

在路徑偵測及設置補給點後，11 月 2 日，史考特率雪可頓及自然學家威爾遜（Edward Andrian Wilson, 1872 – 1912）博士等 3 人、19 條狗及 5 部雪橇出發，向南極點挺進。29 日，另一個小隊則西行以探訪維多利亞領地。

拙劣的滑雪技巧、缺乏操作狗拉式雪橇的經驗、補給點不足、路徑不熟及壞血病侵襲人畜，加上天候不佳，他們漸顯敗象。體弱的狗被射殺做爲狗食，人力拖行雪橇的負擔則逐漸增加。雪可頓因壞血病受命與狗留在途中，另 2 人奮力推進到空前的 82° 16.5' S，離南極點約 750 公里後折返。動物相繼死亡，每人拖行的雪橇荷重則約達 77 公斤，食物則因無法定期趕到補給點而供應不繼。

在曾參與博克格雷溫克探險隊（見前一探險選錄）的磁力及測量學家、現任船長的科貝克所率領的補給船早晨號（Morning）自紐西蘭抵達，以及西行小隊安返基地後，史考特的南行小隊在 1903 年 2 月 3 日結束了爲時 93 天、行程約 1,600 公里之未成功的人類**首次南極點陸上探險活動**，最終狼狽地歸來。

由於探索號仍被冰封、時序又近秋日，早晨號先撤退了 8 名隊員，包括被認爲健康不佳卻極不願意走的雪可頓。

第二個較酷冷的冬天過後，史考特曾在 10 月底率了 1 組 9 人小隊，重作 1 趟維多利亞領地之行，他們發現了無冰的「乾峽谷（Dry Valleys）」。1904 年 1 月 5 日，早晨號與加派來的新星號（Terra Nova）再度抵達；伴隨來的命令是：如在 6 週內拯救無效，探索號需被棄船。不停的手鋸、爆破加上運氣，在 2 月 16 日——下一個秋天即將降臨之前，3 艘船終能相偕回航。

史考特等人雖然未能創造首達南極點的歷史紀錄，但卻**爲人類首度登上極地高原**且連續過了 2 個南極冬天，而**進一步證明了在南極大陸做長期活動與長程陸上探險的可行性**。

24·1901/03 年 · 德國 · 德里佳爾斯基

在 1898 年被德國南極委員會認命爲南極探險計劃的總策劃之後，曾有 4 年率領北極格陵蘭探險隊經驗的柏林大學地理學教授德里佳爾斯基（Erich Dagobert von Drygalski, 1865 – 1949），在 1901 年 8 月 11 日率領德國國家南極探險隊南下，取道南非開普敦（Cape Town）和印度洋的凱爾蓋朗及賀德島。他使用特別建造、配備動力引擎、1,442 噸的三桅帆船高

▲德里佳爾斯基 / Noack, H. · Wikipedia

斯號（Gauss），基於他首度提出極地作業應精簡員額講求效率以利人員健康與管理之維持的理念，隊員總數只有32個人。

次年2月，他們除了發現今日的「德里佳爾斯基島」，並在90° E附近的方位看到大陸南極之外，並將該寬約達1,000公里的海岸地區以其國王之名命爲「威廉二世領地（Kaiser Wilhelm II Land）」。只不過，原本在陸上建立基地的計劃，卻因高斯號被浮冰卡住而作罷。他們只好就地以船爲基地展開各項科學研究，還首度登上東南極大陸進行雪橇陸上探險，因而發現並命名了一座稀有的小火山「高斯伯格嶺（Gaussberg Hill）」（見第47頁），並採集了其火山岩標本。他們建造了1座風力發電機（與前述英國史考特同列爲最早者），並首度使用熱氣球上昇到空前約500公尺的空中俯瞰南極大陸，又首度使用電話設備與船上通話，甚至首次使用愛迪生留聲技術錄下企鵝叫聲。

南極長夜雖在平順中度過，連夏日也已降臨，但歷經鑽、鋸及爆破的努力，仍未能解除高斯號被5、6公尺厚浮冰卡住的困境。12月初，德里佳爾斯基無意中發現甲板上被掉落自煙囪的黑色煤渣所覆蓋的積雪在陽光下慢慢融化，於是他下令船員們將煤灰混合食物殘渣及垃圾等鋪蓋在那分離高斯號與一片寬闊可以航行的海域間約600公尺的浮冰上。1903年2月8日，被卡了近1年（353天）的高斯號終於脫險。因時序不早、浮冰不斷漂來，在製作了前述領地的海岸圖後，他們於3月31日回航南非；但冬天後再南下的原計劃卻被取消，結束了該國首次的南極探險活動。

25·1901/03年．瑞典．諾登斯科爾德

由於家屬有北極探險經驗，再加上自身的南美洲探險活動經歷，使只有32歲的地質與地理學家諾登斯科爾德（Nils Otto Gustaf Nordenskjold, 1869 – 1928）贏得了主導這「第一個在南極半島上過冬」的瑞典國家南極探險計劃。

此行採用1893/95年挪威人布爾的探險活動所使用的堅固捕

鯨帆船南極號，船長則為先前主持過 2 次挪威南極探險活動的拉森（探險選錄第 19）。28 位人員中，有 8 位科學家及 1 位美國極地畫家史托克（Frank Wilbert Stokes, 1858 – 1955）。

1901 年 10 月 16 日啓程，在路經阿根廷時，1 名海軍上尉科學家索布羅（Alférez de Navío José María Sobral , 1880 – 1961）加入為過冬隊員[16]。次年 1 月起，他們陸續在南極半島尖端及其西岸附近有了一些地理發現，但因浮冰阻隔，想沿東岸南下的計劃受阻。2 月 9 日，諾登斯科爾德等 6 人在東北端附近的雪嶺（Snow Hill）島搭建了一個地磁觀測站及長 6.4 公尺、寬 4.1 公尺的過冬小屋——那即是**南極半島第一個古基地**「諾登斯科爾德小屋（Nordenskjold Hut, 1902）」——之後留下，其餘隊員即隨南極號前往福克蘭群島避冬。

由於天候惡劣，整個冬天幾乎只能躲在屋內。到了 10 月春天時節，他們曾出動 3 人小隊前後花了 33 天，冒著掉入冰縫的危險在浮冰上步行到約 280 公里外，並**首度登上南極半島東部海岸**。12 月初，他們又做了狗拉雪橇之旅到離附近不遠的些蒙（Seymour）島，並與當年拉森的挪威探險隊同樣地**發現了包括大企鵝骨頭等化石**。

11 月間，南極號在避冬之後卻因浮冰阻隔，只好在南極半島尖端放下 3 人，步行拖拉雪橇前往約 320 公里外的雪嶺島。但在繞道南下途中，它卻先被浮冰卡住，繼而於隔（1903）年 2 月 12 日沉沒。逃脫的隊員們只好以雪橇載負緊急撤出的部份裝備在浮冰上跋涉，於當月 28 日方抵達鄰近的寶麗特（Paulet）島。那 3 人小隊因海水阻隔只好在途中安頓下來，等待南極號回程的接應。整個探險隊被切成 2 小隊而分處各處，且秋日已近、冬季不遠，他們只能各自安頓以面對未知的命運。

寶麗特島的 20 個隊員們只好就地取材，以玄武岩建造了 1 棟長約 10 公尺、寬 7 公尺，有雙層外牆的「諾登斯科爾德小屋（Nordenskjold Hut, 1903）」，然後讓冰雪覆蓋以避刺骨的寒風，另又捕殺儲備了 1,100 隻阿得利企鵝為食物及燃料；隆冬中，隊員溫那

▲諾登斯科爾德（1903）小屋 / Adventure Associates Pty., Australia

斯加得（Ole Wennersgaard）病逝。而 3 人小隊亦就地取材於營帳外造了加護石牆，以倒放的雪橇作屋樑，用舊帆布和木板為屋頂，並在地上舖企鵝皮而成極簡陋的避難屋以棲身，另儲存了約 700 隻企鵝及一些海豹，冬天就在艱難卻平順的過程中熬過。意外且幸運的是，在 10 月 12 日，他們在前往雪嶺島途中巧遇諾登斯科爾德等人。前者每人蓬頭垢面，其面孔被取暖及煮食的油煙燻得污黑且穿戴極為邋遢，後者誤以為是遭逢其他不明人種而差點拔槍以對。

寶麗特島的拉森船長則於 10 月 31 日領著 5 個隊員划著小艇，尋找那 3 人小隊不成之後，轉往雪嶺島。11 月 8 日，阿根廷的海軍搜索船烏拉圭（ARA Uruguay）號[17]陸續發現了他們。3 天後，當他們抵達寶麗特島時，餘下的 13 名隊員正儲備了 6,000 個企鵝蛋為食，以做長期抗戰之用。

儘管歷盡空前的艱險，該探險隊仍有一些地理發現，如「加斯塔夫王子海峽（Prince Gustav Channel）」，也在南極半島尖端東西兩側的島群做了許多地理調查，並精確地製作了海圖；另外，他們也收集了不少地質及海洋生物標本，展開科學研究。

26·1902/04 年·蘇格蘭·布魯斯

▲布魯斯 / Messrs Thomson · Wikipedia

蘇格蘭的布魯斯（William Speirs Bruce, 1867 – 1921）曾經歷數航次的北極探險，以及但迪（Dundee）捕鯨公司在 1892/93 於威德爾海域的南露脊鯨獵捕作業活動，成爲當代該國最有經驗的極地自然學家。他因故未能趕上在澳洲墨爾本加入挪威人布爾的 1893/95 南極探險活動（見探險選錄第 20），並曾提出使用第二艘船於威德爾海域的建議，但該計畫被權威的英國皇家地理學會所拒，而未能參與史考特的 1901/04 年南極探險活動（見探險選錄第 23）。而後，幸得到可茲（Coats）家族的資助，進行了由他主導的南極探險活動。

1902 年 11 月 2 日，布魯斯等人啓程南下威德爾海域，使用的船隻是改裝自挪威的蒸氣捕鯨帆船史考提亞號（Scotia）隨隊有 7 位科學人員。

他們因浮冰受阻無法深入，遂折回南奧克尼群島。次年 4 月，他們在其中的勞麗（Laurie）島上建造了**南極地區第一座地磁和氣象觀測站**，和 1 棟名爲「歐蒙屋（Omond House）」的石屋作爲過冬的基地，科學研究工作便相繼展開。

11 月底，史考提亞號自厚達 5、6 公尺的浮冰中脫困後，旋即前往南美洲補給，並留下 6 人小隊繼續從事科學研究。布魯斯在那裡請英國政府派人到勞麗島的氣象站作業，但他的要求受挫；意外的是，阿根廷政府卻極有識見地接下這個工作並延續至今，這便是**最古老且未曾中斷運作的「澳卡達斯（Orcadas）南極科學研究研究站」**（見第 278 頁）。

1904 年 3 月，史考提亞號再度深入威德爾海域。比當年（1823 年 2 月）的威德爾船長幸運的是：布魯斯等人所抵達位置的經度較偏東，雖然同樣在緯度 74° S 附近，使他們發現並以其資助人命名了一片突出的南極大陸海岸——那便是今日的「可茲領地（Coats Land）」。惟有浮冰阻隔，他們未能登陸。

布魯斯等人除了首度拍攝一系列的南極動態影片之外，並首開廣泛的企鵝研究之先河，包括錄音及其棲息處的調查等，另還做了一系列的南極攝影紀錄。1904 年 7 月 15 日，在豐收而回後受到熱烈的歡迎。

布魯斯於 1921 年逝世，他的骨灰被散撒在南冰洋，永浴在充滿自然之美的南極世界。今日在威德爾海的北側海域即以其船名命爲「史考提亞海（Scotia Sea）」（見第 52 頁），以紀念他們最早在該地區所作的廣泛海洋調查及科學研究。

他曾於 1910 年 3 月提出「取道南極點橫越南極大陸的南極探陸上探險計畫」，可惜未獲支持而未能成行。加上其後續 7 航次的北極礦物探勘活動，使他獲頒多枚獎章。

27・1903/05 年・法國・夏科（1）

家庭背景富裕，且酷愛海洋的法國外科醫生夏科（Jean Baptiste Charcot, 1867 – 1936）係當代世界知名的老夏科（Jean Martin Charcot, 1825 – 1893）醫生⓲之子，在其得知瑞典南極探險隊未按時歸來的消息（見探險選錄第 25）後，就將他特別爲了北極探險計劃而自費建造的一艘 245 公噸、配備蒸氣輔助動力、加強船體結構、防水隔艙及科學實驗室的三桅帆船法蘭西斯號（Français），改裝做爲南極搜救及科學研究探險之

▲夏科 / Library of Congress, USA・Wikipedia

用。這贏得了其國人更大的資助，包括當時的勞貝特（Émile François Loubet, 1838 – 1929）總統、國家科學院、自然歷史博物館和巴黎地理學會（Paris Société de Géographie）[19]均全力支持，1897/99 年比利時南極探險隊領隊葛拉治（見探險選錄第 21）被延聘加入，並被視爲得力助手。

1903 年 8 月 27 日，啓程。在 11 月間路經阿根廷時，他們曾邀脫險歸來的瑞典南極探險隊的諾登斯科爾德等人登船探訪，但葛拉治卻臨陣離隊。

至次年 2 月中，夏科等人在雪特蘭群島中的溫克爾（Wiencke）島上發現一個優良的港口，於是以曾經大力幫助他從政府得到資助的眾議院副議長洛克萊（Édouard Lockroy, 1838 – 1913）之名，命爲「洛克萊港（Port Lockroy）」[20]，及在伯斯（Booth）島上建造了數個儲藏小屋及一座地磁觀測站等，以船爲家，並在精心安排的食宿、娛樂與近程的雪橇探險與科學活動中平順地度過。春天降臨後，他們曾有 5 人小隊歷經 5 天在薄冰中涉水推舟運送裝備抵達南極半島北端西岸，並詳細地製作附近海圖。

他們曾南下到亞歷山大島附近，但法蘭西斯號卻於 1905 年 1 月 15 日觸礁導致引擎故障。在初步急救及日夜輪流手搖抽水之下，經 1 個月方勉強駛抵阿根廷。該船被出售，眾人搭客輪回國。

5 月 5 日，在全體返抵法國時得到英雄式的歡迎。除了科學調查之外，夏科此行精細製作了涵蓋約 1,000 公里的地理海圖。儘管船隻損壞，但他們卻全程平安度過了 1 個南極冬天。夏科雖賠上了婚姻[21]，卻也開啓了富人親身參與南極探險活動的先例。

28·1907/09 年．英國．雪可頓(1)

16 歲即上船工作的愛爾蘭人雪可頓（Ernest Henry Shackleton, 1874 – 1922）曾參與 1901/04 年史考特的南極探險隊（見探險選錄第 23），當他在 1903 年被提早遣回時，便已下決心要重返。1907 年 8 月 7 日，在皇家地理學會、鋼鐵公司老闆皮爾德摩（William Beardmore,

▲雪可頓 / Lyttelton Musuem, NZ

1856 – 1936）及澳洲政府的資助下，他率領一支南極點探險隊出發。因經費不夠充裕，他使用船齡已逾 40 年，但具有北極探險經歷的老蒸氣三桅帆船大獵人號（Nimrod）。

1908 年元旦，其自紐西蘭麗投頓港南下羅斯海域。大獵人號被功亞號（Koonya）拖行了約 2,500 公里至接近浮冰處以節省燃煤，而後回航，功亞號成爲**第一艘橫越南極圈的鐵殼船**。

雪可頓行前被史考特告知勿使用其史考特探索木屋（1902），理由是他另有探險計劃。雪可頓本想自羅斯冰棚切入以縮短橫越距離，但他卻驚見 6 年前在鯨魚灣與史考特等人施放氣球做空中觀測的地點已不見蹤影——這意味在其上建造基地是不安全的，而浮冰阻隔又無法東行，他只好轉往羅斯島。2 月初，雪可頓等最後在史考特探索木屋以北 30 公里處的羅伊斯（Royds）岬建造了今日仍在的「雪可頓木屋（Shackleton Hut, 1908）」，其長 8.5 公尺、寬 7 公尺，裝設有 7 盞碳化乙炔燈，可供 15 人居住。

3 月 10 日，來自澳洲的地質學教授大衛（Edgeworth David, 1858 – 1934）曾率領一支 6 人小隊，歷經 5 天而**首度攀登了附近的愛樂伯斯火山**，各項科學觀察研究工作也相繼展開。他們還著手編印了 100 本厚達 120 頁的書叫做《南極光》（*Aurora Australis*），**是第一本南極圖書**。冬天過後，他們測試了隨行的由英國最早汽車製造廠所造的強斯頓（Arrol Johnston）越野車，**這是首部於南極使用的機動車輛**，不過卻發現它不管用。

9 月底，大衛教授率領澳洲地質學者墨生（Douglas Mawson）[22] 及英國馬偕醫生（Alistair Mackay, ? – 1914）的北行小隊，在完全使用人

▲雪可頓木屋（1908）/ C. Rudge, Antarctica NZ

▲強斯頓汽車車輪與糧秣 / 企鵝先生

力徒步拖行雪橇承載超過300公斤的裝備下，曾來回跋涉了約1,800公里花費133天，而在次（1909）年1月16日於今日喬治五世領地（George V Land）上72° 24' S, 155° 18' E的位置，**首度實地找到了「南磁點」**，離當年羅斯船長所設定的位置相距約370公里。

10月29日，雪可頓領著馬歇爾（Eric Marshall）、懷爾德（Frank Wild, 1873 – 1939）[23]及亞當斯（Jameson Adams, 1880 – 1962）的南極點探險隊出發。在11月26日，他們已抵達當年史考特所及的最南緯度82° 16.5' S處。在橫越南極縱貫山脈時，其以資助者命名了「皮爾德摩冰河（Beardmore Glacier）」（見第59頁），**並首次在南極大陸上發現了煤炭及化石**。4匹西伯利亞小馬顯然不如雪橇狗能做長距離拖曳重物的高負荷工作，由於食物不足，他們只好沿途宰殺充飢，但卻增加了每人拖行裝備的負荷。**經首度橫越羅斯冰棚、南極縱貫山脈及攀上平均海拔3,100公尺的極地高原後**，於1909年1月9日，他們推進到88° 23' S , 162° E，比當年的史考特多走了約580公里，距南極點才約180公里。但是，飢餓、疲憊與惡劣的天候，卻逼使雪可頓做出他此生最痛苦的回頭決定。3月4日，他們結束前後127天約2,700多公里的徒步旅程安返基地。

該南北2個探險隊歷經**了前所未有的艱難，完成了當時最長的南極陸上探險旅程，卻沒有人員折損**。

1909年6月，他們返抵英國，雪可頓受冊封為公爵。雖然成為「第一個抵達南極點的人」的願望沒有實現，但這趟長程陸上探險的空前成就，卻鼓舞人們更積極地投入以達成該項目標。

29．1908/10年．法國．夏科(2)

1908年8月15日，在其政府的任命與資助下，夏科又率領了法國南極探險隊南下，使用800噸、全新並配備有鐵皮、加強結構、強力引擎、實驗室、圖書館甚至**電力照明**，還有特別船名的「為什麼不？(Pourquoi Pas ?)號」。有8位科學家及22名水手隨行。

探險隊在夏科隨行的新任妻子於南美智利返國後南下；12月

中，他驚訝地在南雪特蘭群島中的夢幻島發現了挪威人的捕鯨站，並曾替1位病人切除1隻壞死的手臂，是在南極所做的首次外科手術。他們繼續在上回南極半島尖端西側海岸附近做地理調查，但船又再次觸礁。經過搶修後深入南極圈，他們在阿德雷（Adelaide）島附近製作海圖，另外做了些地理發現與命名。

時序漸入秋，他們的船卻被冰封，夏科於是下令登陸附近的彼德曼（Peterman）島，並搭建基地。它包含4個木屋，每個均有電力照明以作開會、研讀和各種專題討論，另裝設儀器以進行各項科學研究。

冬天同樣在精心的安排之下度過；次年11月底，當他們到夢幻島補給燃煤時，得知英國雪可頓曾在該（1909）年1月推近南極點的消息。在回頭沿南極半島西側南下途中，夏科將1處新發現的地岬以其父之名命爲「夏科（Charcot）島」。後因浮冰阻隔及受損之船隻的安全考量，他們乃班師回國。

此行夏科曾首度使用機動摩托船與機動雪橇（Snowmobile）（見第315頁），完成了南極半島西岸附近達2,000公里的海岸地理調查、精密製圖與各種科學研究。

30・1910/12年・挪威・阿蒙生

挪威人阿蒙生（Roald Engelbregt Gravning Amundsen, 1872 – 1928）曾參與1897/99年葛拉治的比利時探險活動（見探險選錄第21），而有了南極過冬的經驗。之後，在1903/06年的北極探險活動中，更向愛斯基摩人學習了許多極地活動知識。他原想集合大眾募款、政府資助加上自己的房子抵押借款等，完成他畢生最大的願望——成爲「第一個抵達北極點的人」，但美國人皮爾利（Robert Edwin Peary）捷足先登的消息，使他迅即將目標轉往南極點。

1910年6月6日，阿蒙生率領爲數19人的探險隊啓程，使用的船隻是由一直也想籌畫其南極探險活動的北極探險者南森所提供的前進號（Fram），它配備柴油引擎以及特別設計類似今日破

▲前進之家（1911）/ Wikipedia

冰船的圓弧形船底。

出發前只有他自己、其兄弟及船長尼生（Thorvald Nilsen）等 3 人知道確實的目的地，在大西洋上，阿蒙生才正式宣佈他們將前往南極點，並致電正路經澳洲欲作其第二次南極點探險的英國人史考特（見下一探險選錄）。

次年 1 月 14 日，當他們抵達羅斯海域的鯨魚灣並準備登陸時，阿蒙生等人驚遇史考特的一個特遣分隊乘坐新星號東行前往鄰近的愛德華國王七世領地進行探查（見第 172 頁）。在登上羅斯冰棚之後，他們花了 3 週將 10 噸重的裝備用狗拉雪橇運到內陸約 3 公里處，建立一座基地，這便是早已隨冰棚裂解而入海消失、今日已不復見的「前進之家（Framheim, 1911）」，其大小約是 5×4 公尺。除了 1 棟簡易的住宿木屋，還有 15 個 16 人份的帳棚當儲藏所，及安置隨行 97 條格陵蘭哈斯基犬（Greenland Huskies）的狗屋。在完成往南極點沿途在 80° S、81° S 及 82° S 等 3 個食物補給點、共 2,750 公斤糧餉的設置，並宰殺企鵝與海豹以儲備糧食之後，前進號留下 9 個隊員，退往阿根廷避冬。

其南極冬天在忙碌的整理裝備和有規律的作息下順利地度過。

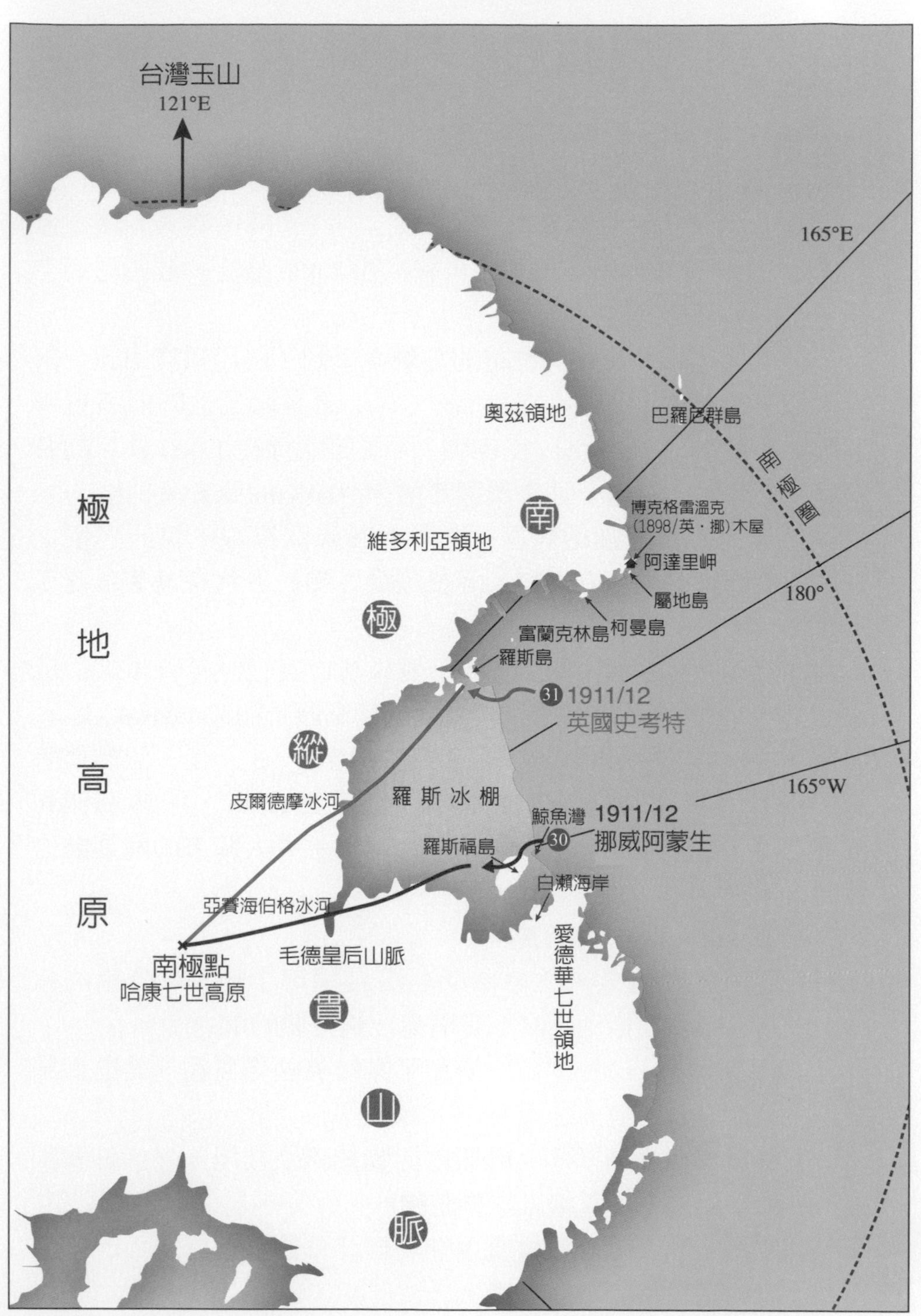
台灣玉山
121°E
165°E
奧茲領地
巴羅尼群島
南極圈
博克格雷溫克
(1898/英・挪)木屋
阿達里岬
屬地島
180°
維多利亞領地
柯曼島
富蘭克林島
羅斯島
1911/12
英國史考特
南極縱貫山脈
極地高原
165°W
皮爾德摩冰河
羅斯冰棚
鯨魚灣
1911/12
挪威阿蒙生
羅斯福島
白瀨海岸
亞賽海伯格冰河
南極點
哈康七世高原
毛德皇后山脈
愛德華七世領地

9 月 8 日，阿蒙生等 8 人小隊向南極點出發，但因爲仍是春天時節、極端的低溫（–56℃）和惡劣的天候使他們在 1 週後折返。10 月 19 日，阿蒙生和 4 位隊員包括魏斯丁（Oscar Adolf Wisting, 1871 – 1936）、漢生（Helmer Julius Hanssen, 1870 – 1956）、哈索（Sverre Helge Hassel, 1876 – 1928）及滑雪好手白家蘭（Olav Bjaaland, 1873 – 1961）等人，使用每部由 13 條狗所拖行的 4 部雪橇，載重約 3,400 公斤的裝備重新上路。

11 月，歷經多次掉入冰縫的危險後來到了南極縱貫山脈，阿蒙生以其毛德皇后（Queen Maud, 1869 – 1938）之名命了他眼前所要橫越的「毛德皇后（Queen Maud）山脈」，並與隨行約 1,000 公斤的裝備以 4 天時間，越過一連串覆蓋著薄冰冰縫區的亞賽海柏格（Axel Heiberg）冰河而登上極地高原。在南極暴風及視線不良的劣境之下，他們繼續挺進而在 12 月 14 日凌晨 3 點終於拔得頭籌抵達了南極點。

他們在南極點插上挪威國旗，並以其哈康七世國王（Haakon VII, 1872 – 1957）之名將該地區命爲「哈康七世高原（Haakon VII Plateau）」，另留下 2 封信在帳棚內給史考特及哈康國王。3 天後，他們駕著 2 部雪橇和剩下的 11 條狗踏向回程，而在 1912 年 1 月 25 日回到前進之家。該月中旬，在鯨魚灣等待阿蒙生等人歸來的前進號曾驚遇日本探險隊（見第 176 頁）。

阿蒙生此行之成功因素：

1. 從鯨魚灣切入，比自羅斯島出發縮短了約 100 公里的旅程，減少在極地高原上受南極狂風侵襲的機會。
2. 將基地建在冰棚內陸，避免了當年英國雪可頓「其臨海部分會崩裂入海」之慮。
3. 善用學自愛斯基摩人的極地活動知識及技能，包括仰賴狗而不用馬拖行雪橇且以狗餵狗。
4. 食物、裝備的重量與實用性均經詳細的科學計算與改良，以達到輕量實用的目標。

5. 其本人有南北極地探險經驗，更有經驗、耐力及技能等各方面極優秀的隊員。
6. 食物補給點的設置適當。

▶抵達南極點的阿蒙生 / Fram Museum, Norway

▼抵南極點的挪威探險隊 / Fram Museum, Norway

除了南極點，阿蒙生也是首位以氣船抵達北極點，及橫越西北航道（Northwest Passage）（見第 217 頁）者。

31．1910/13 年．英國．史考特（2）

有感於雪可頓差點搶先完成人類首探南極點的威脅，在政府、公共捐款與借貸的資助下，史考特在 1910 年 3 月又展開了他第二次的南極點陸上探險活動。

6 月 1 日，他們以 700 公噸、配備蒸氣動力的新星號（Terra Nova）帆船啓程。但在路經澳洲墨爾本之時，一通來自阿蒙生給他的電報（見第 168 頁）讓他極端吃驚，倍感競爭壓力之沉重。11 月底，他在紐西蘭接受了熱情捐助後，新星號自但尼丁南下。12 月 1 日，在強烈暴風的侵襲當中幾乎要沉船，他們被迫丟棄了 10 噸燃煤與 13,000 公升的飲水。雖在次年 1 月初安抵羅斯島，但麥克墨得峽灣的浮冰卻阻擋了他們推進到前次所建的史考特探索木屋（1902）所在的去路。他們便登上伊凡斯（Evans）岬，並建造了 1 棟可供全體 25 個人住宿、長寬爲 14.6 及 7.4 公尺，且以海草作絕緣，還裝設有 12 盞乙炔燈的「史考特木屋（Scott Hut, 1911）」，並空前地在該 2 個木屋之間**舖設了南極第一條電話線路**。

一組南行小隊在 –7℃至 –60℃的低溫，陣風時速可達 135 公里的環境之下，設置了接近 80° S 的 3 個補給點。另一組東行小隊在航行前往愛德華國王七世領地的探險途中，在鯨魚灣驚遇阿蒙生的前進號。經過交談後，他們折返基地報告。2 月 9 日，在新星號啓程駛回紐西蘭避冬途中，將由康百爾（Victor Campbell）率領的 6 人北行小隊送往阿達里岬。他們在博克格雷溫克木屋旁搭建了另一棟已不復存、長寬分別是 6.4 及 6.1 公尺的小屋，後在附近做各種地理及科學探勘，而發現並命名了「奧茲領地（Oates Land）」，並平順地度過了一個南極冬天。

羅斯島基地的隊員在極有規律的起居下度過了冬至後，曾參與史考特第一航次南極探險的鳥類學家威爾遜（見第 156 頁）的

▲抵南極點的史考特等人 / Lyttelton Museum, NZ

3人小隊，在6月27日以人力拖行2個雪橇、載荷340公斤裝備，東行前往約105公里之外的克羅吉亞岬（Cape Crozier）。他們在偶有的月光及南極光之下，摸黑歷經–61℃的極低溫、強風如刀削的風凍效應、掉入就可能喪命的冰縫陷阱、營帳失而復得等艱難挑戰後，終於在8月1日平安地攜回3個帝王企鵝蛋以做科學研究，完成了一趟來回36天、**最最艱險、死神常伴的首度南極隆冬/永夜陸上旅程**。根據一位隊員的日記記載：沒有語言能形容此行的可怕。

▲史考特木屋（1911）與愛樂伯斯火山 / 企鵝先生

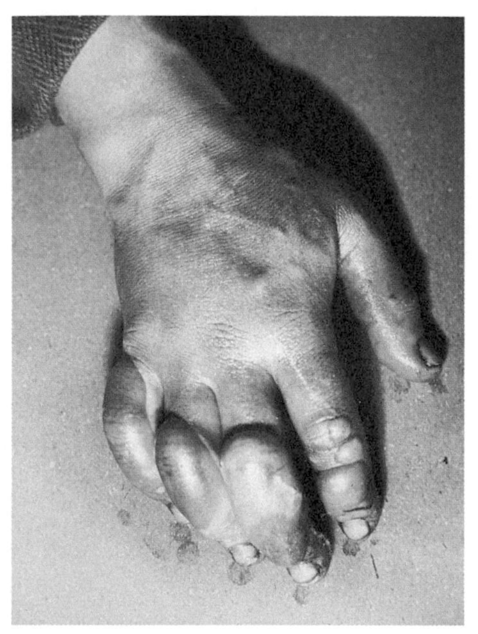

▲凍傷之愛特金森醫生的手指 / Antarctica NZ

▲史考特雕像 / 企鵝先生

10月24日起，由總數16個人、10匹西伯利亞馬、233條阿拉斯加狗及13部雪橇載運數噸裝備所組成的數個沿途補給小隊，與主要隊伍陸續南下。其進度極爲緩慢，且很快地顯現出其馬匹及機動雪橇並不管用，隨行動物及人員的負擔因而加重。至1912年1月4日止，因食物不足，全數的狗和補給小隊已陸續回頭；史考特與威爾遜、包爾斯（Henry Robertson Bowers, 1883－1912）、奧茲（Lawrence Oates, 1880－1912）及伊凡斯（Edgar Evans, 1876－1912）等5個人即以人力拖行雪橇繼續上路。17日，當他們疲累地抵達南極點時，吃驚地發現阿蒙生已在33天前抵達。2天後，他們踏上1,450公里的回程。沿途在疲憊、找尋補給站、飢餓、寒冷及壞血病的肆虐之下，伊凡斯及奧茲先後衰竭而死。3月29日，史考特與威爾遜、包爾斯等繼之，**南行小隊最終全軍覆沒**。直到11月12日，由愛特金森（Edward Leicester Atkinson, 1881－1929）所率領的搜索隊才發現史考特等3人的遺體、營帳及約17公斤的地質標本，原來他們隕命的地點離最近的補給站才只有約18公里。他們的遺體被暫埋在其紮營處，但後來的團隊卻找不到，最終應係隨冰河的流動而沉入了海。

另於 1912 年 1 月 8 日，新星號在返回羅斯島途中，將北行小隊轉送到半途的新星灣（Terra Nova Bay）卸下。他們在內陸的墨爾本火山附近做一番探險後，在 2 月 18 日回到原地卻等不到約定前來接應的新星號（因時序不早，但史考特等人未回營之事件的耽擱）。在食物將盡、營帳受損及秋天逼近之下，他們只好就地捕獵企鵝、海豹及挖掘冰窖爲食宿以迎接其第二個南極冬天。11 月 7 日，他們徒步跋涉了 40 天，歷經酷寒、飢餓、疾病及恐懼之後，才全身腥臭、污黑（因長期食用企鵝、海豹肉及燃燒其油脂點燈與取暖）而極爲狼狽地回到距離他們約 480 公里的羅斯島基地；但迎接他們的，卻是史考特等人的噩耗。

專屬的地質探勘活動，包括在麥克墨得峽灣西側的乾峽谷地帶、愛樂伯斯火山及南極縱貫山脈的皮爾德摩冰河地區等，都曾被進行。

此探險活動雖以悲劇收場，但卻在南極探險史上留下壯烈史蹟。爲了紀念，當年的其他隊員曾在史考特探索木屋（1902）附近建造了 1 個紀念十字架，其政府在 1920 年亦成立了 1 個「史考特極地研究所（Scott Polar Research Institute, SPRI）」（見第 256 頁），在離紐西蘭基督城大教堂廣場不遠的雅芳（Avon）溪畔，也有由史考特之妻布魯斯（Kathleen Bruce, 1878 – 1947）爲他親手雕塑而立的銅像。

隨行的龐汀（Herbert George Ponting, 1870 – 1935）使用大型相機與玻璃底片拍了許多珍貴的影像，而爲早期南極活動史上知名的攝影師。

32·1910/12 年・日本・白瀨

儘管大眾對募款冷淡，卻幸得前首相大隈重信（Count Okuma, 1838 – 1920）的資助，日本海軍上尉白瀨矗（Nobu Shirase, 1861 – 1946）在 1910 年 12 月 1 日，於極端冷清的歡送聲中，率領著 23 人的日本南極探險隊自東京啓程，使用的是 1 艘 30 公尺長的開南丸（Kainan Maru）捕鯨船。

這支來自素無探險傳統與背景的國家南極探險隊首先在次年2月7日抵達紐西蘭的威靈頓（Wellington）港，但在4天的停留中，當地媒體滿懷敵意且極端尖酸刻薄的嘲諷，使他們極爲惱怒。

3月6日，開南丸航抵羅斯海域西側的維多利亞領地海岸。由於冬季已近，天候不佳以及浮冰阻隔故登陸不成，他們只好折回雪梨。然而，澳洲人的冷漠甚至敵意也不遑多讓，幸得市郊法克魯斯（Vaucluse）區1位居民的勉強同意，讓他們在其後花園紮營過冬，而由小部分成員折回日本募款。曾參與1907/09年雪可頓南極探險活動的大衛教授（見第164頁）也給了他們協助，但因經費實在極端拮据，他們在那裡幾近過著乞討的日子。

11月19日，在後續的資助下，開南丸再度南下。1912年1月16日，他們在鯨魚灣驚遇挪威前進號正在等待阿蒙生等人自南極點歸來，卻不知道阿蒙生和史考特已分別抵達過南極點而於回程中。

白瀨的6人小隊花了數天，方攀上90公尺高的羅斯冰棚，再以狗拉雪橇向南推進。28日，他們深入了約260公里而抵達80° 5' S左右。白瀨乃將放眼所及的冰棚取名爲「野本冰原（Yamoto Yukihara）」。同時，另一個東行小隊則隨航往愛德華七世領地活動。

▲白瀨（後排左）與部分隊員 / Alexander Turnbull Library, NZ

6月20日，當他們返抵橫濱時，受到英雄式的熱烈歡迎。今日愛德華七世領地與羅斯冰棚東側接壤之地區被命名為「白瀨海岸（Shirase Coast）」，而為南極大陸上難得以來自東方世界的探險者為名的地方。

33·1911/12年·德國·菲爾希納

▲菲爾希納 / Library of Congress, USA·Wikipedia

曾接受普魯士軍事學院教育的德國人菲爾希納（Wilhelm Filchner, 1877 – 1957）為了解開「南極大陸兩邊的威德爾與羅斯海域間，是不是由一條被冰雪覆蓋的海峽連結？」的疑惑，而決定進行「人類第一趟橫越南極大陸探險」，由2支探險隊各用1艘船自前述海域登陸，後向內陸推進，再於南極點會合。雖然得到大眾的捐助，但經費仍不足，他只好使用1艘船自威德爾海域的方位登陸，再由羅斯海域的方位出來。

1911年5月4日，探險隊終於在德國南極學會推介富有極地經驗的法索（Richard Vahsel, 1875 – 1912）船長率領下成行，使用的是1艘特製、有加強船底結構的挪威籍蒸氣帆船德意志號（Deutschland）。菲爾希納在阿根廷的布宜諾絲愛麗絲（Buesnos Aires）港加入船隊，他們曾登上挪威的前進號，並與完成南極點探險正凱旋回國的阿蒙生見面。

11月中旬，德意志號已在威德爾海遇到浮冰以及為數極多的冰山。他們在次年1月底深入到1903年布魯斯所發現的可茲領地附近，並發現及取名了「路易波德（Luitpold）海岸」與「凱薩威廉二世（Kaiser Wilhelm II）冰棚」，但威廉國王將後者改為「菲爾希納（Filchner）冰棚」。

菲爾希納原本準備在該冰棚上進行過冬的計劃，但他們幾近完成的基地卻因所處的冰棚裂解入海而告落空。3月6日，德意志號被冰封進退不得，他們只好在浮冰上紮營，各種科學研究也相繼展開。在隆冬6、7月間，菲爾希納等3人的狗拉雪橇隊曾冒著–35℃之低溫。以及在充滿冰縫的浮冰上，前往約60公里外去尋找1位美國捕海豹者聲稱在1823年所發現的新南格陵蘭（New South Greenland）島以製作其海圖，但是卻毫無所獲。回程中，他們必須找尋在那前後8天旅程中已隨浮冰漂流到約65公里外的船。冬天在有電力供應的船上平安地度過。11月26日，前後漂流將近9個月的德意志號終於在63° 37' S脫困，得以取道南喬治亞島返國。這次在科學調查上的表現，包括製圖、地質、海洋、氣象與地磁研究等，超越了其地理發現的成就。

菲爾希納期望再一次努力以實現其橫越南極大陸的探險計劃，但因德國忙於參與第一次世界大戰的準備，導致尋求資助不成而告吹。

34·1911/14年·澳洲·墨生（1）

地質學家澳洲人墨生（Douglas Mawson, 1882 – 1958）教授曾參與1907/09年英國雪可頓的南極點探險活動（見探險選錄第28），並與其他2位隊員找到了「南磁點」；但他卻婉拒了1910/13年史考特第二次南極點探險活動（見探險選錄第31）的邀請，因爲他也正在籌劃於同時期進行其探險活動，目標是阿達里岬以西與澳洲相對的南極大陸海岸。在澳洲政府及其澳洲科學進步協會（AAAS）的資助下，其募款工作順利，探險隊也得以迅速成軍。

1911年12月2日——即前述史考特的探險隊自紐西蘭南下後第三天，墨生所率領的「第一個澳洲南極探險隊」亦自其荷巴（Hobart）港出發，使用的是600公噸並有加強船底結構的捕海豹船極光號（Aurora）。

他們首航到其瑪奎麗島，在那裡設立了亞南極地區的第一個無線電通訊轉播站，由5個人留守後繼續南下。次年1月初，他們發現並命名了一片今日的「喬治五世領地（George V Land）」以及「聯邦（Commonwealth）海灣」。

該月 8 日，他們登陸了丹尼森（Denison）岬並建造了一個基地——那便是今日仍在、面積約53平方公尺的「墨生木屋（Mawson Hut, 1912)」。該 18 人的探險隊很快地發現那裡經常吹颼強風：曾有整個月當中，每小時不停地吹颼平均時速近100公里甚至陣風時速高達320公里的狂風，原來該處**正是一道「南極狂風走廊」**（見第 81 頁）。

▲墨生木屋（1912）/ Adventure Associates Pty., Australia

▲狂風下挖雪融冰取水 / Adelaide University, Australia

另一組 8 人的西行小隊在已有 2 次南極經驗的懷爾德[23]之率領下，前往約 2,410 公里外的雪可頓冰棚。他們將 36 噸裝備拖上30 公尺高的海岸，隨後搭建了另一棟長寬約只 6 公尺的木屋。

冬天雖過，但丹尼森岬直到 11 月初天候才較穩定。墨生等人把握短暫的夏日，組織 5 組狗拉雪橇探險小隊出發：1 組西行、1 組南行及 3 組東行，有系統地探勘新發現的喬治五世領地，且約好各隊需在次（1913）年 1 月 15 日回來趕搭自荷巴前來撤運的極光號。

西行小隊曾遠達 250 公里之外，並首度發現了隕石。南行小隊前往約 540 公里外的南磁點，但因食物及時間不足而在約 80 公里前折返。2 組東行小隊則前往今日的墨茲（Metz）和尼尼斯（Ninnis）冰河附近後分別折返。而墨生、瑞士的登山 / 滑雪專家墨茲（Xavier Metz, 1883 – 1913）及英國陸軍上尉尼尼斯（Belgrave E. S. Ninnis, 1887 – 1912）等的 3 人東行小隊在 11 月 17 日出發，沿東海岸前進。12 月 14 日下午，當他們越過了前述離基地約 500 公里的 2 條冰河時，尼尼斯竟失足，連同所有裝備及全隊人狗的食物一起掉落到一處深不見底的冰縫裡。墨生與墨茲立即回頭，途中被迫宰食狗肉，面對嚴酷的暴風、飢寒交迫及中毒[24]，甚至死亡——1913 年 1 月 7 日，墨茲衰竭而死，墨生卻還有約 160 公里的路程。他將雪橇切掉一半以減少人力拖行的負擔，不過他的健康也開始出問題：毛髮脫落、腳指甲變黑鬆脫、腳底脫皮，甚至數度掉落較淺的冰縫而幾乎無力掙脫。幸運的是，他找到搜索隊留下的食物，而終於 2 月 8 日奮力回到基地。但前來撤運不成、轉往西部基地的極光號卻已遠去，墨生只看到在水平線上的黑點，雖經無線電呼叫，但因天候變化及浮冰阻隔而無法重新靠岸，墨生只好目送其離去。墨生與基地內留下的 6 位隊員只好又在那裡過了第二個南極冬天，直到該年 12 月 12 日極光號將其撤回。

另，西部小隊曾前後做了 5 度東西向探勘，並製作了附近包括 1901/03 年德國德里佳爾斯基所發現的高斯伯格嶺附近的海岸圖。該年 2 月 23 日，他們被撤離。

此行墨生攜帶了 1 部維克式（Vickers）無翼飛機同行，用以充當曳引機拖拉裝備，但是在出發前的試飛就發生意外而來不及修復，引擎在現場又頻出問題而派不上用場，但這卻**是第一架被帶到南極大陸的飛機**。

墨生也使用無線電報，嘗試與極光號及瑪奎麗島的轉播站做雙向通訊，只是他們的室外天線很容易被強風吹毀。儘管因爲設備原始而效果不佳，但他們最終還是自外界得知史考特的噩耗，並將尼尼斯及墨茲喪生的消息傳出，開啓了在南極大陸以無線電通訊的先河。

隨行的攝影師哈力（James Francis Frank Hurley, 1885 – 1962）拍了許多珍貴的南極影像，隨後他又參加了下一個雪可頓的南極探險活動，而亦爲早期南極活動史上知名的攝影師。

35·1914/17 年·愛爾蘭·雪可頓（2）

在南極點已被征服，以及德國人菲爾希納橫越南極大陸的計劃失敗後，雪可頓將他的目標轉變成當「第一個橫越南極大陸的人」。他的計劃是：由他本人率領一支探險隊自威德爾海岸登陸，然後橫過南極點再北行而與另一支來自澳洲、於羅斯島登陸後向南極點推進的探險隊於南極縱貫山脈的皮爾德摩冰河會面。這與1902/04 年蘇格蘭的布魯斯（見探險選錄第 26）所提出的計畫類似。

他的募款活動順利，探險隊也快速成軍。但 1914 年 7 月 28 日爆發了第一次世界大戰，英國在 8 月 4 日向德國宣戰。雖然雪可頓立即決定將所有人員物質提供參戰，不過被當時的邱吉爾政府婉拒了。8 月 8 日，他所率領的「大英帝國橫越南極大陸探險隊」啓程，使用的是 350 噸、44 公尺長的堅忍號（Endurance）蒸氣帆船，船長是紐西蘭的「沃爾斯萊（Frank Arthur Worsley, 1872 – 1943）」。

他們取道南美洲及南喬治亞島，南下威德爾海域，但在 57° 26' S 即遭遇浮冰阻隔，到次年 1 月 19 日，堅忍號終被完全困在 76° 34' S, 31° 30' W。2 月中，他們曾試圖以人力爲它開闢脫險航道卻失敗，被迫在船上隨浮冰漂流過冬。10 月 27 日棄船，撤離人員與狗並搶救糧食裝備後紮營於浮冰上；次月 21 日，堅忍號被浮冰吞噬而沉沒；12 月 27 日還發生木工麥克尼西（Harry McNish, 1874 – 1930）拒絕服從指揮的叛變事件㉕。

雪可頓等 28 個人奮力交互使用雪橇及 3 條約 8 公尺長的手划救生艇凱爾德號（James Key Caird）載運搶救到的食物裝備前往約 560 公里外、最近的寶麗特（Paulet）島。在那裡有 1903 年瑞典的

▲為被浮冰卡住的堅忍號開闢航道 / Frank Hurley・Wikipedia

▲凱爾德號 / Frank Hurley・Wikipedia

諾登斯科爾德探險隊留下的石板木屋（見第160頁）。但是他們登陸不成，最後在4月14日歷經波折方成功登陸約1,000公里外、位於南極半島北端的象（Elephant）島。

他們將救生艇倒放當作屋頂，搭建了1個極簡陋的棲身之處。因冬天已近，食物有限。10日之後，雪可頓即與5位隊員划駛1條救生艇做了16天的航程，被喻為「史上奇蹟式的航行」。他們歷經飲水不足、濕、冷、飢餓及疲憊等考驗，橫越波濤洶湧、常有暴風的史考提亞（Scotia）海而安抵1,300公里外的南喬治亞島，但其登陸地點「哈康國王（King Haakon）海灣」卻位於該島的西北側。5月15日，雪可頓別無選擇地再與其中2人又奮力地翻越冰河及海拔1,800公尺之雪嶺——這也是人類首度橫越該島，前往其東側位於史東尼斯（Stromness）灣的挪威捕鯨站求援。17 日，當他們 3 人突然出現時，其蓬頭垢面、衣著臘遢及全身發臭的樣子震懾了當地所有人。次日，留在哈康國王海灣的 3 個人很快地被救回；但拯救象島上由懷爾德所帶領共 22 個人卻是一波三折，雪可頓甚至還趕往福克蘭群島求援，前後歷經挪威、智利、烏拉圭等國的 3 艘船隻協助，卻陸續發生中途故障及浮冰阻隔等困難而折返。到 8 月 30 日，在智利船隻的支援之下，才將在那裡已苦撐了一個極艱困冬天的他們全數救出。

另一方面，比雪可頓慢 1 個月自英國出發，取道澳洲雪梨的 10 人探險隊在 1915 年 1 月 7 日自羅斯島登陸後也進行得不順利。該年 5 月，一陣暴風將其黎明女神號颳離了靠岸處，後又被浮冰困住並向北漂流了漫長的 10 個月，直到次年的 3 月 14 日始脫困。他們在島上的史考特木屋（1911）度過了 1 個物資缺乏的艱困冬天，但仍完成沿途設置到皮爾德摩冰河的食物補給站。然而食物不足、壞血病及惡劣的天候也使他們失去 1 位牧師隊員，另有 2 位則因暴風雪發生意外而亡。黎明女神號在紐西蘭整修後，雪可頓加入了隊伍趕抵羅斯島，而在 1917 年 1 月 10 日救出在那裡度過了 2 個冬天的隊員。

這趟最曲折的南極探險活動只好宣告結束，而第一次世界大戰仍激烈地進行，直到次年 11 月 11 日才停歇。

36·1921/22 年．愛爾蘭．雪可頓（3）

在老同學、酒商羅威特（John Quiller Rowett, 1876 – 1924）的資助下，雪可頓又在 1921 年 9 月開啓其第三次南極探險活動，試圖進行南極大陸的環航及新島嶼的發現。使用的是 1 艘 125 噸、挪威籍、既老又慢，更不適於遠洋航行的捕海豹船探尋號（Quest）。

在取道巴西時，雪可頓即心臟病發，但他堅決不放棄。次年 1 月 5 日，47 歲英年的他在抵達南喬治亞島時終於又病發而逝世。隨行的老戰友懷爾德繼續領著探險隊在威德爾海域活動。3

月5日，依其妻杜曼（Emily Mary Dorman）的指示，將雪可頓葬於該島的格呂特維肯（Grytviken）——一處離他此生所鍾愛且爲其奮鬥不懈的白色大陸不遠的地方。

雪可頓最後一次南極探險計劃又功敗垂成，雖然他一生四度探險都未能踏上南極點，但其精神在早期南極探險史上傳爲美談。

▲雪可頓之墓 / 張子芸

❶ 南極點的搜尋始於1837/40年法國人迪維爾（Dumont d' Urville）與1838/42年美國人威爾克斯（Charles Wilkes）所主導的探險活動（見探險選錄第15及16）。

❷ 成立於1830年的英國「皇家地理學會（Royal Geographical Society, RGS）」尤曾扮演積極的參與角色，它是1個國家與國際地理研究、資訊與探查中心。

❸ 今日西班牙有1個南極夏日研究站因其為名（見第289頁）。

❹ 1998年6月，在英國發現了葡萄牙人於1847年所出版，1份紐西蘭奧克蘭市西北的凱葩拉（Kaipara）港附近的海圖，這說明了葡萄牙人比荷蘭人更早抵達紐國，推翻了過去的認知。

❺ 據說它是法國人葛納維爾（Binot Paulmyer de Gonneville）在 16 世紀的 1 次海上探險中，於熱帶南洋所發現的 1 塊富足陸地。

❻ 它係附近亞南極島嶼的特產，是 1 種可食用、會開花的野生蔬菜，富多元胺（Polyamine），爲早期探險者補充維生素 C 的良好來源。

❼ 更早發現並登陸南極半島的應是在雪特蘭群島附近活動的商業捕海豹探險隊，但無正式紀錄。最早有紀錄的登陸者是 1821 年 2 月 7 日的美國人戴維斯（John Davis, 1784 – ?），其位置在 64° 13' S, 61° 20' W 的休斯灣（Hughes Bay），以及英國瑪克法蓮（John McFaralene）船長的捕海豹隊同年但不知月日的登陸。

❽ 從那個時候開始，美國出版的南極地圖原本將整個南極半島稱為帕瑪領地，到 1964 年才改為其南半部。

❾ 南森係知名的挪威北極探險家，其在 1882、1888 及 1893/96 年間多次曾空前地抵達 86° 14' N；後來當過該國總理，他也是 1922 及 1938 年諾貝爾和平獎得主。

❿ 它們是第二批使用於南極地區的蒸氣船，第一艘為 1873/74 年德國杜曼（Eduard Dallmann, 1830 – 1896）船長所使用的格陵蘭號（Grönland），他做了許多地理發現，尤其是在南極半島北端西岸位於恩弗思島、溫克爾（Wienckle）島及杜莫（Doumer）島之間知名的「諾伊邁亞海峽（Neumayer Channel）」為今日取道南美洲的南極船遊必探訪者。

⓫ 弗因在 1864 年發明了「捕鯨叉炮（Harpoon Gun）」，其魚叉前頭內藏有火藥，會在被擊中之獵物體內引爆，是獵捕鰭鯨、藍鯨及塞鯨的利器。

⓬ 包括布爾、博克格雷溫克和紐國的少年水手童哲曼（Alexader Francis Henry von Tunzelman, 1877 – 1957）均宣稱自己是第一個登陸者，後 2 人宣稱是其先跳下船穩住小艇後布爾才下船。

⓭ 他們分別是其國家首位參與南極活動者，今日羅馬尼亞及波蘭的南極研究站即分別以其為名（見第 290 及 285 頁）。

⑭ 庫克曾在 1891/92 及 1893/95 年間與皮爾利（Robert Edwin Peary, 1856 – 1920）共同做 3 次北極探險，其宣稱分別在 1908 年 4 月 21 日及 1909 年 4 月 6 日抵達北極點，而前者為人類首位，不過兩者都不被認定。

⑮ 包含此次在內，雪可頓共參與 4 次南極探險活動，後續 3 次是由他主導（見探險選錄第 28、35 及 36）。

⑯ 索布羅是該國首位參與南極活動者，該國今有 1 個夏日研究站以其為名，而今已關閉。

⑰ 其後被改裝成水上博物館，停泊於首府布宜諾斯愛麗斯的馬德洛（Puerto Madero）港區。

⑱ 老夏科於 1862 年首創神經科臨床治療，**爲世界神經科臨床治療學之父**。

⑲ 它是**全球最古老的地理學會**，成立於 1821 年。

⑳ 後在 1911 至 1931 年間曾為捕鯨站、二次大戰中成為英國軍事基地及其研究站至 1962 年，現由英國在夏天運作 1 座博物館與郵局，**爲當今重要的南極船遊景點**。

㉑ 其妻是法國大文豪雨果（Victor Hugo, 1802 – 1885）的孫女，反對他進行海上探險活動。

㉒ 墨生後來參與了 2 次南極探險活動（見探險選錄第 34 及 39）。

㉓ 懷爾德共涉入 1901/04 史考特(1)、1907/09 雪可頓(1)、1911/14 年澳洲墨生(1)及 1914/17 雪可頓(2)等 4 次南極探險活動（分別見探險選錄第 23、28、34 及 35）。

㉔ 哈斯基狗的肝臟含有豐富的維生素 A，但食用過量會中毒。

㉕ 海上活動原本就有團隊服從規則，極地的自然條件更嚴苛，使各種南極活動需類軍事化運作。

第十一章

近代的南極探險活動

近代科技的應用及二戰後南極政治學思維的興起，巨大地改變了南極的活動型態與頻率，台灣的南極漁業科學研究也湊了一腳。

圖片來源／企鵝先生

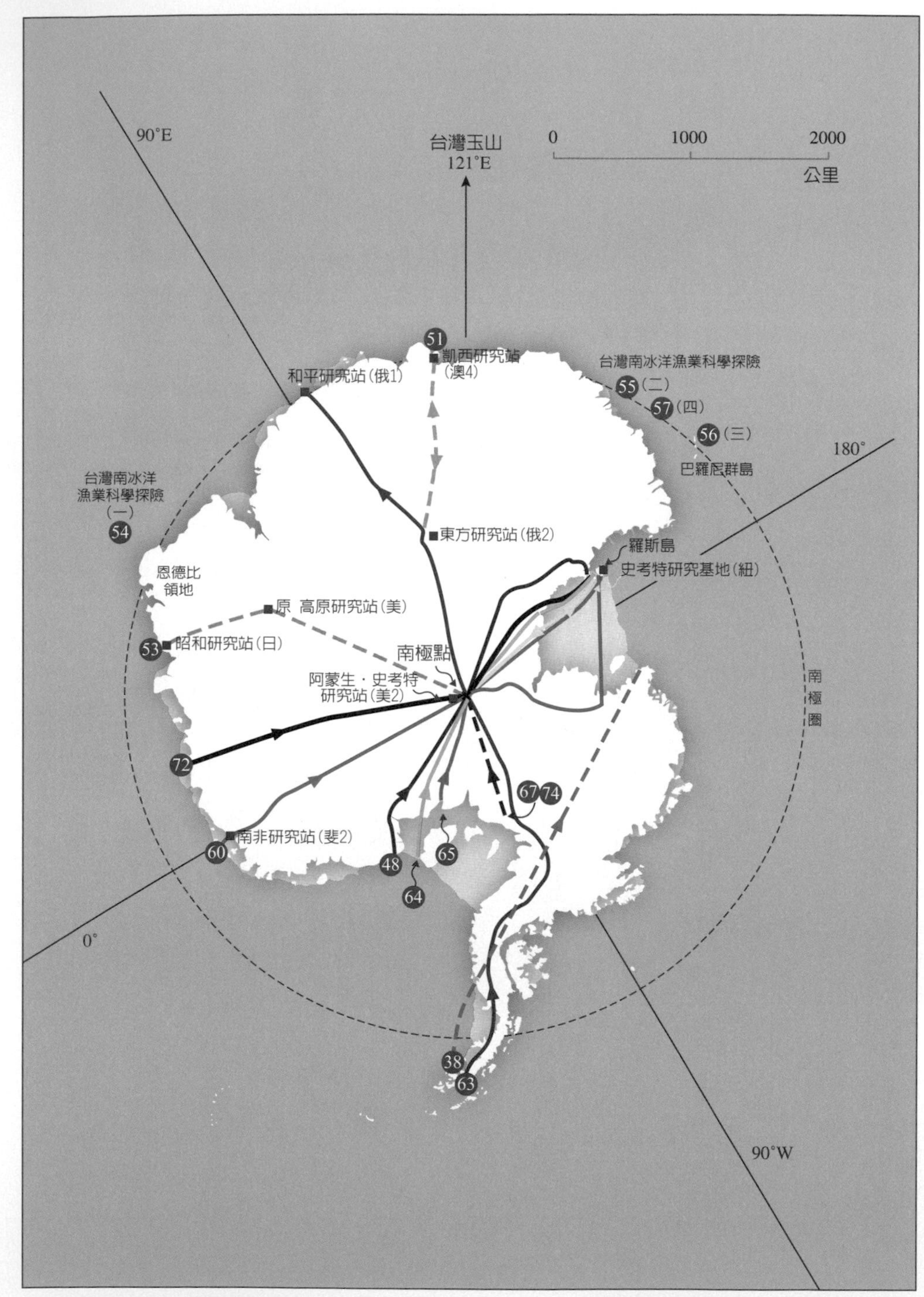

(藍色圓形標號表示探選選錄代號)

近代的南極探險活動特色

花去阿蒙生等人 3 個月來回，甚至吞噬掉史考特等人 5 條性命的南極點陸上探險，使用航空器的博德（見探險選錄第 38）在不到 20 個小時內完成（當然意義不同）。新科技的應用和經濟利益的驅使，尤其二次大戰後因冷戰所激化的「南極政治學（Antarctic Politics）」思維之興起（見第十三章），促使各國轉由官方主導南極活動，且制度性地設立了南極事務專屬機構。「**1957/58 國際地球物理年（IGY）」活動之適時舉辦**（見第 252 頁）**成爲南極活動史的分水嶺**，參與的國家數目與活動頻率都遽增，南極科學研究基地也紛紛被建立，南極活動的主要型態轉變爲官辦、固定常駐的「國家南極科學研究探險（National Antarctic Research Expedition, NARE）」。

近代的南極探險活動選錄

本選錄中少數仍屬「英雄世紀（Heroic Era）」的私人模式，其他大都屬官方機構運作者，包括**台灣的 4 個漁業科學探險活動**，最後一個屬於具有代表性的非政府組織（NGO）。

37·1928/29 年・澳洲・維爾京斯

澳洲攝影家及飛行員維爾京斯（George Hubert Wilkins, 1888 – 1958）曾參與 1913/17 年加拿大的北極探險及 2 次南極探險活動，分別是 1914/17 年大英帝國南極探險隊（見探險選錄第 35）和 1921/22 年雪可頓的第三次探險隊（見探險選錄第 36）。1928 年初，在以單翼飛機完成 3,380 公里的「飛越北冰洋空中探險活動」❶後，他順利得到包括美國地理學會（American Geographical Society）、澳洲的商界及美國媒體的資助，以推動其「南極空中探險活動」。

同年 9 月 28 日，維爾京斯搭乘捕鯨船前往南極半島北端的南雪特蘭群島當中位於夢幻島的捕鯨站。隨行有原北極飛行員愛爾森（Carl Ben Eielson, 1897 – 1929）、另一位飛行員、機械師及無線電操作員及美製最新的洛克希德（Lockheed）之織女星式（Vega）單翼飛機 2 架，其中一架是原作北極飛行的洛杉磯號（Los Angeles）。

11 月 16 日，他們順利升空做了 20 分鐘的嘗試飛行，這是人類在南極地區的首次動力航空器飛行。12 月 20 日，他們曾沿南極半島東岸飛抵 71° 20' S——約到其中央附近——後折返。這是 1 趟來回 11 個小時、航程約 2,100 公里，人類首度飛越南極圈及遠距離的南極飛行。他們並首度做了南極大陸的空中照相，這亦是人類第一次自空中發現及探勘新的南極陸地。次年 1 月 10 日，維爾京斯等又做了一趟約 800 公里的航程後返回美國。

該年 9 月，他重返並轉移陣地到其他島嶼。雖仍未能找到理想的起降地點，但續奮力地做了許多較短程的飛行。他曾南達 73° S 做空中勘查、發現甚至製作空照圖，並使用無線電報做通訊聯絡。

經過 2 個季節的努力，維爾京斯證明了在南極地區廣泛地使用飛機的可行性，而開創了南極空中探險的新紀元。

38．1928/30 及 1933/35 年．美國．博德（1）

1925 年，海軍飛行員博德（Richard Evelyn Byrd, 1888 – 1957）曾參與美國在北極格陵蘭的空中探險活動。1926 年 5 月 9 日，他聲稱完成了受質疑的「橫越北極點飛行」。當維爾京斯在籌劃他的南極空中探險活動時，他也在積極地籌備此「第一個飛抵南極點」的計劃。

包括其國家地理學會（National Geographic Society）和紐約時報均積極地資助，使其進行了空前經費最充裕的私人南極探險活動。另外，挪威的阿蒙生給了他寶貴的建議：務必有好的飛機、足夠的狗以及適當的人員隨行。

1928 年 8 月，紐約市號（The City of New York）自紐約港出發，船上有博德領軍的飛行員、機械師、攝影師、科學家及媒體人員等

50多人，還有較大型的1部福特三引擎式（Ford Trimotor）機的班尼特號（Floyd Bennett），以及霍克（Fokker）和費爾蔡得式（Fairchild）的2部單引擎小飛機，95條狗、雪橇及機動雪橇（Snowmobile）。

▲立於紐西蘭首都的博德銅像／企鵝先生

在取道紐西蘭的但尼丁南下鯨魚灣登陸後，他們在羅斯冰棚內陸14公里處建立了1座基地名為「小美國（Little America）」。次年1月15日，博德做了第一趟飛行，發現並命名了今日的「洛克斐勒高原（Rockefeller Plateau）」，地質學家等隨即被送往現場做實地探勘。但時速160公里的強風竟將他們停飛並繫住的霍克機颳走而撞毀。後來，他們陸續做了約38萬8,300平方公里面積的空中照相製圖，又發現了今日的「瑪麗博德領地（Marie Byrd Land）」。

11月初起，1支3人的狗拉雪橇小隊在1,000公里外，位於南極縱貫山脈中充滿冰縫的毛德皇后（Queen Maud）山脈發現了煤、砂岩及1912年初阿蒙生等自南極點回程留下的東西，而博德也完成了在鄰接的亞賽海柏格冰河附近設置了中途油料補給站的任務。

11月28日，博德親任領航員，與極具飛行經驗的主飛行員挪威裔美國人巴爾陳（Bernt Balchen, 1890 – 1928）、無線電聯絡員瓊恩（Harold June）及攝影師瑪克金來（Ashley C. McKinley, 1896 – 1970）使用福特式機南飛。在丟棄了約110公斤的食物及空油箱以減輕重量後，巴爾陳奮力突破低溫與空氣稀薄致動力不足而不易拉抬高度的困難，以只有數公尺的高度差距驚險地飛越了南極縱貫山脈。

接續在良好的天候及領航下，他們於次日凌晨 1 時 14 分飛抵了南極點。在無著陸地盤旋 11 分鐘後返航，經中途加油，後於 10 時 10 分安返小美國基地而完成了前後 18 小時 41 分，**首度的南極點來回飛行**。

1930 年 6 月 19 日，博德回到紐約受到萬人空巷的歡迎，並接受其總統胡佛（Herbert Clark Hoover）所頒授的金質獎章。

在 1933/35 年間，他又主導了另一次私人南極探險活動，曾配合第二個國際極地年（IPY）科學研究活動（見第 252 頁），而在小美國基地以南約 230 公里處設立**第一個南極內陸研究站**，以做冬季氣象觀測。

履帶式卡車曾做**南極大陸首度的機動車輛長程活動**，博德並**曾獨自在南極過冬**——蟄居在羅斯冰棚內陸約 160 公里處、只有斗室大的小氣象觀測站內度過 1933 年的冬天，最低氣溫曾降至 –71℃，還差點因爲爐火及發電機排出的 CO 窒息而死。

博德續於 1939/41、1946/47 及 1955/56 年（分別見探險選錄第 42、44 及 49）間，被其政府徵召而領導了 3 次國家南極探險活動，共進行了 3 次橫越南極點飛行，**成爲有最多地理發現的南極探險者**。

39．1929/31 年．澳洲．墨生（2）．英國 澳洲及紐西蘭聯合探險

1929 年 10 月 19 日，澳洲人墨生率領英國、澳洲及紐西蘭的聯合探險隊自南非出發，使用的是史考特首航所用的三桅帆船探索號，目標是東南極大陸海岸。

次年 1 月，經空中偵測他們發現並命名了馬克羅伯森領地（Mac Robertson Land）❷。後與捕鯨業大亨克里斯登森（Lars Christensen）（見附錄二）旗下、由里舍拉森（Hjalmar Riiser-Larsen, 1890 – 1965）船長率領的挪威探險隊達成以 45° E 經線爲界東到 160° E 及西到 20° W，分別由他們與挪威探勘並宣佈主權的默契。

1931 年 1 月，墨生等曾重返聯邦海灣的丹尼森岬，他們發現南磁極點已移位了相當的距離，並在 5 日正式爲英國宣佈對前述

其探勘的東南極大陸之主權，後在 1933 年移轉給澳洲。其科學探究範圍涵蓋海洋、地質、氣象、動植物、製圖及地磁學……等。

40．1933/34、1934/35、1935/36 及 1938/39年．美國．愛爾斯渥斯

來自美國賓州礦業世家的愛爾斯渥斯（Lincoln Ellsworth, 1880 – 1951）工程師曾資助並參與 1926 年 5 月挪威南極探險家阿蒙生及義大利人諾拜爾（Umberto Nobile, 1885 – 1978）的「人類首次以飛船橫越北極點」活動 ❸。1930 年，愛爾斯渥斯得知博德完成南極點飛行之後，他隨即著手策劃「飛越羅斯及威德爾海域間的南極大陸」的夢想。

他聘請了有南極活動經歷的澳洲維爾京斯（見探險選錄第 37）爲其計劃經理，以及美國飛行員巴爾陳爲其主駕駛，另購買並改裝了 1 艘挪威漁船及 1 架諾斯諾普（Northrop）之有低置機翼、停機時較不怕強風吹颳、最高時速達 370 公里的加碼式（Gamma）單翼飛機極星號（Polar Star）。

1934 年 1 月，在經取道紐西蘭但尼丁後南抵羅斯冰棚的鯨魚灣。但是經過一次試飛後，次日卻發現停在浮冰上過夜的飛機因浮冰破裂下陷而受損，只好整裝回國。

該年底，愛爾斯渥斯等人轉往南極半島附近的夢幻島。但在經緊急空運零件到現場修復飛機引擎故障後，卻又因爲對善變天候之適飛性意見與巴爾陳不合而停擺。

1935 年 11 月，愛爾斯渥斯與新飛行員——加拿大的好立克肯恩（Herbert Hollick-Kenyon, 1897 – 1975）等人來到南極半島尖端的但迪（Dundee）島。22 日，他們成功地起飛，目的地爲航程 3,700 公里外的鯨魚灣。雖然在起飛不久，其無線電即發生故障而被推測可能出了意外，但實際上他們的飛行活動卻在與外界完全隔絕之下繼續進行。惡劣的天候使他們前後共降落 4 次，並曾露營長達 8 天。在最後一段的飛行途中，於距終點只有約 26 公里時竟然耗盡油料。12 月 15 日，他們在步行了 8 天之後，抵達當年博德所

使用的小美國基地。原本預期連中途加油應可在 14 小時左右完成的飛行，卻花了 22 天。

當澳洲的救難隊抵達時，愛爾斯渥斯等人已在基地呆了 1 個月，而維爾京斯隨後數日也自但迪島搭船趕到。**成爲第一個長程飛越南極大陸者的夢想終於實現**，愛爾斯渥斯等人回國後亦受到英雄式的歡迎。

1938/39 年的夏日，他又與維爾京斯遠到東南極大陸的恩德比及伊麗莎白公主領地附近活動。

今日大陸南極與南極半島接壤處即被取名爲「愛爾斯渥斯領地（Ellsworth Land）」，並有 1 座「愛爾斯渥斯山脈（Ellsworth Mts）」，而附近也有 1 座「好立克肯恩高原（Hollick-Kenyon Plateau）」。他是繼法國夏科（見探選選錄第 27/29）和挪威的克里斯登森等人同列**富人親身參與南極探險活動的典範**。

41‧1938/39 年‧德國‧理哲‧國家南極探險

在捕鯨業者渴望進一步了解南極大陸的催促聲，以及擴張主權的政治意圖之下，納粹德國於 1938 年初醞釀了 1 個南極探險計劃，目標是探勘挪威宣稱對其擁有主權的毛德皇后領地。12 月 17 日，在德國航空公司配合提供海空裝備的支援下，有北極經驗的里哲（Alfred Ritscher, 1879 – 1963）船長率領了 1 艘 8,488 公噸的巨型飛行支援母艦❹史瓦班蘭號（Schwabenland）載運 2 架配備空中攝影裝備的水上飛機、2 部飛船——**首度出現在南極**——以及人員組成了**第一支現代化的國家南極探險隊南下**。

次年 1 月 14 日，挪威國會正式通過對毛德皇后領地的兼併，但德國不予承認❺，而自 20 日起在該領地上 20° E 和 10° W 經線間的內陸做全面有系統的空中攝影，並向地面首度發射**宣示主權的標樁**，定名爲「新史瓦班領地（Neuschwabenland）」，以及包括標本搜集、攝影及地理探勘等陸上活動。他們發現了 1 處有溫泉及植被、後以其飛行員爲名的「秀瑪賀無冰地區（Schirmacher

Oasis)」（見第 45 頁），其爲今日印度的麥特立（Maitri）（見第 285 頁）及俄羅斯的新拉扎列夫（Novolazarevskaya）研究站（見第 283 頁）之所在。

彩色立體攝影術首度在南極被使用，此行於 4 月 10 日返國後結束。因第二次世界大戰爆發，致使後續擴及軍事用途的計畫與活動被取消。

42・1939/41 年・美國・博德（2）・國家南極探險

1939 年，美國國會通過設立了「美國南極事務（US Antarctic Service, USAS）」爲其專屬南極事務機構，已晉昇少將的前南極探險者博德在 1 個由官方與民間共同資援之現代美國國家南極探險計劃中，被任命爲總指揮。

11 月 25 日，羅斯福（F. D. Roosevelt）總統下達了行動命令。博德與挪威裔的菲恩儂尼（Finn Ronne, 1899 – 1980）船長（見探選選錄第 46）率領包括陸海軍的輕型坦克、飛機及艦艇——**首度在南極地區出現之近代軍事裝備**——及總數 125 位的軍職與非軍職人員。該探險隊分別在南極半島西岸的史東寧頓（Stonington）島和鯨魚灣附近的羅斯冰棚上建立了「東基地（East Base）」和「西基地（West Base）」。

在 1941 年 3 月活動結束之前，他們分頭在前述基地間的海岸地區進行陸上及空中探勘活動，各種科學研究包括氣象、宇宙光、生物、水文及地質等項目亦紛紛展開，且極爲豐收。

43・1943/45 年・英國・瑪爾・塔巴林行動（Operation Tabarin）

這是在第二次世界大戰期間，英國所進行的帶有戰略考量的南極活動，其目的在因應德國於 1938/39 年的南極活動（見探險選錄第 41）、在南大西洋的潛艇活動，以及將南極半島尖端西側之夢幻島用作軍事用途，並與阿根廷共同控制德瑞克海峽的可能企圖，還有日本可能攻取福克蘭群島，以及配合戰後美國在南極大陸的可能佈局等。

領導者是有 2 次南極活動經歷的瑪爾中尉（James W. S. Marr, 1902

– 1965），使用 2 艘艦艇。1944 年 2 月間，他們分別在夢幻島上原挪威的補鯨站旁、溫克爾島上的洛克萊港（Port Lockroy）（見第 163 頁）和南極半島尖端的希望灣（Hope Bay）設立了英國第一批南極基地，其具軍事及科學研究用途。

英國同時**首創發行其南極活動郵票**，以強化其在 1908 年所作的南極領地之主權宣示，對抗和其重疊的阿根廷及智利的南極領地主權宣示。

44・1946/47年・美國・博德（3）・跳高行動（Operation Highjump）

1946 年，挾著第二次世界大戰勝利的餘威，以及許多新科技的開發應用，面對東西冷戰的世界新秩序，美國現代海軍以南極大陸為場地，籌劃了這個以「美國海軍南極開發計劃（US Navy Antarctic Development Project）」為名的空前大型之海空聯合軍事演習，進行了**空前絕後最大規模的南極海陸空調查探險活動**。

博德少將再度擔任總指揮，統領包括 123 艘艦艇、23 架飛機、10 部大型履帶車及 4,700 位三軍人員，使得**南極地區首度出現了直升飛機、破冰船、潛水艇、航空母艦及雷達等現代化裝備**。

次年 1 月 14 日，在抵達羅斯海域的鯨魚灣後分成 3 隊，東向特遣隊負責該處到南極半島、西向特遣隊負責該處到約 0°經線，而中部特遣隊則負責在羅斯冰棚建立基地，以及其附近與南極點間地區。

他們拍攝了 7 萬張空照圖，涵蓋南極大陸約達 70% 的海岸線（其中有 1/4 為人類首度探訪），和約 385 萬平方公里的海岸及內陸面積；海軍上尉邦格（David E. Bunger）所率領的偵察飛行，在今日俄國的和平（Mirny）研究站（見第 282 頁）附近發現一個無冰地區，後被以其名之為「邦格嶺（Bunger Hills）」（見第 45 頁）。另，包括磁力、地質及生物等許多科學研究也相繼展開。

隊員中，來自羅馬天主教會的門斯特（William J. Menster, 1913 – 2007）神父**成為首位涉足南極大陸，並主持宗教活動的神職人員**。

該特遣隊在2月底取道紐西蘭撤離。

45·1946年·智利·拖羅·國家南極探險

1947年1月，拖羅（Frederick Guezalaga Toro）船長率伊基克（Iquique）與安加莫斯號（Angamos）自瓦爾帕萊索（Valparaiso）港南下，載有200名人員及沃特西科斯基（Vought Sikorsky）直昇機，開啓了智利第一個國家南極探險活動，目標是在南雪特蘭群島的格林威治（Greenwich）島設立其第一個南極科學研究站普拉特（Arturo Prat）（見第280頁）。

其308號空軍飛機也首航南極，包括來自三軍、外交部、教育界、科學研究、技術、媒體、平民等人員，再加上阿根廷觀察員與會參加該站於2月6日的啓用典禮，並寄出印有「智利南極領地（Chilean Antarctic Territory）」字樣的郵封信函。

46·1947/48年·美國·儂尼

這是由挪威裔美國海軍船長菲恩儂尼（Finn Ronne, 1899 – 1980）所主導的計畫，極有限的經費主要來自其國家地理學會和小部分的公部門資助，是美國最後一個屬於英雄世紀的私人南極探險活動。其父曾參與1910/12年阿蒙生的南極點探險，且父子曾共同參與1928/30年博德的首次南極探險，而儂尼又參與了1939/41年博德的第三次南極探險活動（分別見探險選錄第30/38/42）。

他所使用的是1,200噸木質船身的博蒙港（Port of Beaumont）號，裝載21位人員、狗及3部空軍所提供的飛機，包括必其克拉夫（Beechcraft C-45）、諾斯曼（Norseman C-64）及史丁生（Stinson L-5）。1947年1月27日自德州的博蒙特港啓程，並首次有童子軍2名隨行。

他們以南極半島西側的史東寧頓島上、由1939/41年博德的探險隊所設立的東基地爲活動基地，進行了共346小時的空中飛行，涵蓋帕瑪領地、亞歷山大島及位於威德爾海域的菲爾希納冰棚，和後來以其同行、爲歷史學者兼記者之妻儂尼愛迪絲

（Edith A. M. Ronne, 1919 – ）之名所命名的「儂尼冰棚（Ronne Ice Shelf）」之海岸。活動包括地理調查、製圖、運送陸上工作人員與狗拉雪橇隊等，他們拍攝了 1 萬 4 千張空照圖，發現了「博克諾島（Berkner Island）」（見第 117 頁），並進行涵蓋地質、冰河、日光、水文、地震及宇宙線等項目的科學探究，其中地震學家湯普生（Andy Thompson）做了**南極第一次地震偵測記錄**。

愛迪絲與 1 位飛行員之妻珍妮（Jenny Darlington）曾和其他隊員於南極半島西岸的史東寧頓（Stonington）島上的東基地度過 15 個月，而同爲最早於南極過冬的婦女，該活動在次年 2 月結束。儂尼後來參與了 1955/56 及 1956/57 年的冷凍行動（見探險選錄第 49），並曾與其妻在 1971 年初探訪南極點，並出席阿蒙生南極點探險活動的 60 週年慶。

47‧1949/52 年‧挪威‧施里弗‧挪威、英國、澳洲、加拿大及瑞典聯合南極科學探險

這是由挪威主導的**第一個多國南極科學聯合探險活動**，跨越 2 個南極冬季，領隊是其空軍上校施里弗（John Schjelderup Giaever, 1901 – 1970）；包括奧斯特（Auster）輕型飛機、鼬鼠式（Wiesel）履帶車、狗拉雪橇及瑞典製組合屋等 450 噸裝備及補給品，由 2 艘船舶從挪威經南非的開普頓港運到毛德皇后領地。

除了地理探查及製圖之外，挪威、英國、澳洲、加拿大及瑞典等國的科學人員涉入廣泛的科學調查，包括氣象、地形、地質、地震及冰河學等，主題是氣候變遷的探究。最長的內陸出勤曾連續達 80 天，收集了大量的標本與數據。澳洲曾派專人到現場去觀摩，甚至購回 2 部飛機及 1 組合屋，有助於他們在 1954 年初建造墨生（Mawson）研究站（見第 279 頁），該屋在研究站中被名爲「鼻斯可木屋（Biscoe Hut, 1955）」，至今不但建物完好，包括組合說明及圖示等文件都被妥善保存。

雖有意外發生導致人員與物資等損失，但該科學活動的跨國

合作運作極爲成功，而成爲現代南極科學研究活動常以國際合作型態進行的先河。

48·1955/58 年·英國·福賀斯·英國、澳洲、紐西蘭與南非橫越南極大陸探險

英國地質學家福賀斯（Vivian Fuchs, 1908 – 1999）在 1953 年初發起了本計畫，得到英國、澳洲、紐西蘭與南非等政府，以及其王室與各界的資助，紐國更配合投入以開啓其國家南極科學研究計畫。

1955 年 11 月，福賀斯領軍的探險隊自倫敦南下。他留下 8 人在菲爾希納冰棚上建造基地及過冬後北返，次年 12 月攜補給品重返。完成路徑勘查和補給點的設置後，一起度過了 1957 年的冬天。

1957 年 1 月 3 日，由紐國的名登山家希洛里（Edmund Hillary, 1919 – 2008）❻ 率領的隊伍抵達了羅斯島。完成了其史考特南極研究基地（Scott Base）（見第 284 頁）的建造與啓用後，在那裡過冬。

10 月 4 日，福賀斯等 12 人使用 4 部配備有暖氣駕駛室的巨型雪貓式（Sno-cat）履帶雪車向南極點推進，並沿途收集地震與重力學資訊。10 天後，希洛里率領 3 部配備橡皮履帶的復古松（Ferguson）農用曳引機南下。福賀斯等人因遇許多冰縫而延誤行程；但希洛里卻在完成了原預定至極地高原的探勘及補給點的安置後，未依活動計畫回頭而繼續南下 ❼，並在次年 1 月 3 日領先抵達了南極點新成立的美國阿蒙生 · 史考特研究站（Amundsen-Scott Station）（見下一探險選錄），搶先成爲南極活動史上第三位自陸路抵達南極點者，也是首度以開敞式動力車輛抵達南極點的人。19 日，福賀斯等終於抵達而成爲首度以有駕駛室的動力車輛開抵南極點的人。5 天後，他們上路而在 3 月 2 日抵達羅斯島。

輕型飛機、狗拉雪橇及美國探險隊的協助，對地形偵察、補給及機具故障支援等提供了助益，福賀斯順利完成了里程約 3,470 公里、爲時 99 天之人類首次橫越南極大陸的壯舉。

▲雪貓履帶車 / 企鵝先生 · Canterbury Museum, NZ

▲希洛里、福賀斯及杜非克等在南極點 / Canterbury Museum, NZZ

49·1955/56 及 1956/57 年．美國．博德(4)．冷凍行動(Operation Deepfreeze)

爲因應 1957/58 國際地球物理年活動，美國開啓了「冷凍行動」，目標是在南極大陸 5 個不同地點各建立 1 個科學研究基地，包括位於南極點、羅斯島、博德領地、威爾克斯領地以及菲爾希納冰棚等，負責人是已昇任將軍的博德。

1955/56 年夏日，該計畫動用了 7 艘船隻（包括 3 艘破冰船）及 1,800 位工作人員，在 1956 年初於羅斯島完成了「麥可墨得研究站（McMurdo Station）」（見第 284 頁），並建造可供大型飛機起降以轉運物資裝備到南極點的跑道。

在 1956 年 10 月 31 日，他們完成了位於皮爾德摩冰河附近的中繼補給站部署，而於當天 20 時 34 分由杜非克（George Dufek, 1903 – 1977）將軍率領繼 1912 年 1 月史考特之後的第一批人員，搭乘 C – 47 運輸機飛抵了南極點，其他人員及超過 760 公噸的物資也陸續經 84 航次的空運而抵達現場。

1957 年 3 月 1 日，經大舉動用 12 艘船隻及 3,400 位工作人員之後，**在地球最南位置的「阿蒙生·史考特（Amundsen-Scott）研究站」終於被建造完成**（見第 284 頁），接著有 18 位人員**在南極點過第一個冬天**。

另，位於博德領地的「博德研究站（Byrd Station）」❽，位於威爾克斯領地的「威爾克斯研究站（Wilkes Station）」❾，以及位於菲爾希納冰棚的「愛爾斯渥斯研究站（Ellsworth Station）」❿ 也相繼被建造完成後啓用。

50·1955/57、1956/58、1957/59 及 1958/60 年．蘇聯．所摩夫等．極地高原探險

當時的蘇聯亦積極地展現對南極的企圖，推出其一連串的現代南極活動。第一個活動由海洋學家所摩夫（Mikhail M. Somov, 1908 - 1973）領軍，於 1955 年 11 月 30 日，由其位於波羅地海的卡立寧

格勒（Kaliningrad）港南下，動用 2 艘破冰船及 1 艘運輸船，探險隊員（不含船員）有 127 人。

次年 2 月 13 日，他們在瑪麗女王領地（Queen Mary Land）海岸啓用了和平（Mirny）研究站，成爲其他南極活動或研究站的前進基地或運補站。

在後續 3 個由不同人領軍的活動中，該計畫動用更多人力物力，展現了他們在高海拔、極惡劣的自然條件及補給與救難不易的極地高原內陸的行動能力，**首次使用履帶車拖拉的雪橇列車（Tractor Towed Sledge Train）做數千公里、荷重達百公噸的長程運輸**，使得現今位於地磁南極點的東方（Vostok）研究站（見第 282 頁）於 1957 年 12 月 16 日，以及今日已關閉的蘇聯（Sovetskaya）、綠洲（Oasis）⓫ 等研究站，包括其他數個通信及氣象站陸續被成立。

在第四個活動中，他們進行了自和平研究站經東方研究站和南極點的美國阿蒙生 · 史考特研究站之間來回，約 4,200 公里的陸上科學研究探險活動。

▲Kharkovchanka 履帶車 / Vladimir Evseev, AARI, Russia

其展開的地球科學研究包括海洋、地磁、地形、氣象與冰河等項目，而研究站啓用後也即全年運作。

之後，蘇聯接續以 1 次活動涵蓋 2 個南極夏季且前後重疊的模式，連續密集地運作直到 1989/91 年，而自 1991/92 年起，轉爲 1 個活動涵蓋 1 個南極夏季。在 1956 到 1964 年間的活動中，其地質學家卡皮查（Audrey Kapitsa, 1931 – 2011）曾使用地震探測技術，發現了位於冰帽下知名的東方湖（見第 58 頁）。

51·1962/63 年・澳洲・湯遜・極地高原探險

1962 年 9 月 17 日，在澳洲威爾克斯研究站站長、紐西蘭人湯遜（Robert Thomson）的率領下，一行 6 人駕駛 4 部履帶車出發。目標是來回位於極地高原深處、曾被短暫使用而已在 1957 年 12 月關閉的俄國東方 1 號研究站。

9 月是那裡最冷的月份，在歷經陣風時速超過 180 公里的南極狂風，加上風凍效應、南極大風雪、白化現象、徒手在低溫下修理機械故障⓬和每天出發前曾花費長達 7 小時以清除車輛上覆蓋的積雪、引擎預熱、發動再熱車後始能上路等艱難，花了 1 個月才推進了約 490 公里。在 10 月底，他們遭遇此行最低的氣溫 –56.6℃；另在高 2.13 公尺的臥車內上下曾有 51.5℃的溫差紀錄——上面 21.1℃，地板 –34.4℃。

在美國麥可墨得研究站提供補給支援之下，他們終於在 11 月 17 日抵達了海拔約 3,500 公尺的目的地。在那遙遠、寒冷的「孤城」停留了 1 週後，於 11 月 25 日踏上回程。

次日，他們曾停留做深達約 73 公尺的冰帽鑽探，並進行相關研究與資料搜集。次年 1 月 14 日，他們完成了這趟爲時 120 天、全程約 2,900 公里的極地高原來回之旅。

52·1965 年・阿根廷・李爾・行動 90（Operation 90）

1965 年 10 月 26 日，陸軍上校李爾（Jorge E. Leal）率領阿根廷

▲2006年動態展示之雪貓式履帶車 / Pablo D. Flores, Agentina · Wikipedia

第一個南極點陸上探險隊，自其位於威德爾海域方位的貝爾格拉諾將軍（General Belgrano）科學研究站（見第 278 頁）啓程，此行除了強化其「阿根廷南極領地（Argentine Antarctica）」的主權宣示之外，也進行包括地質、重力及氣象等科學研究，以及極地活動技能的演練。

隨行有 10 位士兵、狗、6 部雪貓式履帶車及 82 個雪橇等，冰浪、冰縫及南極大風雪使進度緩慢，11 月 4 日抵達基羅（Gustavus Giro）船長於 3 月中率團於 82° S 所佈署的、有 50 噸物資的中繼站。逐步推進過了 88° S，竟出現更多冰浪且達車身高度，12 月 8 日登上海拔 2,645 公尺的極地高原後進入坦途，而在 10 日抵達南極點。15 日踏上歸程，31 日返抵原處。

53·1968/69 年・日本・村山・極地高原探險

這是日本在 1965 年重開其昭和（Syowa）研究站（見第 284 頁）後，第一個大型的地理及科學探險活動。

1968 年 9 月 28 日，在經過 2 季的準備後，站長村山（M. Murayama）率領了特別建造的履帶車 4 部，拖行 45 噸裝備沿 43° E 經線南下，隨行包括前述車輛之設計師等 11 人。

雖然時值初春，但天候仍差（南極點的氣溫報告仍在 –70°C以下），加上爬坡故進度緩慢。在推進到海拔 3,000 公尺以上時，他們已感覺呼吸困難，車輛也排放黑煙而馬力不足。3 部 4 噸重的雪橇與守車相繼在冰浪堅硬、起伏表面的顛坡之下故障，另一部車輛的渦輪增壓器損壞而相繼被棄置。在路經位於 3,624 公尺之最高海拔、當時即將關閉的美國高原（Plateau）研究站⑬補給後繼續上路，終於 11 月 12 日抵達南極點。

他們在阿蒙生・史考特研究站受到盛大的歡迎，其製作的日式鐵板燒與美國的聖誕大餐讓賓主盡歡。在交換禮物與聖誕同樂等國際交誼與補給（包括自日本經紐西蘭空運到現場的機械零件）之後，他們在 12 月 25 日踏上歸程。次年 1 月 15 日返抵昭和研究站，而完成了約 4,000 公里的旅程。

他們在途中的科學研究包括：每 4 公里做海拔測量、每 8 公里做重力及大自然超低頻波測量、每 24 公里做地磁觀測、每天中午做天文觀測、每 50 公里做鑽冰取樣、每 100 公里做冰帽厚度測量，還有包括醫學研究、氣象觀測，及車輛從燃油消耗到故障的性能分析等，均經過極詳細的紀錄而做成 279 頁的研究報告。

54・1976/77 年・台灣・李燦然・南極漁業科學研究探險（1）

1976 年 12 月 2 日，在台灣水產試驗所所長鄧火土博士所主持的「南極蝦漁業技術及漁場資源開發計劃」下，陳長江船長率領 24 位船員，駕駛 56.6 公尺、711.5 公噸、才下水 1 年多的國造漁業研究船海功號自基隆港啓程南下，而開啓了**第一個台灣南極漁業科學研究探險活動**。隨行有該所的戚桐欣、王敏昌、陳聰松及陳忠信、漁業局的張明添和海洋大學的鄭達雄等漁業科學研究員，還有《中國時報》紀者蔡篤勝。

▲退役的海功號（1997）/ 企鵝先生

▲南冰洋上的研究作業 / 王敏昌．台灣水產試驗所

12月28日，他們在南非與搭機而至的探險隊長李燦然、陳茂松、曾文陽和農業發展委員會的盧向志等專家，以及中央通訊社的胡家駒、《聯合報》記者呂一鳴等人會合。由於當年正値軍事獨裁者蔣介石的代表在1971年聯合國的2758號決議文中被逐出（Expelled）所有聯合國組織[14] 5週年，具國民黨官身份的胡家駒希望能到南極大陸插中華民國國旗，但被南非當局認定為不可能。因為海功號除了缺乏極地航行的相關設備之外，其他如氣象資料的取得與安排、船員的極地航行經驗亦闕如，加上該船又非「極地級（Polar Class）」（見第315頁）船舶、不具破冰能力，所以根本無法靠岸。但經緊急加裝設備及整補後，該船仍於次年1月5日自開普敦港南下。經南非船隻護航數天後，他們乃獨自在極端洶險的南冰洋「著實冒險地」[15]奮力作業了44天。於首度捕獲南極蝦後，在1月14日繼續推進到東南極大陸的恩德比領地近海，進行包括南極蝦捕撈與其生態、捕撈技術及處理、海洋及氣象資料蒐集和漁場開發等相關研究。2月7日，在抵達接近南極圈之65° 47. 8' S, 58° 2' E的最南位置後，經開普敦回航。

其在3月26日安返基隆港，獲致全程89天、超過2萬浬航程並捕獲136公噸南極蝦的成果，及完成秘密任務[16]。**這是第一個台灣南極海上探險隊，而海功號則為第一艘進入南極海域的台灣船舶。**

55．1977/78年．台灣．魏樹薈．南極漁業科學研究探險（2）

1977年12月17日，由魏樹薈擔任探險隊長，率領戚桐欣船長及范國銓、王敏昌、黃士宗、陳世欽、吳全橙和王文亮等漁業科學研究員，取道紐西蘭再度以海功號南下。

他們抵達東南極大陸喬治五世領地（Geroge V Land）外海，除了因天候惡劣而漂流了6天之外，仍奮力進行南極蝦漁撈相關研究作業，也曾在紐西蘭之東南海域做漁場開發調查。

次年4月5日，他們安返基隆港而結束了全程120天的南極漁業研究探險活動。

56·1981/82 年 · 台灣 · 黃國 · 南極漁業科學研究探險(3)

1981 年 11 月 19 日，以黃國船長爲首的航海人員再度駕海功號取道紐西蘭南下，隨團有其蘇偉成、秦紹生、吳全橙、劉振鄉、鄭溪潭、王敏昌及台灣大學漁業生物研究所的童逸修與胡霑金等漁業科學研究員。

他們先在紐西蘭東方海域做魷魚漁場調查，而後橫越南冰洋深入到喬治五世領地外海的巴羅尼群島附近，進行南極蝦漁撈及相關科學研究。**這是首度深入至南極圈的台灣南極海上探險隊，也是我國首次接近知名的羅斯海域及最南緯度紀錄——67° S——的航行。**

該活動在次年 4 月 23 日其安返國門後結束，全程爲時 156 天、**我國史上最長的南極海上探險活動。**

57·1984/85 年 · 台灣 · 廖學耕 · 南極漁業科學研究探險(4)

1984 年 11 月 7 日，由廖學耕率領張士軒、簡春譚及彭昌洋等漁業科學研究員，以及以呂方國船長爲首的航海人員再度以海功號南下，同樣取道紐西蘭。

他們先在澳洲東岸外的漁場做調查，再橫越南冰洋至喬治五世領地附近海域做南極蝦捕撈及漁業科學研究，回程再於紐西蘭的亞南極海域做漁場開發調查。

次年 4 月 5 日，在團隊返抵基隆港後，結束了這個海功號爲期共 150 天的最後一趟南極之行。

58·1987/88 年 · 國際綠色和平組織 · 世界公園運動南極探險

爲避免南極採礦造成世界環境甚至引發戰爭之浩劫，國際綠色和平組織（Greenpeace Int' l）積極響應「南極世界公園（Antarctic World Park）運動」（見第 246 頁），其策略爲：前往羅斯島上南極最大的麥

▲世界公園運動基地 / Mike Midgley・國際綠色和平組織

可墨得研究站旁，設立並乾淨運作 1 座基地，除了利於監督各國遵守南極公約（Antarctic Treaty）（見第 241 頁）以乾淨的方式運作其研究站之外，並尊重南極地區極為脆弱的生態環境與其對全球環境的重要影響機制，從而配合其他環保組織及輿論以達成運動目標。

1987 年 1 月 6 日，1 艘 897 噸的綠色和平號載著 15 位科學家、相關人員及 2 位媒體記者自紐西蘭之基督城南下，10 日後安抵羅斯島。

在謹慎地選擇了地點後，他們即著手建造一個長 16.6 公尺、寬 6.25 公尺的木屋——迷你的「世界公園基地（WPB）」。同時，另一批人員即去探訪鄰近的美國麥可墨得及紐西蘭史考特基地附近綽號為「鋼鐵棲息地（Steel Colony）」——一個嚴重違反南極公約，而在海上浮冰上堆置著汽車及有毒電池等各種廢棄物的大垃圾場，正等待浮冰裂解而將廢棄物沒入海底。當中有標示著紐西蘭南極研究計劃（NZAP）字樣及標誌的廢汽車，與旁邊其科學家正在進行冰雪污染取樣的照片被拍攝之後，就被傳送到紐西蘭的媒體發表。

經過折衝，他們進入麥可墨得與史考特研究站檢視其廢物（包括前者已拆除的核電廠遺址）及污水處理情況，並做污染標本取樣及意見交換。2 月中，留下 4 位過冬人員後，他們一行沿途探訪了剛建造完成的義大利之新星（Terra Nova）（見第 287 頁）、已關閉的美紐共用之哈利特岬（Cape Hallet）、正在建造飛機跑道而嚴重危害生態環境的法國迪維爾（見第 282 頁）以及澳洲的瑪奎麗（見第 279 頁）等研究站，並分別作照相、污染取樣並宣示其運動宗旨。

他們在 3 月初返回紐國首都威靈頓，隨行攜回 2 個撿拾自鋼鐵棲息地，各標示著紐西蘭南極研究計劃和麥可墨得研究站字樣的標緻燃油容器。這些廢棄物被安排在媒體的攝影閃光燈之下，於國會大廈與美國駐紐國大使館前，分別公開交給紐國科學及技術部長與美國大使。

南極世界公園運動在往後數年中繼續被推展，包括在夏冬季替換基地人員、探訪各國南極野外研究隊及南極半島地區其他研究站的作業、抗議日本恢復商業獵鯨和相關社會教育……，直到 1991 年「馬德里環境協議書（MEP）」（見第 246 頁）簽訂後，其基地才被乾淨地撤離。

雖然該運動已休止，國際綠色和平組織仍常前往南 / 北極探訪研究基地，並搜集全球環境變化在極地顯現的徵兆，反制商業捕鯨等，以推展相關的生態環保運動。

❶ 維爾京斯由阿拉斯加的巴羅角（Point Barrow）飛到位於北極圈內，挪威斯瓦爾巴特群島（Svalbard，又名史匹資伯根 / Spitzbergen），這是「人類首次自北美洲經北極地區到北歐極地間的飛行」。

❷ 挪威人稱其為「克利斯登森領地（Lars Christensen Land）」（見第 373 頁）。

❸ 他們自挪威的史匹資伯根到阿拉斯加的泰勒（Teller），航程 5,460 公里、花費 70 多小時，該飛船名為諾奇號（Norge）。

❹ 它是航空母艦的前身，可載運數架小型水上飛機並配備有加油及彈射起飛設備。飛機係降落在海面上，而後再被吊起置於甲板上。當時的德航即使用它做為橫越大西洋飛行的中繼加油支援站。

❺ 僅管其領土宣示得到澳、紐及法國的承認，但德國認為其有效性基於有否實質佔領，或至少需有主權宣示標樁的插釘。

❻ 希洛里在 1953 年 5 月 29 日與尼泊爾人諾凱（Tenzing Norgay, 1914 – 1986）完成了人類首度登上聖母峰之舉，後被英皇封為爵士，現今紐幣 5 元鈔票上印有其圖像。為感念雪巴族人的幫忙，他日後每年均奔波於兩國間，積極從事對尼國的募款援助。

❼ 此舉引發了日後該國南極事務機構對極地人員的遴選作業持極端謹慎之態度。

❽ 在 2004/05 年關閉。

❾ 為今日澳洲凱西（Casey）研究站（見第 280 頁）的前身。

❿ 於 1959 年 1 月被交與阿根廷，後在 1962 年 10 月關閉。

⓫ 兩者都屬於 1957/58 國際地球物理年活動中使用的「IGY 研究站」，在 1959 年關閉。

⓬ 由於戴手套無法操作工具及抓拿零件，而光是觸摸低溫下的金屬便足以使手嚴重凍傷。

⓭ 高原研究站在 1965 年 12 月 13 日成立於 79° 15' 3" S, 40° 33' 37" E，而於 1969 年 1 月 29 日關閉。

⓮ 中華民國於中國內戰敗逃、卻仍聲稱代表全中國，且在台灣實施白色恐怖戒嚴統治，而在該年 10 月 25 日的第 26 屆大會就「恢復中華人民共和國在聯合國組織的合法權利問題」所進行的決議中：蔣介石的代表遭驅逐，改由中華人民共和國佔有並使用不更名的中華民國席位。

⓯ 南極活動史上的烏龍事件也發生在探險選錄第 4、8、16 及 48 等。

⓰ 據說從南非運回一枚飛彈樣品以供研究。

第十二章 現代的民間南極大自然探險活動

民間的南極大自然探險活動資源儘管有限，卻在商業後勤支援服務下蓬勃展開。基本上，官方運作的科學研究站不願被打擾。

圖片來源／Atunas七頂峰攀登隊

現代的民間南極大自然探險活動特色

「1957/58 國際地球物理年」帶動國家官辦南極科學研究與活動的熱潮之後，民間部門乃轉往「南極大自然探險活動（Antarctic Adventure）」發展。由於補給及緊急救難均極為困難與昂貴 ❶，南極點行程當中的美國阿蒙生 ‧ 史考特研究站，也就經常被尋求協助。但研究站方面因為不願意每年短暫寶貴的活動時間與人物力資源被分散到非份內的業務上，故「不承認、不支持且不開放基地」遂常成為南極事務機構的基本政策，也使得民間舉辦探險活動（尤其是大型的）較為艱難。直到 1985 年開始出現了商業服務公司（見第 332 頁），民間活動的困境才獲得相當程度的解決。

因為民間發起的南極大自然探險活動仍隱含南極政治學的價值，也有助益科學研究活動的可能性——如協助蒐集科學研究標本或資訊，或伴隨著普世價值的社會運動而進行。所以，民間的南極大自然探險不只能得到各界捐助的經費，也可能得到官方的認可與支援，甚至協助安排行程中破例參訪他國研究站或交通工具等支援。

現代的民間南極大自然探險活動選錄

以下收錄的故事呈現了不同的活動型態，其中有一則由台灣人參與。

59‧1972/74 年 ‧ 紐西蘭 ‧ 路易士 ‧ 獨自帆船半環繞南極大陸探險

1972 年 10 月 19 日，紐西蘭醫生路易士（David Lewis）獨自駕駛著長度僅 10 公尺的鐵殼帆船冰鳥號（Ice Bird），自澳洲雪梨啓程向東南航向南冰洋。

次年 1 月 29 日，歷經暴風與狂濤的洗禮及 2 次的翻覆後，冰鳥號抵達南極半島西岸的美國帕瑪（Palmer）研究站（見第284頁），完成了其首季的航程。

次年12月12日，路易士繼續了他的第二季航程。他突破浮冰拜訪了喬治王島上隸屬於阿根廷的朱邦尼（Jubany）研究站（見第278頁），再繞過南極半島尖端，探訪了英國在南奧克尼島上的西格尼（Signy）研究站（見第282頁）。他繼續向東行，在歷經數次翻覆後，於2月24日安抵南非的開普敦，完成了**獨自駕駛帆船半環繞南極大陸探險首航活動**。他後來又做過數次帆船探險。

60·1979/82年·英國·費恩斯(1)·橫越南北極環球探險

這個大計劃係由英國的費恩斯（Ranulph Fiennes, 1944 – ）夫婦主導，自1972年初起籌劃。由於規模空前龐大，所牽涉的資金、人員、器材、知識及運補等事項的安排工程也非常浩大。他們得到英國皇家地理學會及超過600個資助者的贊助，從企業界斥資購買了1艘驅冰船（見第315頁）波林號（Benjamin Bowring）、1架輕型飛機，獲捐各種器材以及許多海陸後勤義工多年不離的協助。他們還聘請到優秀的南極飛行員柯蕭（Giles Kershaw, 1948 – 1990）❷，及飛機機械師尼可森（Gerry Nicholson）。

原本希望3年成行的行程卻拖到第7年，在尚未安排南極點支援，所幸其他細節得以借助其執行委員會之力完成的情況之下，費恩斯於1979年9月1日率一行5人與3部四輪傳動車，各加掛1部拖車自格林威治啓程。他們延0°經線南下，經法國、西班牙與西非的阿爾及亞、馬利、象牙海岸，再以波林號越過南大西洋到南非。其中除了開辦3場展覽會以外，他們還進行國際研究機構所交付的種種科學資訊收集之任務，包括在西非沙漠捕捉一種小蜥蜴（Skink）、氣象紀錄、南北極冰帽鑽冰取樣及尿液收集等。

12月22日，波林號自南非航向南極。次年1月5日，他們抵達了南非（SANAE）研究站（見第281頁）附近海岸；而柯蕭及尼可森也自英國駕機取道加拿大加裝起落滑屐後趕到現場。波林號離去後，經柯蕭 78 航次的協助將裝備空運到內陸約 370 公里處紮營過冬，其曾在 7 月底經歷風凍效應達 –90.5℃的低溫。

10 月 28 日，費恩斯與氣象學者兼醫師及機械師的雪琶（Oliver Shepard），以及機械師伯登（Charlie Burton）等 3 人，分別以機動履帶車各拖行 2 個載重約 545 公斤裝備的雪橇向南極點出發。費恩斯之妻姬尼（Ginny Fiennes, 1947 – 2004）及機械師葛蘭姆斯（Simon Grimes）留在基地營負責通信，自福克蘭島避冬回來的雙獺式（Twin Otter）飛機負責後勤運補。他們很快爬上極地高原，雪琶不忘每隔 1° 做鑽冰取樣。他們遭遇許多冰縫及冰浪，後者常需用雪斧剷平開路，而滑溜的「路面」更不乏發生人車翻覆的事故。

諷刺的是，柯蕭曾緊急搜救出險的官方南非野外地質研究隊。經英國外交部的努力，美國同意開放其南極點研究站，並提供後續的航空油料等協助。他們在 12 月 15 日抵達了南極點，柯蕭也把相關人員及設備運到，以成立前進支援站。

▲往南極點途中的費恩斯及伯登 / R. Fiennes

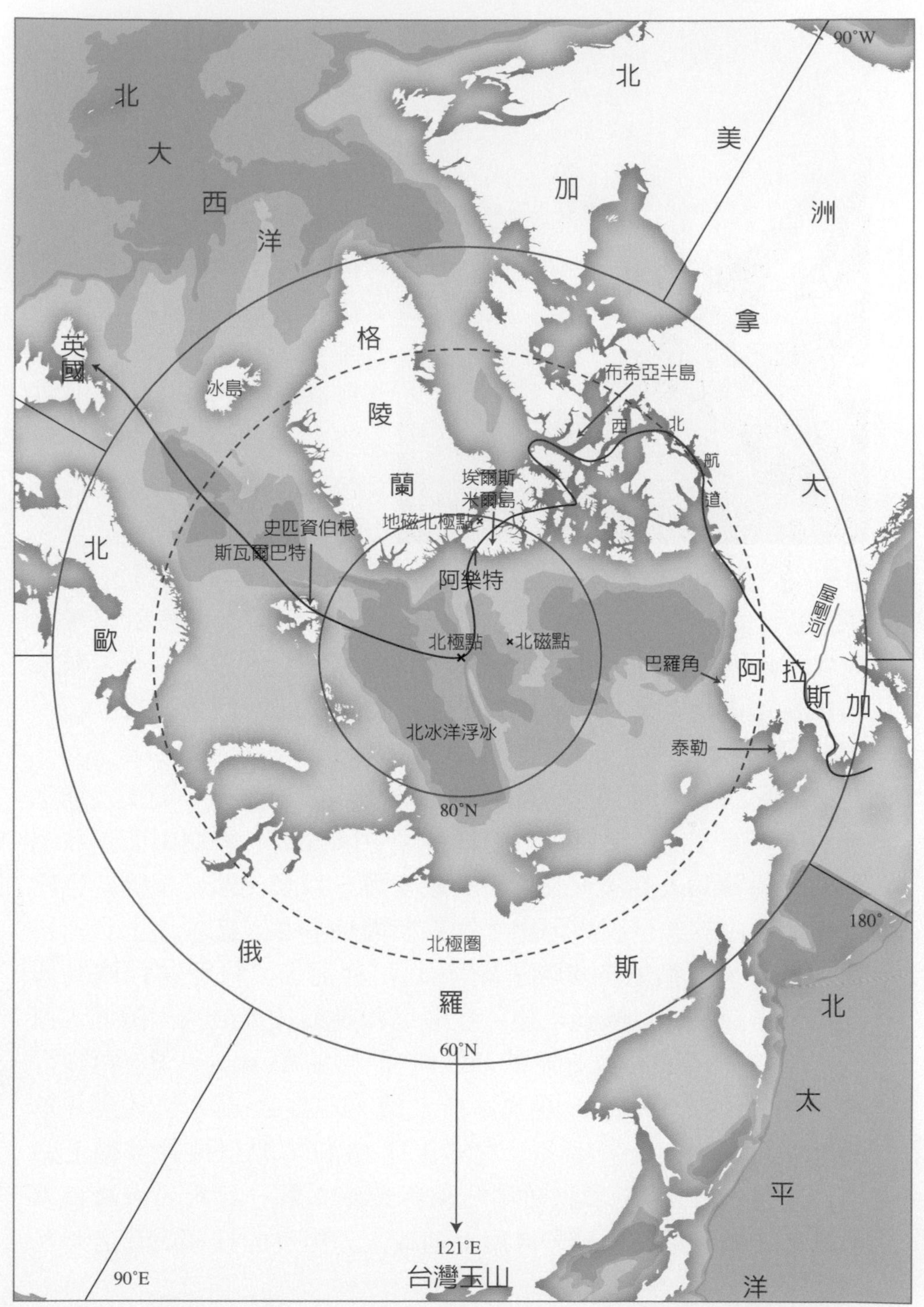
90°W
北
美
加
洲
拿
大
北
大
西
洋
格
陵
蘭
英國
冰島
布希亞半島
西
北
航
道
埃爾斯
米爾島
地磁北極點
史匹資伯根
斯瓦爾巴特
北
歐
阿樂特
屋剛河
北極點
北磁點
巴羅角
阿
拉
斯
加
北冰洋浮冰
泰勒
80°N
180°
北極圈
俄
羅
斯
北
太
平
洋
60°N
121°E
台灣玉山
90°E

▲從北極點南下的費恩斯及伯登 / R. Fiennes

由於下羅斯冰棚的路段多有冰縫而難行，不等聖誕節的到來，他們即在12月23日上路。柯蕭優秀的飛行技術提供不斷的補給和空中偵查，但他們仍曾在20分鐘內驚險地駛過40個冰縫。進入冰棚後，他們折往紐西蘭研究站，1年多前發生大空難（見第321頁）的愛樂伯斯（Erebus）火山逐漸浮現。1981年1月11日，他們3人經連夜更換引擎後，完成了以開敞機動車行駛67天共約3,200公里的旅程，**是人類第二次橫越南極大陸的探險活動**，包括當時美國雷根（Ronald Reagan）總統的賀電均不斷湧到。

2月15日，他們啓程隨波林號經紐西蘭、澳洲、美國及加拿大北上，開了4場展覽會，包括各地主國政要、將結婚而正在澳洲訪問的贊助人英國查爾王子與戴安娜，以及美國雷根總統也均曾出席。由於雪琶因故退出，費恩斯與伯登2人繼續北上到阿拉斯加西岸，繼換橡皮艇溯屋剛（Yukon）河而上，後陸路以四輪傳動車，續海路換以機動小船。在姬尼和雙獺式飛機的支援下，只花了35天即橫渡極端艱險的西北航道（Northwest Passage）❸，再步行橫越加拿大在北極圈內的埃爾斯米爾（Ellesmere）島，至其東北角的阿樂特（Alert）紮營過冬。次年2月13日，繼以機動雪橇上路而於4月10日抵達了北極點，**成爲世界上第一批到過南北極點的人**。後換以鋁製小船，再用手划或人力拖曳前往挪威屬之斯瓦爾巴特（Svalbard）島。

8月29日，這個花了將近3年、全程約83,700公里的探險活動在波林號載全體人員回到格林威治後劃下句點。費恩斯夫婦完成了他們21年來環遊世界的夢想——1個空前絕後、規模龐大的海陸兩極環球探險活動，費恩斯也被英皇冊封為爵士；另，出乎預料的是：自計畫構思到完成前後10年半期間中，竟促成了工作人員之間的13對姻緣。

61·1985/86年·英國·史萬·無補給人力拖行雪橇南極點探險

這是個由英國皇家地理學會所支持，歷經4年準備，名為「追隨1910/12年史考特腳步（In the foot steps of Scott）」的探險活動（見探險選錄第31）。由史萬（Robert Swan, 1956 – ）為首的5人小隊在1986年2月初抵達羅斯島，並在史考特（1911）木屋旁建造一棟木屋後，續有3人小隊先攀登附近包括愛樂伯斯等3個山峰，繼之密爾（Roger Mear）、史特勞德（Mike Stroud）醫生及午得（Gareth Wood）又摸

▲午得及史萬抵南極點 / Gareth Wood

▲左起史萬、密爾及午得於儀式用南極點 / Gareth Wood

黑自 6 月 28 日到 7 月 25 日做了一趟極爲艱辛的克羅吉亞岬（Cape Crozier）隆冬之旅。

在過冬之後，密爾、史萬及午得等 3 人於 11 月 3 日在不用雙向通信設備、無補給與緊急救難的規劃之下，分別拖行最重達 146 公斤的雪橇自羅斯島出發，於次年 1 月 11 日完成了當年史考特的未竟目標——全程 1,420 公里、爲時 70 天抵達南極點的旅程。

儘管一開始隊員間的合作並不順利，而食物和裝備也有點問題，但他們仍完成此趟**首次以人力拖行雪橇且無外援**（Unsupported）**單程到南極點的探險活動**。只是沒想到前來接他們的南尋號（The Southern Quest）竟在同天於羅斯島附近沉沒，阿蒙生 · 史考特研究站只好安排專機將其空運到紐西蘭，並附送他們一張大帳單。

62·1986/87 年 · 挪威 · 克里斯丁森 · 狗拉雪橇南極點探險

經過 6 年的準備，挪威的冰河學家克里斯丁森（Monica Kristensen, 1951 – ）買下 1 艘舊捕鯨船，在 1986 年 10 月率領 2 位丹麥籍隊員、1 位挪威籍隊員及 22 條狗南下羅斯海域，追隨母國探險家阿蒙生當年的路線（見探險選錄第 30）做南極點來回探險。

因爲延誤，他們遲在 12 月 17 日才在鯨魚灣登上羅斯冰棚。攀越南極縱貫山脈並挺進到離南極點 440 公里處後，自知時間不夠而折返。他們經過 1 次空投補給後，於次年 1 月 30 日海上浮冰開始結凍前趕回鯨魚灣。這是一次**由婦女所主導及率領的空前探險**，雖未完成，但其里程竟也達 2,000 公里之遙。

克里斯丁森在 1993 年底又做了一次自威德爾海域方位登陸的探險，活動包括挖掘阿蒙生在 1911/12 年於南極點所遺留，卻已被積冰掩埋在 12 公尺之下的國旗與營帳等器材，以在次年於該國舉行的冬季奧運會展覽，不過因爲一位隊員掉入冰縫喪命而取消。

63·1989/90 年・美國及法國・史迪格及艾蒂安・國際狗拉雪橇橫越南極大陸探險

這是個**最長程、最艱難也最考驗團隊合作的南極陸上探險活動**。主導者是曾爲初中老師的美國人史迪格（William Steger）與另一位法國人艾蒂安（Jean-Louis Etienne）醫師，他們在 1986 年 5 月一次途中無補給的北極點探險活動中結識，而策劃了這個史迪格夢想了 30 年的探險計劃 ❹ ——由來自不同國家的 6 人傳統狗拉雪橇隊自南極半島尖端登陸，後推進到南極點，再橫越極地高原至俄國的東方研究站，最後轉往其和平研究站出海。全程需自冬末出發，且趕在秋初完成。路程中，自南極半島尖端至南極點之間未曾有人涉足；而南極點之後的路段，只有 1959 年間俄國的機械車隊曾全程走過 1 次，實質路面及沿途天候等資料均缺乏。

史迪格與艾蒂安積極地募款，分別籌募到 100 及 200 萬美金與各項贊助，並訂造了一艘船。俄國極地研究所除了推薦 1 位曾在其東方研究站工作過的氣象學家波亞斯基（Victor Boyarsky）參與之外，並提供天候資料、食物補給點安置、緊急搜救及開放2個研究站等行程後半段的協助。這個探險計畫也找到中國的冰河學家秦大河、會操控狗拉雪橇的英國人索摩斯（Geoff Somers）及日本的船津（Keizo Funatsu）。另又精選並訓練了40條哈斯基狗，以備在低溫下長時間與長程地拖行3個分別載重可達455公斤的雪橇。

1988年底，5噸重的食物、400桶瓦斯和30,000包狗食等，經海運分別送抵行程起點附近的喬治王島以及終點的和平研究站，再分別以ANI公司的商業後勤服務，包機沿途空投到南極點，並由機械車隊沿途安置補給點到東方研究站。另包機在南極點待命，依進度做空投補給及緊急搜救。

經過3年的精密籌畫，他們一行含國際媒體、製片及各相關人員終於次年7月26日輾轉飛到了南極半島的起程點。背負著往後每日即將面對的艱難挑戰，尤其是6個來自不同國家的團員之間各自的耐力與團隊合作的考驗、資助者及政府們巨大的期待壓力，以及對自己夢想的承諾……他們踏上了征途。

前幾個禮拜，他們每天有近8小時的白晝，但是自10月起則進入永晝期。由於時值冬末，一路天候不佳，不能上路的日子比能上路的日子多得多。他們於暴風、風凍效應曾達–83.34℃且能見度極低的情況之下只找到3個補給站，無法完整獲得原先在南極半島安排好的6次補給，導致人畜食物不足。於9月30日的第66天，在抵達與大陸南極交界處時，他們只好呼叫於智利的支援站空運補給，並退換狗與部份裝備。

科學研究工作沿途進行，艾蒂安每日爲歐洲太空研究處（ESA）收集人畜排尿和紀錄體溫以做心理及生理壓力研究，而美國太空總署則委託做飲食的研究。波亞斯基每日做3次的氣溫、氣壓、風速、風向及溼度紀錄，並在9及10月的春天中做大氣臭氧濃度的每日紀錄。秦大河則約每50公里，耗時半小時到1小時半挖冰1.5到1.8公尺來搜集冰雪標本，用以進行O_2的同位素及化學分析。

他們的狗曾數度掉落數十公尺深的冰縫內，必需以繩索繫住人員下放冰縫去拯救牠們。10月22日，有一條狗衰竭而死。31日，夜宿南極最高峰文生山下。11月7日，抵達ANI公司的愛國者嶺（Patriot Hills）營地（見第332頁），終於有近4個月來第一次正式的餐點及沐浴；原本期望養精蓄銳2天，卻因費力交涉以確保後續服務而泡湯。在換了10條狗後，懷著極度擔憂的心情繼續上路。

12月11日，第138天，他們完成了約3,200公里路程而抵達南極點。在俄國極地研究所的協助交涉下，美國阿蒙生．史考特研究站同意提供飛行油料以助ANI公司履行後續行程的補給與緊急搜救任務，不過他們只能在基地內停留3個鐘頭並接受1杯咖啡招待。主管其南極事務的國家科學基金會（NSF）還自麥可墨得研究站調派專人來監視，並紀錄整個「過境」活動，相較他們在喬治王島時受到智利、俄國及中國研究站的熱烈歡迎實有天壤之別，美國籍的史迪格尤難以忘懷。

他們曾持書有「和平」的橫旗在南極點讓媒體及製片人員拍照，期使該國際探險活動對南極以及人類和平做出貢獻，並表達探險者們熱愛及尊重大自然環境之本質。

在紮營休息了3天並換了2條狗後，探險隊繼續上路。幸運的是，當時極地高原並未如預期有深厚的積雪，但由於一望無際及單調的雪白環境，沿途沒有任何路標且通信困難，所以他們沿途約每3.5公里即建1個約1.5公尺高的角錐型雪標以利空投補給或緊急搜救。此行爲首度徒步橫越「南極最難抵達的地區（The Area of Inaccessibility）」❺，並蒐集冰雪標本。1月18日，第176日，他們抵達俄國的東方研究站，並享用了5個月來首次的熱水澡及正式、豐富的餐點。

在極地高原的後續高海拔行程中，隊員呼吸已顯不順暢。2月9日開始下坡，風勢轉強，風凍效應曾達 –80.5℃。一成不變的食物，胃口極差。2月26日，首度見到海洋。3月1日下午在離終點只有 25.7 公里紮營處，船津外出養狗，竟在低能見度的大風雪中迷失 14 小時，經全體手拉手環繞搜尋不獲，至次日清晨才在離營帳約 100 公尺處他所挖的雪窖中找到他。

3 月 3 日，也是第 220 日，他們終於完成了約 6,200 公里的里程而安抵和平研究站。包括當時美國布希（George H.W. Bush）總統的賀電紛至沓來，電視媒體做了南極首次的實況訪問轉播，他們曾作了這樣的發表：這趟活動在開啓我們對保護南極大陸的宣揚目標，挑戰才正開始。

史迪格等人途中經 12 個補給點而完成了人類第三次橫越南極大陸的探險，它是唯一全程使用狗拉雪橇，也是里程及時間最長的橫越南極大陸探險活動。有 12 條哈斯基狗從頭到尾跑完全程，其中有 2 條更去過北極點。

64‧1989/90 年‧義大利‧梅斯納爾‧人力風帆拖行雪橇橫越南極大陸探險

義大利探險家梅斯納爾（Reinhold Messner, 1944 – ）[6]繼 1986 年 12 月登上南極最高峰的文生山後，經過 3 年的準備，與剛在當年（1989）5 月 14 日完成北極點探險活動（Icewalk 1989）的德國極地探險家福賀斯（Arved Fuchs, 1953 – ）一起規劃配合「南極世界公園」運動的探險。原想自威德爾海域的儂尼或菲爾希納冰棚啓程以橫越南極大陸的計劃，因天候及 ANI 公司的延誤被迫改變 2 次。後於 1989 年 11 月 17 日照原預定慢 2 週出發，卻必需在次年 2 月 15 日趕到終點，壓力不在話下。他們以人力拖行約 120 公斤的裝備，首次以風帆助力但無緊急救難的方式，自儂尼冰棚與南極大陸交界處出發。

他們經 1 次空投補給而在 12 月 31 日抵達南極點，再經另一次補給 3 天之後繼續上路。在適當地操作風帆助力下，他們曾有 1 天推進 100 公里的紀錄。次年 2 月 12 日，他們終於趕抵了紐西蘭的史考特研究基地，而完成 92 天、通過 6,000 多個冰縫、風速最高每小時150公里、約2,900公里的旅程。**這是人類第四次的橫越南極大陸探險活動，**而且是首次不借助動物與機械之力的探險，而福賀斯則成爲史上首位在同一年內完成南北極點探險的人。

65・1990/91年・挪威・墨得兄弟・狗及人力風帆拖行雪橇橫越南極大陸探險

1990年10月24日，挪威人墨得兄弟（Sjur & Simen Modre）自威德爾海域的博克諾（Berkner）島以狗拉雪橇出發，與另一名攝影師澳狄家德（Hallgrim Odegard）使用人力拖行雪橇配合風帆在菲爾希納冰棚與南極大陸交界處會合。他們於12月14日——繼阿蒙生之後79年的同一天——抵達南極點。6天之後他們上路，經當年阿蒙生的路徑越過南極縱貫山脈，而在次年的2月5日抵達羅斯島的麥可墨得研究站。

此行全程爲時105天，**是人類第五次的橫越南極大陸探險，亦是最後一次使用狗拉雪橇的探險。**

▲順亞賽海柏格冰河橫越南極縱貫山脈 / Simen Modre

▲越過冰浪中的狗拉雪橇隊 / Simen Modre

66·1992/93 年．挪威．卡吉．無補給獨自人力拖行雪橇南極點探險

挪威律師卡吉（Erling Kagge, 1963 – ）在 1992 年 11 月 18 日自威德爾海域的博克諾島出發，除了緊急救難撤退之外，在**無補給支援且獨自拖行雪橇**載重 91 公斤之下，於次年 1 月 6 日，探險第 50 天成功地抵達南極點。

他是史上首位完成北極點（1990 年）、**南極點**（1993 年）**及聖母峰**（1994 年）**三頂峰探險的人**。

67·1992/93 年．美國．班克羅夫特．婦女人力風帆拖行雪橇南極點探險

班克羅夫特（Ann Bancroft, 1955 – ）是一位體育老師，8 歲時便研讀探險故事，更曾參與 1986 年史迪格（William Steger）北極點狗拉雪橇探險。以她為首，包括蘇比（Sunniva Sorby）、吉勒（Sue Giller）和偉拉（Anne Dal Vera）等 4 人組成了美國婦女南極點探險隊，經 4 年的訓練後，於 1992 年 11 月 9 日自威德爾海域的儂尼冰棚與南極大陸交界處出發南下。

他們分別以人力拖行載重約 100 公斤的雪橇，配合風帆助力，在 2 次空投補給支援之下，成功地於次年 1 月 14 日完成為時 67 天、1,065 公里的旅程而抵達南極點。班克羅夫特成為**第一個以滑雪及步行抵達南/北極點的婦女**。

68·1992/93 年．英國．費恩斯（2）．無補給人力風帆拖行雪橇橫越南極大陸探險

1992 年 11 月 9 日，曾完成環球探險（見探險選錄第 60）的費恩斯，與曾參與追隨史考特腳步探險（見探險選錄第 61）的史特勞德醫生，兩人自威德爾海域的博克諾島南下。以人力配合風帆拖行 220 公斤的雪橇，中途無補給。

次年 11 月 16 日，歷經飢餓、掉入雪縫、凍傷壞疽、器材故

障及失溫……後，抵達了南極點；惟後續又遇食物不足及體力不支，使得他們在 2 月 12 日第 95 天的探險來到羅斯冰棚後宣告探險失敗被撤離，完成了全程 2,700 公里中的 2,200 公里。此行在當時的花費約爲 22 萬 5 千元美金。

69 · 1994 年底 · 美國 · 沃恩及卡洛琳 · 高齡夫婦南極登山探險

1993 年 11 月，曾參與 1928/30 年博德探險活動（見探險選錄第 38）的狗拉雪橇操作員沃恩（Norman Dane Vaughan, 1905 – 2005），雖已屆高齡且裝置人工塑膠右膝，但探險精神不滅，攜其妻卡洛琳（Carolyn）計劃使用 20 條狗拖拉雪橇橫越羅斯冰棚，攀登當年以其爲名、高度 3,140 公尺的沃恩山（Mt. Vaughan / 85° 55' S, 155° 50' W），預計以此慶祝他 88 歲生日，不過因飛航事故取消。

次年 12 月 3 日，沃恩夫婦與美國國家地理雜誌的工作人員、登山嚮導等，直接飛到該山腳海拔 2,042 公尺的基地營。8 日在 2 人伴隨下啓程；16 日，即沃恩 89 歲生日前 3 天，終於登頂成功完成了他 65 年來的夢想。除了慶生以外，沃恩並追憶當年往事、老友和歌頌人類的好友——永不怠懈的哈斯基狗。在山頂上宿 1「夜」後，他們花了 12 小時回到營地。

▲沃恩登上以其為名的山頂 / Gordon Wilsie

沃恩預計在百歲生日重登沃恩山的慶祝計畫沒有實現，因爲他在 89 歲生日後 8 天離世。

70．1995/96 年．澳洲．麥金太爾及瑪姬．無補給南極蟄居探險

1995 年 1 月 15 日，在典賣資產、借貸加上各界的資助並割掉盲腸 ❼ 之後，澳洲的麥金太爾（Don McIntyre, 1955 – ）與其妻瑪姬（Margie）領著 5 位船員駕著 1 艘長 18.3 公尺的雪梨精神號（Spirit of Sydney）鋁製遊艇，滿載了 4 噸重的裝備，及 1 艘觀光船載運其他裝備南下，小心地穿過浮冰，停泊在聯邦海灣的墨生木屋附近、有南極最強狂風紀錄的丹尼森岬。

當他們建好一間長 3.6 公尺、寬 2.4 公尺、高 2.4 公尺的小屋做為未來 1 年的南極家園後，2 艘船撤離。

2 天後的晚上，他們隨即體驗到時速高達 203 公里的南極狂風肆虐。僅管有鋼索固拉在岩石上，但小屋不斷搖晃，臨風的牆面甚至內曲了 5 公分，還要提高嗓門才能對話。使用煤油的暖爐雖然可以讓頂部室溫提昇到 20℃左右，但卻也融化了原本內壁所結的冰，導致滿室潮濕。

▲企鵝先生與麥金太爾夫婦合影 / 劉思漢

6 月 2 日，強烈的南極光連續襲擊 2 個小時。21 日，他們再次經歷了時速 240 公里的南極狂風，極細的雪粉從微小的細縫鑽進屋裡形成雪堆。整個 7 月份，他們只有 58 小時又 20 分的日照。8 月 18 日，他們趁天氣良好外出，但瞬間天候劇變，使得能見度低到看不見自己的腳。

在隆冬時，他們選定 70 個紐西蘭的學校，經紐西蘭電話公司贊助的衛星通信網路，進行即時連線對話的南極教學計劃[8]，其中 1 間學校還特地建造了 1 間與他們的南極小屋類似的木屋，並在不使用暖氣的狀況下，讓學生實地模擬體驗南極的蟄居生活。澳洲、美國、及日本也有類似的教學活動。

9 月 7 日及 14 日，分別有雪燕（Snow Petrel）、岬燕（Cape Petrel）和賊鷗出現。10 月 20 日，阿得利企鵝也回來了，意味著春天的降臨。

次年 1 月 14 日，麥金太爾夫婦搭上再度前來的雪梨精神號回航澳洲，船上除了載送他們所製作、要提供給一個癌症研究基金會義賣之用的 50 個「南極製造（Made In Antarctica）」的玩具熊以外，還有數桶應澳洲南極科學研究署的要求所搜集來，桶外卻仍貼著原來標示——甜點和巧克力——的海豹糞便標本。

該項活動在當時耗費了 60 萬澳幣；其南極小屋後續曾出租給其他人以體驗南極的蟄居生活。

▶南極小屋

71·1996/97 年・挪威・奧斯蘭・無補給獨自人力拖行雪橇橫越南極大陸探險

1995/96 年南極夏季，挪威人奧斯蘭（Borge Ousland, 1962 – ）曾與 5 名南韓人、有 2 次橫越南極大陸經驗的英國人費恩斯，以及前一年剛完成南極點探險的波蘭人卡明斯基（Marek Kaminski, 1964 – ）等共 8 人，參與**無補給獨自人力拖行雪橇橫越南極大陸探險**❾競賽，卻都宣告失敗。他與費恩斯、卡明斯基在 1996 年 10 月捲土重來。

在飛抵博克諾島後，他於 11 月 15 日凌晨獨自以同樣方式拖行 178 公斤用品南下，而於第 35 天的 12 月 18 日抵達南極點。循著挪威探險家阿蒙生的路徑橫越南極縱貫山脈後，雖曾以 16 個小時完成 226 公里，卻也曾以時速不到 2 公里的速度，在接近終點前的冰縫區艱難地挺進，並曾越過海拔 3,400 公尺的最高點。他在第 64 天、即次年的 1 月 17 日凌晨 5 時完成了 2,845 公里的旅程，而成**為該紀錄的第一人**。其他 2 人均於途中退出。

由於奧斯蘭提早抵達，趕上了史考特研究基地 40 週年的歡慶，不但平添了不少喜氣，也得以早點在那裡做 2 個多月來首次的熱水浴。

72·1997/98 年・比利時・赫柏特及丹色柯・人力風帆拖行雪橇橫越南極大陸探險

為紀念 1897/99 年的比利時首次南極探險（見探險選錄第 21）100 週年，有南北極與喜馬拉雅山經驗的土木工程師赫柏特（Alain Hubert, 1953 – ），與曾為該國風帆比賽冠軍、有北極與喜馬拉雅山經驗的空服員丹色柯（Dixie Dansercoer, 1962 – ），2 人以全新路徑進行了橫越南極大陸的探險活動。

1997 年 11 月 4 日，他們從位於毛德皇后領地內已棄置的博杜安國王（Roi Baudouin）研究站（見第 288 頁）出發，以人力配合特製風帆拖行載重分別為 200 及 160 公斤的雪橇。雖然行前經過極精

▲以精確控制的風帆助力 / Michel Brent, Brussells

▲ 南極點小隊於儀式用南極點旁 / 2000年新加坡南極探險隊

密規劃，器材也經過充分的準備與測試，但 3 天之後雪橇卻嚴重磨損。他們吃力地拖行攀上極地高原，並爲了他們的研究機構，每 150 公里進行該路線冰雪標本的首度採集與做冰帽表層結構攝影。緊急訂造的雪橇輾轉在 12 月 1 日空運到現場，2 天後他們抵達了南極點。1 月 5 日啓程趕路，他們曾破紀錄地在 20.5 小時內完成 271 公里，也曾 1 天內只挺進數公里，終於在 2 月 10 日抵達羅斯島的美國麥可墨得研究站。在全程 3,924 公里當中，他們極爲成功地使用風帆推進了 3,340 公里。

此行是首次以人力配合風帆橫越極地高原的南極探險活動。

73‧1999/2000 年‧法國‧勞倫斯‧婦女獨自人力風帆拖行雪橇橫越南極探險

曾於 1996/97 年進行 1,400 公里獨自橫越南極大陸探險活動的法國婦女勞倫斯（De La Ferriere Laurence, 1957 – ），在 1999 年 11 月 23 日再次自南極點啓程，目標是 3,000 公里外、位於阿得利海岸的迪維爾（Dumont d' Urville）研究基地（見第 282 頁）。

她自力配合風帆拖拉裝備 140 公斤的雪橇，於 12 月 30 日完成 1,500 公里抵達康科迪亞（Concordia）研究站（見第 282 頁）。次年 1 月 2 日再度啓程，而於 2 月 6 日完成 73 天的旅程，使她成為獨自完成該路程的首位婦女探險者。

74・1999/2000 年・新加坡・邱瑞昭・南極點與文生山探險

總領隊邱瑞昭（Khoo Swee Chiow, 1964 – ）、吳逸杰（Robert Goh Ee Kiat, 1965 – ）、林志傳（David Lim, 1970 – ）和洪耀存（Ang Yau Choon, 1967 – ）等 4 人於 1999 年 11 月 5 日從愛國者嶺營地之北、位於 80° S 的馬蹄鐵（Horseshoe）谷啓程，每人拖拉約 160 公斤的雪橇往南極點推進，經 1 次空投補給而在 12 月 31 日完成 57 天共 1,100 公里的旅程。

另一小隊由領隊莫應章（Mok Ying Jang, 1967 – ）、蕭琸衛棹玒玥（Edwin Siew Cheok Wai, 1969 – ）、李遴燕（Lee Ling Yen, 1970 – ）及郭南振（Kuak Nam Jin, 1972 – ）等組成，而於次年 1 月 7 日登上文生山。

他們在 1 月 10 日飛離愛國者嶺營地，而完成新加坡的首次南極探險活動，也是第一次來自熱帶地區的南極探險。

75・2005/06・西班牙・拉臘門迪・風帆拖拉雪橇横越東南極大陸探險

2005 年 11 月 10 日，經 6 年籌畫，由拉臘門迪（Ramon Larramendi, 1963 – ）領軍維優（Juanma Viu）和歐非雪碟貴（Ignacio Oficialdegui, 1964 – ）的 3 人小隊，經南非空運後自俄羅斯的新拉扎列夫（Novolazarevskya）研究站（見第 283 頁）附近啓程，使用寬 3 公尺、長 5 公尺，具柔軟性能適應「冰浪路面」顛頗的空前巨型風帆拖拉雪橇（Kitesled），搭載了近 1 噸重的裝備，將取道難抵極而期折往法國迪維爾（Dumont d' Urville）或義大利的祖凱利（Zucchelli Station）研究站（見第 287 頁）出海。

他們攜有10個面積從28到60平方公尺不等的風帆，依不同風速花費1到1.5小時更換使用；其拖繩長150到300公尺，用以適應不同高度的風。由於人員乘載其上，可24小時輪流運作，甚至爲了趕路曾不進食不休息，以彌補無風或暴風時的進度落後。他們曾遇風凍效應–75℃的酷寒和高達1.5公尺的冰浪，顛簸及銳利的路面致雪橇結構和底層的鐵夫龍（Teflon）容易受損，而需在惡劣的條件下維修。

12月11日，抵達難抵極。21日，抵達東方研究站而受升其國旗歡迎。他們將其在難抵極地區每50公里所收集的地面1到1.5公尺下的冰雪標本交付該站，以進行全球暖化的研究。28日，依其後勤總部的聯絡結果啓程轉往和平研究站（見第282頁），途中又折往進步（Progress）研究站（見第283頁），而於次年1月12日經空運被送上俄羅斯研究船而撤離。

此行曾以63天挺進4,500公里的速度挺進，是**未使用機械的最快紀錄**，同時創造了**單日完成311公里的最快速紀錄**。

76‧2007/08年‧台灣‧黃致豪‧南極文生山攀登探險

這是台灣歐都納（Atunas）世界七頂峰攀登計畫的部份活動，領隊爲黃致豪（1974–），隊員是Umi（伍玉龍，1962–）、江秀真（1971–）、謝穎泝（1974–）及隨團攝影楊金源（1962–）。

2007年12月31日，一行人在登山服務公司的安排下，自智利飛抵愛國者嶺營地。1月3日，轉搭小飛機到海拔2,100公尺的基地營，後在前述公司嚮導的帶領下推進到2,800公尺處營宿。次日，推進到3,000公尺之低地營。次日，運補給品到4,200公尺的高地營後返回。6日，挺進到高地營。7日，因暴風雪休息。8日17：20，登頂成功而完成**台灣第一個南極陸上探險活動，Umi則成爲首位Bunun**（布農）**南島語族**（Austronesian）**的南極探險者**。

▲左起江秀真、Umi、謝穎浙及黃致豪於高地營 / Atunas七頂峰攀登隊

未收錄的活動

晚近的民間南極大自然探險活動極為蓬勃，不乏來自挪威、英國、俄羅斯、日本、智利、印度、紐西蘭、澳洲、保加利亞、芬蘭、愛爾蘭、馬來西亞及委內瑞拉等國家的「新面孔」，也都各具特色。如 1994 年獨臂的挪威探險者彼得森（Cato Zahl Pedersen, 1947－）在 2 人伴隨下，從博克諾島中途無補給地滑雪 1,300 公里到南極點，惟因篇幅所限，或詳細資訊缺乏而無法一一收錄；其中也有因經費不繼或途中失敗者，如由台灣南極學會及台灣國家山岳協會所籌劃的「2004 年南極最高峰文生山暨南極點遠征探險活動（2004 TAE）」，其涵蓋體育、科學資訊收集、遠端教學及文物收藏展示……，則因前項理由而未能成行，附錄六有相關資訊。

❶ 以 1992/93 年的油價為例，在智利 1 桶 45 加侖的航空燃油價格約在 120 元美金，但假如在南極點可以買得到，則會變成約 24,000 元美金。

❷ 除了擔任英國航空公司飛行員以外，自 1976 年起，柯蕭也以輕型飛機支援其國家南極科學研究的極地飛行任務，經驗極為老到。後來與人創立 ANI 南極商業後勤服務公司（見第 332 頁），是當代最佳南極飛行員，惟死於飛行意外。

❸ 西北航道位於北極圈內加拿大北部領地的群島間，是自古以來在北極海的人們試圖由大西洋通往太平洋的航道，其彎曲狹窄並充滿淺灘及浮冰，且常刮強風及籠罩雲霧致海難頻繁，為世界上最難航行的海道之一，過去常需 2 到 3 季才能通過。

❹ 史迪格自小研讀美國國家地理雜誌。各國的南極科學研究，以及 1956/58 年福賀斯等人完成的南極橫越等活動（見探險選錄第 48），使他對人們如何克服困境求取生存發生極大興趣，因而立志要做南極探險活動。

❺ 它**是世界最大也最偏遠的寒冷高原**，尤其在每年 1 月左右因太陽黑子活動頻密，**是全球無線通訊品質最惡劣的地區**。補給及救難自是極為困難，探險者視為畏途。

❻ 梅斯納爾曾在 1980 年不使用氧氣筒攀登聖母峰，並為第一個完成攀登世界前 14 座、每座超過 8,000 公尺最高峰的人。

❼ 由於無外援，為免因極冷和多食高纖維食物而造成其發炎，故將其切除。

❽ 筆者在次年 2 月自紐西蘭組成探訪羅斯海域的第一個台灣團（見第 326 頁），團員中即有 3 位學生特地請假同行，目的即在實地探訪他們在該教學計劃下，話筒另一端的南極大陸。

❾ 他們原計畫在羅斯島搭乘註 8 所述的南極旅遊船舶返回紐西蘭。

第十三章

南極的政治

自上世紀初起，各國紛紛於南極大陸劃分勢力範圍並宣佈主權。1957/58 國際地球物理年活動促成了南極公約的簽署，並首度由國際社會共同和平使用及管理一個地區，後經折衝，更將南極地區劃為「世界公園」。

圖片來源／南極公約50週年高峰會網站

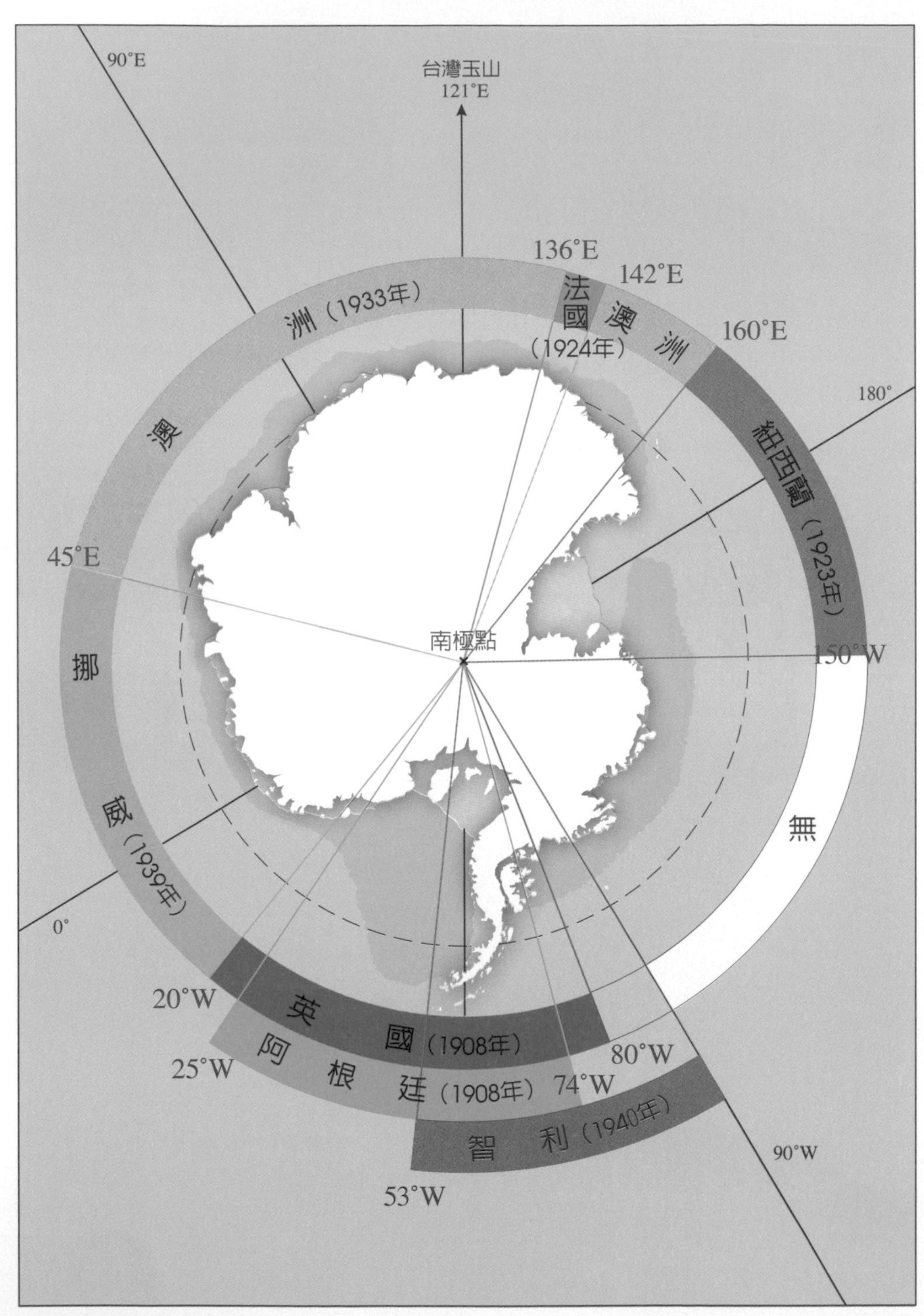
90°E
台灣玉山
121°E
136°E
142°E
法國
(1924年)
澳洲
澳洲(1933年)
160°E
180°
紐西蘭(1923年)
45°E
南極點
150°W
挪威(1939年)
0°
無
20°W
英國(1908年)
80°W
25°W
阿根廷(1908年)
74°W
智利(1940年)
90°W
53°W

南極地區的瓜分

因「南極地理政治學（Antarctic Geopolitics）」思維，從上世紀初起，數個國家陸續在南極地區宣示主權，也使南極逐漸浮現政治爭端：

1908 年，英國及阿根廷先後宣告對南極半島的主權。

1923 年，英國劃定「羅斯領地（Ross Dependency）」並宣告其主權，後移交給紐西蘭。

1924 年，法國重新宣佈對其早期發現的阿得利領地之主權。

1929 年，挪威宣布其對彼得一世（Peter I Oy）島的主權。

1933 年，英國替澳洲劃定「澳洲南極領地（Australian Antarctic Territory）」，並宣告其主權。

1939 年，挪威宣告其對毛德皇后領地的主權。德國亦宣布其與毛德皇后領地重疊之新史瓦班蘭領地（Neuschwabenland）的主權。

1940 年，智利在南極半島劃定「智利南極領地（Antártica Chilena）」，並宣告其主權。

1942 年，阿根廷重申其在南極半島之「阿根廷南極領地（Argentine Antártica）」的主權。

南極公約（Antarctic Treaty / AT, 1959）

制定

第二次世界大戰結束後的冷戰局勢，讓南極地區倏地成爲新的國際政治舞台。1946/47 年，美國挾戰勝餘威直接將南極大陸當作軍事演習場所，首度且大量引入現代軍事裝備與人員以進行其「跳高行動（Operation Highjump）」（見探險選錄第 44）。1948 年，它更試圖與先前宣示主權的英國、阿根廷、智利、法國、挪威、澳洲與紐西蘭等國分享南極特權，主張 8 國聯合共管南極，但受到當時的蘇聯、比利時與南非等更具「南極活動資歷（Antarctic Presence）」❶ 的 3 國強烈反對而作罷。繼之在 1956/57 年的「冷凍行動（Operation Deepfreeze）」（見探險選錄第 49）中，美國策略性地於各國主權重疊處的南極點及南極大陸四周設立了數個研究站，而蘇聯也互別苗頭地在地磁南極點與南極大陸四周設立其基地。雖然至今還未有任何軍事基地及武器部署，但在缺乏共同認可的遊戲規則之下，南極政治的對抗張力逐漸緊繃。

「1957/58 國際地球物理年（IGY）」活動（見第 252 頁）適時舉行，除了促成前述 11 國加上日本共 12 國攜手合作，參與這次空前大規模的國際南極科學研究活動之外，更在美國總統艾森豪（D. D. Eisenhower, 1890 – 1969）的邀請下，於 1959 年 12 月 1 日在華盛頓達成了「南極地區的和平使用及建立國際秩序」之共識，並完成了「南極公約」的制定與簽署，而以英、法、俄及西班牙等為其官方語言發表。到 1961 年 6 月 23 日，該 12 個簽約國的國會陸續批准而正式生效，以管理國際南極事務。

內容

南極公約共有 14 條，各簽約國承認為了全體人類之利益，南極地區應持續永久且專屬地被使用於和平用途，而不得成為國際爭端的場所與標的。其重點：

1. 過去所有的主權宣示不予承認，也不得有新的宣告。
2. 禁止在南極地區進行任何軍事活動及武器測試，惟軍事人員與裝備得參與協助科學研究活動、研究基地之運作及其他和平事務。
3. 南極地區是非核地區，禁止任何核子試爆及丟棄核廢料。
4. 自由地進行南極科學研究與合作，科學計劃、人員及資訊等應自由交換。
5. 所有的研究基地及設備需開放，並接受聘任人員的檢查。
6. 若有爭端，由國際法庭和平解決。

7. 各簽約國對其派出的人員行使司法管轄權

南極公約系統（Antarctic Treaty System / ATS）

原簽約國（Original Signatory）

有 12 國，指制訂 AT 的阿根廷、澳洲、比利時、智利、法國、日本、挪威、紐西蘭、俄羅斯（當時的蘇聯）、南非、英國及美國等，其國旗永久特權地飄揚於儀式用南極點四周（見第 37 頁）。

簽約國（Signatory）

至 2014 年初，共有 50 個「簽約國」，指具聯合國會員資格並簽署 AT 者，包括上述的「原簽約國」及 38 個「非原簽約國」——如後文「南極公約顧問國」項下所列的 16 國，與「非顧問國」項下所列的 22 國。

南極公約顧問國（Antarctic Treaty Consultative Party / ATCP）

當今共有 29 國，指遵守 AT 第 9 條第 2 款之規定「進行實質的南極科學研究活動，如設立研究站或派遣科學研究隊」的前述 12 個原簽約國，及以下 17 個非原簽約國，其在後述的「南極公約顧問會議（ATCM）」中具有投票權：

國　家	簽約時間	晉昇時間
波蘭	1961 年 6 月	1977 年 7 月
德國（原西德）	1979 年 2 月	1981 年 3 月
巴西	1975 年 5 月	1983 年 9 月
印度	1983 年 8 月	1983 年 9 月
烏拉圭	1980 年 1 月	1985 年 10 月
中國	1983 年 6 月	1985 年 10 月
義大利	1981 年 3 月	1987 年 10 月
西班牙	1982 年 3 月	1988 年 9 月

國　家	簽約時間	晉昇時間
瑞典	1984 年 4 月	1988 年 9 月
祕魯	1981 年 4 月	1989 年 10 月
芬蘭	1984 年 5 月	1989 年 10 月
南韓	1986 年 11 月	1989 年 10 月
荷蘭	1967 年 3 月	1990 年 11 月
厄瓜多爾	1987 年 9 月	1990 年 11 月
保加利亞	1978 年 9 月	1998 年 6 月
烏克蘭	1992 年 10 月	2004 年 6 月
捷克	1962 年 6 月	2014 年 4 月

非顧問國（Non Consultative Party / NCP）

今有 21 國，指未從事實質科學研究活動的簽約國，其在後述的 ATCM 中不具投票權：

國　家	簽約時間
丹麥	1965 年 5 月
羅馬尼亞	1971 年 9 月
巴不亞新幾內亞	1981 年 3 月
匈牙利	1984 年 1 月
古巴	1984 年 8 月
希臘	1987 年 1 月
北韓	1987 年 1 月
奧地利	1987 年 8 月
加拿大	1988 年 5 月
哥倫比亞	1989 年 1 月
瑞士	1990 年 11 月

國　家	簽約時間
瓜地馬拉	1991 年 7 月
斯洛瓦克	1993 年 1 月
土耳其	1996 年 1 月
委內瑞拉	1999 年 3 月
愛沙尼亞	2001 年 5 月
白俄羅斯	2006 年 12 月
摩洛哥	2008 年 5 月
葡萄牙	2010 年 1 月
馬來西亞	2011 年 10 月
巴基斯坦	2012 年 3 月

南極公約秘書處（Antarctic Treaty Secretariat）

爲遲至 2004 年 9 月方成立於阿根廷首府布宜諾斯愛麗斯（Buenos Ares）市的常設機構，用以支援促進 AT 系統的業務運作。

▲紐西蘭外交部出版的第21屆ATCM報告

南極公約顧問會議（Antarctic Treaty Consultative Meeting/ ATCM）

這是 AT 的決策機構，原每 2 年召開一次，後自

▲南極公約 50 週年高峰會現場，投影影像為美國前總統艾森豪簽署 AT / 南極公約 50 週年高峰會

1994 年起改爲年會，而通常在 4、5 月間舉行；除各簽約國代表出席之外，還有相關之非政府組織（NGO），如「南極與南冰洋聯盟（ASOC）」❷，代表列席。2009 年是 AT 簽訂 50 週年，該第 32 屆年會在 4 月 6 日到 17 日於美國巴爾地摩（Baltimore）市舉行。

人類在南極地區的活動管制、資訊交換、歷史古蹟的保存、動植物及環境的保護、特別保護地區（SPA）（見第 247 頁）之設立、廢棄物的處理程序、污染的管制、旅遊活動的衝擊與管制及世界環境變遷（Global Change）等，均爲會議常見議題。

南極海豹保護協定（CCAS, 1978）

其於 1978 年 3 月 11 日生效，涵蓋各種海豹的保育，包括捕捉威德爾、食蝦及豹紋海豹等做科學研究的數目限制。

南極海洋生命資源保護協定（CCAMLR, 1982）

其於 1982 年 4 月 7 日生效，涵蓋自南極匯流圈以南，除了海豹、海鳥及鯨類以外的各種海洋生命資源，並對南冰洋漁撈（尤其磷蝦）做計劃管制。

馬德里環境議定書（Madrid Environmental Protocol / MEP, 1991）

雖然紐西蘭在 1975 年提議，並在智利的支持下將南極地區劃爲「世界公園（World Park）」，但許多國家均以經濟利益爲由，認爲南極採礦不可免。是故，從 1982 年起，即有一連串試圖尋求礦物開採而不影響南極保護的討論，期能尋求共識。在 1988 年 6 月於紐西蘭威靈頓舉行的 ATCM 特別會議中，曾通過「南極礦物資源及活動管制協定（CRAMRA）」之決議，所幸最後未施行。

爲了避免瓜分資源甚至引發戰爭，直接或間接造成對南極地區本身，乃至於全球生態、環境、氣候甚至整個生存系統的崩解……等無法彌補的衝擊，包括聯合國及歐洲議會等組織曾在 1989 年壓倒性地通過「南極世界公園化」的議案。前述 ASOC 轄下超過 150 個世界環保團體，尤其是國際綠色和平組織❸等，亦大力推促「南極世界公園運動」（見第 208 頁）。加上如史迪格等人在 1989/90 年橫越南極大陸探險活動中附帶公眾輿論（見第 223 頁），促使澳洲、法國、比利時及義大利等 4 國領先在 1991 年 10 月於西班牙馬德里（Madrid）舉行的 ATCM 中力挺前述議案。儘管日本、南韓及印度棄權，但「馬德里環境議定書」仍順利通過，它共有 26 章，**是對南極地區作全面保護的最新共識**，其中強調：

1. 將南極地區劃爲「世界公園」，禁止採礦 50 年，並將它明確地定義爲「一個爲和平及科學研究的自然保護區」。
2. 規定在南極地區的所有活動，包括官方與民間的，需事先提出環境評估，並全部納入監督。
3. 將快速發展的南極旅遊也納入前述管理。

MEP 原有 5 個執行附件，規定有關環境評估、動植物保護、廢棄物處理、海洋污染防止以及特別保護地區（SPA）和特別管理地區（SMA）之建立。其中SPA是用以保護特殊的自然生態系統或史蹟[4]，需經許可方得進入該區；而SMA則是涵蓋人類活動需要特別規劃及統合的地區，如南極旅遊的登陸地點。儘管其有幾個瑕疵：

1. 禁止採礦期限設定爲50年，且有翻案與修改之條款。
2. 沒有責任及賠償條款。
3. 沒有糾紛處理規定。

但它在取得「對南極地區做廣泛保護的國際共識」方面實爲一大突破。「馬德里環境議定書」由西班牙領先在次年7月經過國會批准，美國及俄羅斯等分別拖到1997年4月，日本殿後在1997年的12月完成，終於使當時26個ACTP之國會全部通過該議定，並在1998年1月14日起正式生效。另，包括挪威、瑞典、澳洲、荷蘭、德國、英國、比利時、芬蘭、美國、日本及紐西蘭等國，都已將之納入其國內法系統內，紐國還有獨立的環境稽核系統，以監督及評估其所規劃的南極活動對議定書內容的遵守情況。

2005年，第28屆ATCM通過了第六個執行附件並付諸實施，以規範因科學研究、旅遊及所有官方與民間活動所致的環境災害。

環境保護委員會（CEP）

係依MEP所設之機構，自1998年起運作，其年會與ATCM同時召開，當今有35個會員國。

南極科學研究委員會（SCAR）

1958年成立於英國劍橋，以南極科學研究的資訊交流，並綜理協調南極科學研究的國際合作計劃爲宗旨，每2年召開爲期約2週的集會。積極從事南極科學研究的國家即可申請成全會員，現有 31 個會員國，含 NCP 的加拿大與瑞士，而馬來西亞在未簽署AT 前便先加入。各會員國需向其提出每年的研究計畫與報告。

國家南極科學研究計畫經理委員會（COMNAP）

成立於 1988 年，自 2009 年 7 月起，其秘書處輪值設於紐西蘭基督城的肯特布里（Canterbury）大學，爲期 6 年。針對科學研究活動的實施，提供各國南極科學研究主管部門間的交流與合作，現有 28 個均隸屬於 ATCP 的會員國。每年集會 1 次。

南極公約 50 年的回顧

在過去半世紀，別名「南極俱樂部（Antarctic Club）」的 AT 不但是人類首次由國際社會共同和平使用及管理一片陸地與海洋，也是聯合國成立以來首度以另起爐灶的國際政治系統來管轄一地區的實例，同時是第二次世界大戰後，冷戰時代中唯一成功管理的非軍事化地區；另，在國際非政府組織（NGO）的推促下，南極保護的理念已得到相當程度的國際認同，某些國家甚至還將其列入國內法，如紐西蘭國會分別在 1960、1981 及 1994 年通過「南極大陸」、「南極海洋生命資源」及「南極大陸環境」等保護法。惟：

1. 當今 50 個簽約國數量，只佔 193 個聯合國會員國數量約 25.9%，而且他們還並未全數參與 AT 系統內的保護協定、議定書或委員會等。
2. 相反地，以長期實質的科學研究活動做爲參與 ATCM 並具備投票權的門檻，導致當今有權決定南極國際事務的 28 個 ATCP 也只佔聯合國會員國數量的 14.5 %，且貧窮國家的參與權及其國家利益也被剝奪。

馬來西亞及安提瓜（Antiqua）曾在 1982 年聯合國大會首度提出上述問題，截至 1992 年，每年都被出來討論，主張南極地區屬各國所有，其國際事務應回歸聯合國系統管轄，且其自然資源不應由 AT 簽約國瓜分，只不過 AT 迄今仍站穩掌管南極國際事務的地位。而且馬來西亞近年來也已投入南極科學研究活動（見第 265 頁），並於 2011 年 10 月加入 AT 而成為非顧問國

各國的國家南極政策（National Antarctic Policy）

通常，各國的外交部是其南極事務的最高主管單位，制訂有「國家南極政策」，各國的國家南極科學研究活動（NARE）（見第 253 頁）即在其下實施。

紐西蘭外交部出版的「國家南極事務政策重點」呈現了其南極政策：

1. 保存南極大陸與南冰洋之固有價值，以利國際社會及其之世代人民。
2. 保持南極大陸為一中立與不結盟鄰居，確保國家安全。
3. 在南極公約的特色範圍內，增進該國在南極事務的支配領導地位，進而達成世界安定。

❶ 這說明「南極活動資歷」是國際南極事務發言權之所繫。

❷ 該聯盟始於 1978 年，全球有超過 150 個 NGO 會員，旨在南極地區的保護。

❸ 1989 年 6 月，筆者曾於紐西蘭的 L. Taupo 鎮目睹其綠色和平組織的全國巡迴活動，包括發動一人一信要求國會議員監督政府堅守南極世界公園化的立場。

❹ 配合的機構如紐西蘭的「南極遺產基金會（AHT）」、澳洲「蒙生木屋基金會（AAP）」及英國的「英國遺產基金會（UKHT）」等，分別負責維修與保護各自在羅斯海域地區、聯邦海灣地區及南極半島地區的史蹟文物。

第十四章
各國的南極科學研究活動

許多國家均有其南極事務政策，國家南極科學研究活動除了有利國計民生，也是參與南極國際外交活動的方式之一，有些國家使用他國的研究站而進行非持續的南極科學研究。

圖片來源／企鵝先生

國際極地科學研究活動

第一個國際極地年（International Polar Year, IPY）科學研究活動

1875 年，德國科學家諾以瑪亞（Georg B. von Neumayer, 1826 – 1909）❶ 提出「南 / 北極國際合作科學研究」的概念，加上在北極探險家奧地利海軍軍官維普利賀特（Karl Weyprecht, 1838 – 1881）的推促下，於太陽活動最不活躍的 1882/83 年舉行了此項活動。有 12 個國家在北極地區設立 14 個觀測站，投入對大氣、氣象、地磁、積冰和極光等項目的探究。

第二個國際極地年科學研究活動

在國際氣象組織（IMO）❷ 的策劃下，同樣於太陽活動最不活躍的 1932/33 年舉辦。有 40 個國家在北極地區成立 40 個觀測站，南極地區則由美國探險者博德設立了一個氣象站（見第 192 頁），投入類似項目的科學探究。

第三個國際極地年科學研究活動——國際地球物理年（International Geophysical Year, IGY）

1950 年 4 月，美國物理學家博克諾（Liyod Berkner, 1905 – 1967）博士等人向國際科學聯盟委員會（ICSU）❸ 提議，促成自 1957 年 7 月到次年 12 月的「1957/58 國際地球物理年」，進行對地球及宇宙環境的國際科學研究活動。有 67 個國家、超過 1 萬個科學家參與，其中阿根廷、澳洲、比利時、智利、法國、日本、紐西蘭、挪威、南非、英國、美國及當時的蘇聯等 12 個國家在南極設立了 55 個觀測站，進行包括當時極強烈的太陽黑子活動及多種地球科學研究。活動中，蘇聯與美國先後在 1957 年 10 月 4 日及 11 月 8 日發射了人造衛星，引發了後續的太空探險競賽。

第四個國際極地年科學研究活動

從 2007 年 3 月到 2009 年 3 月，由 ICSU 及世界氣象組織（WMO）所主辦，超過 60 個國家參與並投入 220 多個極地研究計畫，有 6 個圍繞「全球環境變遷（Global Change）」的主題，涵蓋自然與人文，**是史上最大規模的國際科學研究活動**。其配合公共教育，並舉辦南極公約（AT）簽訂 50 週年紀念活動。

各國從事國家南極科學研究的理由

「國家南極科學研究活動（National Antarctic Research Expedition, NARE）」的完整定義，應指各南極公約顧問國（ATCP）政府先制訂其「國家南極政策（National Antarctic Policy , NAP）」——它是國家外交、海洋甚至教育政策的一環，而後成立專屬執行機構（只進行南極研究的國家設立「國家南極研究院 / National Antarctic Research Institute」或類似機構，而進行南北極研究的國家則設立「國家極地研究院 / National Polar Research Institute」或類似機構，也有例外如美國不另設機構而以「國家科學基金會 / National Science Foundation, NSF」統籌全國的科學研究），再由其訂定數年 1 期的「國家南極研究計畫（National Antarctic Research Program, NARP）」，設立並運作其自有的研究站（使用他國研究站者，如荷蘭例外），並有專屬官方標記和字母代號（如「ANARE / 澳洲國家南極研究活動」、「JARE / 日本國家南極研究活動」、「NAAP / 荷蘭國家南極研究計畫」、「PNRA / 義大利國家南極研究計畫」及「USAP / 美國國家南極研究計畫」）用於其科學研究團隊的制服、旗幟、設備和文件之上，而（可能配合其他研究機構，如大學）「實質、每年持續不止地進行」南極科學研究活動。

某些非南極公約顧問國，甚至非簽約國，在不具前述的完整背景下，其官方亦投入較小規模或斷續之南極科學研究活動，也算是寬鬆定義下的 NARE。

一般說來，南極科學研究活動是昂貴的。一則，因南極地處偏遠，人員與設備之運輸補給所費不貲；再則，當地的嚴苛自然條件，建設適合人員起居及進行研究的環境也不便宜；再加上每年可從事室外研究工作的南極夏日（Austral Summer）只有幾個月，使得相對成本更形提高。但儘管如此，在前述的 1957/58 IGY 活動結束後，雖然該 12 個國家已達成科學研究基地運作展延 1 年的共識，可是實際上包括原本反對的國家，卻都一路進行其南極科學研究活動至今，甚至曾先後撤退的日本、比利時與挪威等國均分別重返。

現今有 28 個 ACTP 投入 NARE。而 NCP 的羅馬尼亞及捷克自 2006 年起擁有夏日研究站，但未晉升爲 ACTP；另，加拿大、哥倫比亞、丹麥、愛沙尼亞、馬來西亞、葡萄牙、巴基斯坦、委內瑞拉及瑞士，以及非簽約國的印尼、毛里西斯和泰國等國，則使用他國的研究站進行非持續性的活動。巴基斯坦在未簽約前即曾涉入，並運作其夏日研究站。

各國從事 NARE 之理由大致如下：

1. 政治策略：AT 將「進行實質的南極科學研究」明訂爲進入其權利核心——亦即「南極公約顧問國會議（ACTM）」——的門檻，使得 NARE **被賦予政治意涵而成爲「南極國際外交活動的一環」**，並促使各國爲了維持其南極國際事務的參與權以確保其國家利益而競相投入。那些過去曾做主權宣示，儘管 AT 不予承認，卻於檯面下維持其意圖的國家，亦用以強化其「南極資歷（Antarctic Presence）」及發言權。常見的相關措施是：
   (1) 發行南極郵票。
   (2) 在其研究站建造飛機起降跑道，不理會環保團體的反對。
   (3) 花費鉅資呵護其南極歷史遺跡：以英國、澳州及紐西蘭等英語系兄弟國家最積極。
   (4) 將研究站建成移民聚落：內設郵局、學校、銀行、超市及教堂等公共服務設施，甚至鼓勵人民去那裡生育，如阿根廷及智利。
   (5) 策略性地選擇地點及數目佈設研究站：就前者而言，研究站設於南極圈之內和內陸，比設於南極圈之外和海岸地區更能展現運作實力。包括冷戰時代的美國及蘇聯，以及雖然具備聯合國安理會常任理事國身份，卻不在AT原簽約國名單的中國於1980年代投入的佈局，都呈現了此方面的考量。中國策略性的地點佈設，從其初始的2個研究站，到仿效各擁1個「極（Extremity / 山頭）」設站的美、俄，而在2009年初於**極地高原上的最高海拔處**啓用了其第一個「內陸研究站（Inland Station）」（見第275頁），且另有2個在興築中。

(6) 成立全年運作的研究站，而非夏日研究站（見第274頁）。

2. 南極科學研究具國際合作之屬性[4]，使其成爲國際南極外交活動的一環。
3. 爲了南極世界公園本身，及其所巨大影響的全球天候、洋流、生態甚至生存系統等，而從事如南極生態、環境保護、漁撈 / 旅遊管制及歷史遺跡之保存等普世價值的南極保護議題之探究。
4. 南極地區的特殊條件有利於某些科學研究（見第300頁）。
5. 爲應用科學發展與經濟民生：

(1) 某些研究有利於國民生命財產之保障，並攸關國土開發、產業及能源政策等國家發展利益，如對地震、海嘯、海洋及臭氧層破壞等。尤其是導致日益嚴重的自然災害，而在近年來倍受關切的「地球溫室效應」之環境科學研究。

(2) 某些研究可能應用到產業上，如寒帶生物耐寒研究在生理醫藥之應用、浮游生物如何對抗強烈的紫外線而有利於化妝品研製、氣象研究與農漁牧 / 建築之關係、太陽風對衛星通信之干擾（曾導致歐洲太空計劃的阿利安火箭爆炸）與太空及通信科技之改良、研究站之污水廢棄物處理、高效率的暖氣系統、環境評估技術、特殊土木工程、水中作業、造船、遙感技術及鑽探等新科技之研發。

(3) 對南冰洋經濟動物，如南極蝦及魷魚的生態、捕撈及處理的研究。

6. 爲南極地區之自然資源分配，尤其如石油能源的潛在利益。

當今 ACTP 中的 16 個非原簽約國，大多數即在 ACTM 討論開放南極採礦的 1980/90 年代間，投入 NARE 而晉升。

各國的南極科學研究活動簡介選錄

南極公約顧問國（ATCP）

1. 智利

其南極研究活動始於 1916 年，其曾參與 1957/58 IGY 活動並為 AT 的原簽約國，續在 1964 年 5 月成立「智利南極科學研究院（INACH）」，包括大學、科學研究中心及高中生等均有參與，每年有約 30 個研究計畫。其旁它阿雷納（Punta Arena）港為重要的南極活動前進基地都市。

智利的 NARE 配合其在南極半島的領地主權宣示，現有 4 個全年運作及 5 個夏日研究站，該國三軍直接介入運作，甚至設有聚落相關設施，配備有 1 艘 6,500 排水噸的破冰（見第 315 頁）研究 / 運輸船維爾（Oscar Veil）號，隸屬海軍，旁它阿雷納（Punta Arena）是其母港。

2. 英國

英國在 1920 年就成立了附屬於劍橋大學的「史考特極地研究所（SPRI）」，由捕鯨業的稅賦支援，**為世界最古老的極地科學研究機構**，亦為當今 AT 系統之下「南極科學研究委員會（SCAR）」的所在。曾因第二次世界大戰而中斷 4 年的研究活動，但參與 1957/58 IGY 活動，更成為 AT 的原簽約國。戰後，其 NARE 曾被移交給福克蘭群島殖民政府負責，後於 1962 年起改由「英國南極研究院（BAS）」取代；其 2009/10 年之花費約為 4,710 萬英鎊。

現有 4 個全年研究站及 1 個夏日研究站，配屬有 7,767 排水噸的破冰研究 / 運輸船羅斯（James Clark Ross）號，及 5,455 排水噸的驅冰（見第 315 頁）研究 / 運輸船雪可頓（Ernest Shackleton）號，福克蘭島的史丹萊（Stanley）係其母港。

3. 挪威

▲挪威國家極地研究所的出版品

其南極科學研究始於 1920 年代，以配合其活躍的捕鯨活動，在參與 1957/58 IGY 活動並成爲 AT 的原簽約國後，將其研究站轉給南非，而在 1960 到 1970 年代間只零星地和他國合作進行研究活動。1979 年，在「挪威極地研究所（NPI）」成立後開啓其 NARE，並在 1990 及 1993 年初各設立了 1 個小型夏日研究站，前者自 2006 年 11 月起全年運作。

自 1990/91 年起，與瑞典及芬蘭聯合作業以節省經費，海洋學、海洋生物、海洋地質、冰河、鳥類、環境及廢物處理等爲其注重的領域。今擁有 1 艘 2,370 排水噸的驅冰研究 / 運輸船蘭斯（Lance）號，母港是特羅姆瑟（Tromsø），新船在著手建造中。

4. 俄羅斯

原「蘇聯聯邦南北極研究所（AARI）」成立於 1920 年，1956 年起設立其第一個南極科學研究基地並參與 1957/58 IGY 活動，且成爲 AT 的原簽約國，後在 1992 年 8 月起由俄羅斯繼承。今 AARI 下轄 17 個研究部門及南北極博物館與資訊中心，曾因冷戰結束加上蘇聯垮臺後的經濟困境關閉部分研究基地，改以國際合作運補以節省經費；現在，其研究計劃由 18 個研究所分別進行，有 4 個全年研究站及 5 個夏日研究站在運作。另，擁有 1 艘 16,200 排水噸的驅冰研究 / 運輸船費奧多羅夫（Akademik Fyodorov）號，聖彼得堡（Saint Petersburg）是其母港，另租用補給船。

▲美國海軍在基督城的後勤支援單位 / 企鵝先生

5. 美國

在1939年即成立了其南極事務機構，曾參與1957/58 IGY活動並成為AT的原簽約國。其NARE由成立於1950年的「國家科學基金會（NSF）所負責，並在海軍部門及海岸防衛隊的硬體與人員支援之下，配合民間包商而展開，其任務名稱「冷凍行動（Operation Deep-freeze）」一直沿用至今。其2007/08年度花費約為3億4,850萬美金，而在2008/09年，曾進行了超過135個研究計畫。

現有3個全年運作的研究站，配屬有自民間租賃之分別為6,147和2,966總噸（GT）的帕瑪（Nathaniel B. Palmer, NBP）號及哥得（Laurence M. Gould）號等2艘破冰研究 / 運輸船，

▲美國國家南極科學研究計畫標章

▲停泊於紐西蘭Lyttelton港的帕瑪號 / 企鵝先生

及其他租用的船隻做研究與運補作業。洛杉磯的灰內米港（Port Hueneme）是其「南極港都」。

6. 紐西蘭

紐國在 1957/58 IGY 時成立了其研究站，並為 AT 的原簽約國。1959 年 4 月，成立南極署。到 1980 年代後期最高峰時，每年夏季有超過 100 位研究員及幾乎同等數目的後勤人員南下。

▲紐西蘭國家南極科學研究計劃 標章

其南島的基督城（Christchurch）是紐西蘭、美國及義大利前進南極的基地都市，擁有一座「國際南極中心（IAC）」，其中包括成立於 1996 年 7 月的「紐西蘭南極研究院（NZAI）」、美 / 義 2 國的南極事物機構辦公室、國際南極資訊及研究中心（ICAIR）和後勤支援中心。後者配合附近的機場及港埠，對其 3 國分別位於羅斯海域及南極點的研究站做運輸、補給與緊急救援作業。未擁有破冰船，而由其空軍支援運補。

▲國際南極中心 / 企鵝先生

▲國際南極資訊及研究中心 / 企鵝先生

研究計畫分南極物理環境、南冰洋及南極生態系統等 3 大主題，由各大學及公私科學研究機構共同負責，中學以上有南極研究獎學金，包括其學生、藝文工作者及童子軍等都被安排到研究站，參與 7 個大型長期的國際合作研究計畫。

NZAI 也負責招訓其研究站的契約工作人員，通常在每年 4 月份招募夏季人員，包括廚師、木工、電工、機械工和野外活動教練等。在 9 月中施予集訓，包括野外安全活動技巧、急救、消防、通信與相關法規。而後在每年的 10 月初被空運到基地，再進行實地野外訓練，包括挖掘冰窖並在其中過夜以適應寒冷，然後準備與過冬人員做任務交接，後者則約在當月底撤離。

2007 年 1 月，其唯一全年運做的研究站作 50 週年慶，女總理克拉克（Helen Clark）曾到現場主持紀念活動。

7. 比利時

在參與 1957/58 IGY 活動時，比利時曾建立 1 個研究站並與荷蘭合作，而後成爲 AT 的原簽約國。但是到 1967 年初，卻因積雪掩埋及財務不繼而關閉，繼下來的2季使用南非基地後終止活動。1985年，在「比利時聯邦科學政策辦公室（BELSPO）」掌理下恢復南極活動，而與澳洲、德國、日本、法國及英國等合作使用其研究站，迄今每季進行十幾個研究計畫。近年成立了「國際極地基金會（IPF）」負責極地及環境教育之相關事宜，並綜理在第四個IPY活動初動工興築新世代的夏日研究站，並已於2009年初啓用（見第288頁）。

其運補作業未擁有專屬設施，而採用國際資源。

8. 南非

曾參與1957/58 IGY活動而為AT的原簽約國，第一個研究站係於1959年12月自挪威接手。現今其研究計劃爲每5年1期，且與英國、美國及紐西蘭等國有國際合作，重點目標爲：增進對南極大陸與南冰洋之自然環境與生命的瞭解，並確保該國參與對其國家利益有關之事務的政策制定。

該國現有2個全年運作的研究站，2012年3月起配屬1艘13,687排水噸的新破冰研究／運輸船阿古哈斯二號（Agulhas II）號，開普頓（Cape Town）港爲其前進基地。

9. 日本

曾參與1957/58 IGY活動，後成爲AT的原簽約國，但在1962年2月關閉其研究站。1965年，建造新破冰船並重返。1973年9月，成立「日本國家極地研究所（NIPR）」，對南極光、高空大氣、天文、海洋、醫學、礦物、地質、全球環境及氣候變化等項目均積極涉入研究，其研究計劃係以每5年爲1期。自1988年起，其大學研究院內設有南極研究的博士學位課程。2006年10月，該所內成立國際事務部以處理國際合作交流相關事宜；近年，泰國曾派員到日本的昭和研究站工作。每年舉辦10次公共教育活動，包括與研究站現場連線的遠端教學。

NIPR 現有 1 個全年運作之研究站與 3 個夏日研究站，有 1 艘配屬其海事自衛隊之 12,701 排水噸的破冰研究 / 運輸船新白瀨（Shirase）號，橫須賀（Yokosuka）是其母港。

10. 荷蘭

印象中，荷蘭是海洋活動力旺盛的國家，但是自 17 世紀中葉其塔斯瑪船長的海上探險之後，其南極活動史幾乎一片空白，直到 1960 年代中期才開啓與比利時的合作，涉入南極科學研究。近年來，由於對世界環境問題，尤其是全球暖化致海水位增高等議題的關切，自 1990/91 年起，荷蘭租用波蘭的基地從事其 NARE，而在 1990 年 11 月成爲無研究站而晉升爲 ACTP 之特例。在 2002 年 4 月，荷蘭才宣佈正式擴展其極地研究從北極到南極。

今其 NARE 由「荷蘭科學研究組織（NWO）」掌理，年度預算約在 120 萬美金。

11. 德國

二戰後分裂的德國未能參與 1957/58 IGY 活動及 AT 的制訂，直到 1974 年 11 月才由西德簽署參與。其 NARE 始於 1980 年代 ACTM 討論開放南極採礦時，於 1980 年成立掌理極地與海洋研究事物的「威格納研究院（AWI）」，次年成立其研究站後即晉升爲 ATCP；專注領域爲地球、生物及氣象科學。擁有 1 個全年研究站及 3 個夏日研究站，配備 1 艘 17,300 排水噸的破冰運輸 / 研究船極星（Polarstern）號，布萊梅哈芬（Bremerhaven）港是其前進基地。

12. 印度

開啓 NARE 的時間背景與德國相同，而在其「國家南極與海洋研究中心（NCAOR）」之策劃下積極涉入。在 1983 年 8 月成爲 AT 的簽約國，並在次月晉升 ACTP，爲最快速晉升爲 ACTP 的首例。1983/84 年始建研究站，次年初啓用並全年運作，曾與德國、義大利、法國、美國、波蘭、馬來西亞、哥倫比亞、秘魯及毛里西斯等國合作，新完成的研究站於 2012 年 11 月啓用。

NCAOR 在 1998 年 5 月改制成爲其海洋發展部轄下之獨立研究所，今其轄下有國家南極資訊中心、極地博物館及 1 艘 4,888 總噸的海洋研究船康亞（Sagar Kanya）號，果阿（Goa）港是其前進基地。新船在建造中。

13. 中國

開啓 NARE 的時間背景與德國相同，今日掌理其國家極地事物的「中國極地考察辦公室（CAA）」源自成立於 1981 年的「中國南極考察委員會辦公室」。1983 年 6 月簽署 AT；1989 年成立「中國國家極地研究所（PRIC）」，續在 1985 及 1989 年的 2 月各成立了 1 個研究站。1985 年 10 月晉升爲 ACTP。自 1991 年起，其研究計畫以 5 年爲 1 期實施。

設立在極地高原最高海拔處的內陸夏日研究站已在 2009 年 2 月啓用，另 2 個正在興築中，預計在 2015 年啓用——其中一個是位於羅斯海域維多利亞領地的全年研究站，另一個是在東南極大陸，位於其內陸研究站和海岸研究站間的夏日研究站，呈現了後來者積極進取而投入南極國際舞台的意圖。PRIC 配屬有 1 艘 21,025 排水噸的破冰研究 / 運輸船雪龍號，母港是上海；其空軍軍機亦協助位於南極半島的研究站運補作業。

14. 南韓

開啓 NARE 的時間背景與德國相同，先在 1985 年參與文生山攀登探險活動，次年 11 月簽署 AT。1987 年，開啓南極蝦漁撈與海洋學研究，於 3 月及 8 月分別成立了「南韓極地研究實驗室（KPRL）」及「南韓南極研究委員會（KONCAR）」以綜理其南極事務。次年 2 月成立研究站，11 月舉辦國際南極研究學術研討會；1989

▲南韓國家南極科學研究計畫標章

年10月晉升爲ACTP。1995年5月，主辦第19屆ACTM。2002年7月，成立「南韓極地研究委員會（KONPOR）」。2004年4月，「南韓極地研究所（KOPRI）」成立。其NARE之年度花費約在550萬美金。

KOPRI現擁有1個全年運作的研究站，並配屬1艘在2009/10年剛啓用、6,950總噸的破冰研究/運輸船阿拉龍（Araron）號，母港是仁川；另一個建造中的研究站預計在2014年啓用。

另，法國與澳洲也有活躍的南極研究活動，前者當今由其極地研究所（IFREMER）負責，擁有4個（另與義大利共同擁有1個）全年運作的研究站及1艘破冰研究/運輸船；後者有面對南極大陸最寬廣的國土，當今由其環境部轄下之南極研究署（AAD）總責，擁有4個全年運作的研究站及1艘破冰研究/運輸船。

非顧問國（NCP）

1. 加拿大

早在上世紀初，加拿大即有探險隊到南極過冬，但隨後只有零星的活動。其在1988年4月方簽署AT，背景同因ACTM討論開放南極採礦。1991年，成立「加拿大極地委員會（CPC）」掌理其極地相關事物。1998年，成立「加拿大南極研究委員會（CCAR）」，惟至今只由各機構的研究人員獨立參與國際研究活動，而未有其NARE。

但在其他南極事務，如將馬德里環境協議書列入國內法，及其他相關環保與科技研究的努力卻不落人後。且自1980年代起，其私人產業部門開始在南極地區銷售陸空運輸／通訊裝備及提供旅遊、大自然活動、運補、救難、營建及環保工程顧問等商業服務，爲少數有南極外匯收入的國家。

2. 瑞士

自1968年起即參與美國、紐西蘭及義大利等國的活動，以及歐洲南極極地鑽冰研究計畫（EPICA）等活動。1990年才簽署AT，背景與前幾個國家投入其NARE同，惟未有其NARE及成立研究站。

3. 巴基斯坦

該國在1991年參與南極科學委員會（SCAR），於1月成立研究站成爲非簽約國的特例，也是第一個涉入南極事務的回教國家。其南極研究計畫由「國家海洋研究所（NIO）」主導，並透過其海軍的支援而實施，主要從事地質、地球物理、環境及海洋學等研究。1992/93年後曾中止活動，近年恢復活動，與美國有研究合作；現有1個夏日研究站及1個氣象站。

當今是SCAR準會員；在2012年3月簽署AT。

4. 愛沙尼亞（Estonia）

在早期的南北極活動中，愛沙尼亞即有相當程度的參與，第一個發現南方大陸的俄羅斯南極探險隊的別林斯高晉（見探險選錄第10）即來自該國。冷戰時代，其在蘇聯名下活躍地參與南極研究活動，蘇聯垮台後轉而自力參與各國的活動，並於2001年5月成爲AT簽約國，但原訂2006年於義大利研究站附近設立其夏日研究站的計畫未實現。

5. 馬來西亞

雖曾反對而未簽署AT，但於1996年與紐西蘭簽署雙邊科學研究合作協定，原由「馬來西亞科學學院（ASM）」綜理其南極科學研究。1999/2000 年起，曾和阿根廷、澳洲、印度、南非、南韓、紐西蘭與英國等國合作而使用其研究站；2002 年 8 月，成立「馬來西亞科學研究中心（MARC）」以專責研究工作。

2004 年，加入 SCAR 成準會員，當今是全會員。2011 年 10 月，成 AT 簽約國。

6. 葡萄牙

雖然給人海洋活力旺盛的印象，但葡萄牙在南極活動史上卻很寂靜，至今只有零星的活動，遲到 2010 年 1 月才成爲 AT 簽約國，在 SCAR 則是準會員。

非簽約國

1. 印尼

2001/02 年起到 2004/05 年間，其曾派出 1 到 2 位科學人員到澳洲的戴維斯（Davis）或墨生（Mawson）研究站工作。2005 年 3 月，與澳洲簽署以 5 年爲期的南極科學研究合作協定。

2. 泰國

2004/05 年，1 位泰國研究員曾使用日本的昭和研究站以自製的機械手在南極深海從事生物學探究；2009/10 年，有 1 位女研究員前往。2014 年 1 月，有 2 位研究員前往中國長城研究站參與活動。

國家南極科學研究的附屬活動

近代的南極探險活動中已開始有童子軍參與，當代的南極科學研究站也是兼具全民教育及國際外交的多功能場域，如紐西蘭現在有獎學金及所謂「南極青年大使計畫（AYAS）」資助高中以上學生前往參與科學研究及探訪。其他如藝術、文學、環保及服裝設計等工作者，也會被選派參與研究站的活動。

南極科學研究站相當於國土的延伸，通常歡迎具國際外交意涵的參訪活動。

亞洲極地科學論壇（AFoPS）

始於2002年，秘書處設於日本極地研究所，成員有中國、印度、日本、馬來西亞及南韓等，每年集會1次。

國人曾參與的南極科學研究活動選錄

在2000/08年民進黨執政期間，台灣南極學會（ASOT）曾推促其成立專屬機構、派遣台灣南極科學研究隊到他國的研究站工作，走出「台灣南極科學研究活動（TWARE）」的第一步，可惜連樓梯聲都未曾響過（見第396頁），台灣至今無其NARE（TWARE）。台灣人所曾涉入的南極科學研究活動型態如下：

1. 政府機構主辦

唯一記錄是1976/85年間由台灣水產試驗所主辦之4航次的台灣南冰洋漁業科學研究活動（見第205頁）。

2. 在海外以個人身份參與他國的NARE

(1) 1976年3月至4月・法國NARE・盧重成教授／國立中興大學生命科學系

在南印度洋之科羅澤（Iles Crozet）島、瑪麗安（Marion）島及愛德華王子（Prince Edward）島附近海域做海洋生物學研究。

▶於科羅澤島／盧重成教授

▲凱爾蓋朗島上的象豹及法蘭西斯港基地／陳鎮東教授

(2) 1981 年 10 月至 11 月・蘇聯 NARE・陳鎮東教授 / 國立中山大學海洋地質與化學研究所
在南極半島尖端附近之史考提亞海與威德爾海域做海洋科學調查。

▲於屬地島 / 陳鎮東教授

(3) 1984/85 及 1985/86 年・法國 NARE・陳鎮東教授 / 國立中山大學海洋地質與化學研究所
前往南印度洋的法麗（Alfred-Faure）和法蘭西斯港研究基地（見第 281 頁），以及附近之屬地（Possession）及科羅澤（Isles Crozet）等島嶼做海洋學研究。

▲於南非研究站附近 / 陳天任教授

(4) 1986/87 年・南非 NARE・陳天任教授 / 國立台灣海洋大學海洋生物研究所
在南非科學研究站及附近海域做南極冰魚研究。

▲於戴維斯研究站 / 盧重成教授

(5) 1989/90 及 1991/92 年・美國 NARE・胡健驊教授 / 國立台灣海洋大學海洋環境資訊系
前往南極半島西岸之帕瑪（Palmer）研究站（見第 284 頁）及附近海域做南極蝦的相關海洋科學研究。

(6) 1991年1月至2月·澳洲 NARE·盧重成教授 / 國立中興大學生命科學系

前往戴維斯、墨生研究站（見第 279 頁）和普來茲灣（Prydz Bay, 在 75° E 附近）做海洋生物學調查。

(7) 1992年8月至9月·美國 NARE·胡健驊教授 / 國立台灣海洋大學海洋環境資訊系

在帕瑪研究站附近海域做冬季南極蝦的相關海洋科學研究。

3. 台灣科學研究員至中國的南極研究站、穿著鏽有「中國國家南極科學研究活動（CHINARE）」官方標記之「中國國家南極科學研究隊」制服，而參與在 CHINARE 旗下的南極研究活動

其實，這是以「兩岸南極科學研究合作交流」爲名的「政治活動」（見附錄九）。

自 2009/10 到 2011/12 年共 3 個南極夏季，有來自國立海洋生物博物館（林嘉瑋、郭富雯、何宣慶、林家興）、國立中山大學（溫志宏、張祐嘉）、國立東華大學和私立正修科技大學（許廷煒）等台灣科學研究人員先後參與在中國的南極研究站所進行的南極生物學研究。

由於中國宣稱台灣是其一部份，台灣人在其研究站活動自然受中國的司法節制，在南極活動的過程中不可能有台灣南極研究隊的官方旗號與標誌，也使得他們所參與的 CHINARE 成爲「中國國內，而非國際性（如後述第四項）」的研究活動。也就是說，雖然他們自稱在進行台灣南極科學研究，實則他們的身份是「中華人民共和國下的台灣南極研究員」（回台後，部分研究員也確實公然穿著 CHINARE 的制服發表成果）❺，導致台灣在南極學術研究及南極國際政治領域上的成果，自然地被國際社會分別登載於 CHINARE 及中國名下，類似前述台灣研究員以個人身份參與他國 NARE，成果分屬其所參與國家的情形；或如過去烏克蘭、愛沙尼亞及拉多

維亞等國派員參與蘇聯的 NARE，其成果歸蘇聯一般。

由於把具主權意涵的南極科學研究活動綁在 CHINARE 名下進行，其活動自非 TWARE。他們宣稱因爲中國有破冰研究 / 補給船可以搭乘前往南極研究站，所以才參加 CHINARE，是「胡言」——因爲中國根本不是擁有該等船舶的唯一國家，而且有的研究站根本不靠海運而靠空運。這是自 2010 年起，將台灣以中國的副會員身份列席 WHA，而等同正式向國際社會公開宣示「台灣是中國的一部份」的作賤行爲之翻版，並不利於台灣。

4. 由政府和民間捐輸資助台灣科學研究員參與個人涉入的國際南極科學研究計畫

目前唯一記錄是由國科會和廣達電腦公司副董事長梁次震分別提供 6,000 萬和 1,000 萬經費，資助台灣大學「梁次震宇宙學和粒子天文物理學研究中心」講座教授陳丕燊在國際上所發起、促成的大型國際南極科學研究計畫，陳教授並擔負國際共同發言人之重任。

該計畫由美國主導，台灣扮演關鍵角色（出資 1/4，比重佔第 2 位，另有比利時、德國、英國與日本等國參與），是台灣首次參與國際南極科學研究計畫，惟其屬個人參與而在美國國家南極科學研究計畫（USAP）旗下進行，亦無自有的 NARE 團隊官方標記、英文代號與制服等，但對台灣的南極活動資歷仍有加分作用。自 2011/12 年起，預計 4 個夏日在南極點的美國阿蒙生・史考特（Amundsen – Scott）研究站地表下建造 37 座「天壇陣列（Askaryan Radio Array, ARA）」微中子觀測台，及後續 10 個夏日的研究活動，以探測宇宙起源（見第 307 頁）。台灣將負責建造其中 10 座觀測台，陳教授爲第一位以台灣自有名義前往南極進行科學活動的學者，也是首位在南極點涉入研究活動之台灣研究員❻。

❶ 諾以瑪亞促成 1901/03 年德里佳爾斯基的南極探險活動（見探險選錄第 24），所以德國的南極科學研究站以其為名（見第 285 頁）。

❷ IMO 成立於 1873 年，為今日聯合國系統下之世界氣象組織（WMO, 1950）的前身。

❸ 1931 年成立於巴黎，目標為自然科學的國際合作，涵蓋 140 個國家、31 個單學科研究聯盟會員，每年舉行數百個科學會議並出版相關書籍。

❹ 除了其本身的客觀條件，AT 第 3 條亦明文規定科學計畫、人員與資訊等應互相交流。

❺ 2011 年 5 月 20 日自由時報即曾以標題「我科學家穿中國隊服發言 南極研究發表惹議」報導（www.libertytimes.com.tw/2011/new/may/20/today-life1.htm）

❻ 陳教授恭逢其盛列席了挪威總理史托騰伯格（Jens Stoltenberg）於 2011 年 12 月 14 日在儀式用南極點所主持的探險者阿蒙生冰雕肖像揭幕典禮，以紀念第一位率隊抵達南極點的挪威探險者及其事蹟 100 週年（見第 354 頁）。

第十五章
南極科學研究站

許多國家均有其南極事務政策，國家南極科學研究活動除了有利國計民生，也是參與南極國際外交活動的方式之一，有些國家使用他國的研究站進行非持續的南極科學研究。

圖片來源／Int’l Polar Foundation · Belgium

早期南極科學研究站 / 基地的設立

1903 年，蘇格蘭人首先於南奧克尼群島設立氣象觀測站，次年初轉給阿根廷而成爲其今日的「澳卡達斯（Orcadas）研究站」，**是最悠久且未曾間斷運作者**。

1905 年，阿根廷在南喬治亞群島運作 1 個氣象站。

1911 年，澳洲在瑪奎麗島設立 1 個觀測站。

1940 年，美國在南極半島西側的史東寧島設立「東基地（East Base）」。

1940 年代，英國、阿根廷及智利等分別在南極半島地區設立數個研究站，前者包括知名的「洛克萊港（Port Lockroy）觀測站」❶。有的因自然災變或其他因素關閉，有的則仍在運作。

1940 年代，南非與法國亦相繼在其亞南極群島設立基地，至今仍在運作。

1950 年，法國於東南極大陸海岸設立小型的「馬丁港（Port Martin）基地」，**係南極圈內或大陸南極上的第一個**，惜後焚燬。

1954 年，澳洲於東南極大陸海岸設立「墨生（Mawson）研究站」至今仍在運作，**是大陸南極上最元老者**。

在 1957/58 國際地球物理年（IGY）活動時，在南極與亞南極地區所設立的 55 個「IGY 研究站」，除少數關閉或曾短暫中斷運作之外，都連續運作至今而已超過半世紀。

今日的南極科學研究站 / 基地簡介

南極科學研究站 / 基地大致可分爲：

1. 夏日運作之研究站 / 基地（Summer Station / Base）：其只在南極夏日（Austral Summer）運作。

2. 全年運作之研究站 / 基地（Year-round Station / Base）：其冬季時仍有人駐守並從事室內之研究工作，通常在春末秋初時更換人員，也有跨季工作的情況。

南極研究站絕大部份均建在海岸地區，**南極半島西岸北端附近是密度最高者**，尤其南雪特蘭群島的喬治王（King George）島上有包括阿根廷、智利、俄羅斯、波蘭、巴西、烏拉圭、中國及南韓等 8 國共 9 個全年運作研究站，與阿根廷、智利、祕魯、厄瓜多爾及德國等國的 9 個夏日研究站 / 室；再來是東南極大陸之毛德皇后領地；而極地高原上則有 5 個「內陸研究站（Inland Station）」，分屬美國、俄羅斯、日本、法國 / 義大利與中國。

南極科學研究站的建築與維護常面臨難題：選定建造之處未必有堅實的岩層，尤其位於內陸地區常需建在冰帽上，因其移位、自然條件變化、強風漂雪的累積以及本身散發之熱能等因素，可能導致建物崩解、下陷而終被掩埋。所以，經過一段時間後，均需原地或遷移重建，而新設計常採用可調整高度的支柱。

由於極為乾燥加上水源缺乏，使得用火安全成為極重要的考量，建物因此常分散建造，免得一旦失火則央及所有，並常有鮮豔的色彩以利於辨認。另外，因為每滴淡水均以消耗昂貴的能源融雪或海水淡化、淨化並保溫所得，所以極為珍貴。過程中需大量消耗的電力主要來自運輸及儲存成本昂貴的柴油，而再生能源如風力、日光發電與日光熱水設備則漸被引進採用，甚至已有運用最新科技而號稱「零污染物排放」的比利時新研究站（見第 295 頁）出現。許多基地都有水耕蔬果栽培，但花卉則在禁止之列。

基地內人員的娛樂活動包括使用粉紅色球的南極冰上高爾夫，以及各種球類、舞蹈、滑雪、單車、蒸氣浴、書報（有的在當地出版）閱讀、音樂戲劇表演、電視、影片欣賞，以及在長夜與長日轉換之最後日落 / 最初日出日和冬至環繞研究站的跑步……等。

運補及救難作業常由各國軍事部門支援，所以也是極佳的任務操練機會，不過也有使用民間包商的服務。海岸地區常仰賴驅

▲南極聖誕老人 / Antarctica NZ

▲南極高爾夫 / Antarctica NZA

▲汎達湖游泳俱樂部 / Antarctica NZ

/ 破冰船的支援，而內陸基地需藉由空運或重機械拖拉的雪橇隊以轉運。各國研究站間亦互相支援緊急救難作業。

各研究站所使用的時間通常依其本國時區，或鄰近前進基地的國家之時區，但也有採用格林威治時間。

現今於夏季時，約有總數 5,000 到 8,000 位左右，來自各國的科學研究及相關人員在南極地區活動。在冬季時，則約有 1,200 人留守並繼續室內的研究工作。

南極公約顧問國（ATCP）運作之全年和夏日南極科學研究站 / 基地

南極研究站的運作數目與其時間長短，會依各國的研究作業需求、經費狀況甚至國際政治環境（如冷戰結束，致美、俄與英國的研究站數目縮減）等因素而變動。

當今 28 個 ATCP 中，有 20 國有全年運作的研究站共 47 個，部分還有夏日研究站，現依各南極公約顧問國第一個研究站的啓用年代順序排列簡介如下：（前有代號者均標示於本書前面的地圖上，文後的括號數字是夏季 / 冬季駐留人數，只有單一數字者是夏季駐留人數。加註為「主要基地」者，則指其規模最大且運補其他基地）

1. 阿根廷

（阿 1）澳卡達斯（Orcadas）研究站：位於南奧克尼群島的勞麗島，於 1904 年 1 月啓用。（45 / 14）

（阿 2）馬丁（San Martin）研究站：位於南極半島西岸中部的巴里（Barry）島上，於 1951 年 3 月啓用，由其陸軍運作。（20 / 20）

（阿 3）伊斯匹蘭咱（Esperanza）研究站：位於南極半島尖端，於 1952 年啓用，由其陸軍運作，有眷屬住處、學校及禮拜堂等住民聚落設施，**是南極第二大研究站**，亦爲**第一個「南極公民」**（見第 40 頁）**的出生地**。（90 / 55）

▲伊斯匹蘭咱研究站 / Traveller & Tinkers・Wikipedia

（阿 4）卡列尼（Carlini）研究站：原名朱邦尼（Jubany），位於喬治王島，始於 1953 年 11 月，2012 年 3 月更名。（100 / 20）

（阿 5）貝爾格拉諾（Belgrano II）研究站：位於東南極大陸海岸，前身於 1954/55 年啓用，由其陸軍運作，重建啓用於 1979 年 2 月。（12 / 12）

（阿 6）馬蘭皮歐（Marambio）研究站：位於南極半島東北端之些蒙島，於 1969 年 10 月啓用，由其空軍負責運作，有適滑輪之飛機起降跑道，爲其主要基地。（150 / 55）

（阿 S）夏日研究站——梅爾基奧爾（Melchior, 1947 年，36 人）、夢幻（Decepcion, 1948 年，65 人）、布朗（Brown, 1951 年，18 人）、房子（Camara, 1953 年，36 人）、馬蒂恩索（Matienzo, 196 年，15 人）、海燕（Petrel, 1967 年，55 人）及春天（Primavera, 1977 年，18 人）。

2. 澳洲

(澳 1) 瑪奎麗（Macquarie）研究站：位於亞南極的瑪奎麗島，其前身始於 1911 年 12 月，是第一個與南極大陸間做無線電通訊者。（40 / 20）

(澳 2) 墨生（Mawson）研究站：位於東南極大陸海岸，於 1954 年 2 月啓用，有適滑屐的飛機起降跑道及風力發電。（60/ 20）

(澳 3) 戴維斯（Davis）研究站：位於東南極大陸海岸，啓用於 1957 年 1 月，曾於 1965/69 年間關閉，有適滑屐的飛機起降跑道。（70 / 22）

(澳 4) 凱西（Cassey）研究站：位於東南極大陸海岸，原是美國的威爾克斯（Wilkes）研究站（見第 201 頁），啓用於 1957 年 1 月，1959 年 2 月才由澳洲接手，1969 年 2 月重建完成並更名啓用。有適滑屐的飛機起降跑道，2007 年 12 月另於其南方 65 公里處啓用長 4,000 公尺、適滑輪與滑屐的飛機起降跑道，爲其夏日的長程空運輸鈕，是主要基地。（70 / 20）

▲凱西研究站 / Adventure Associates Pty., Australia

3. 智利

（智 1）普拉特（Arturo Prat）研究站：位於南雪特蘭群島的格林威治島，於 1947 年 2 月啓用，其海軍運作到 2006 年 3 月，曾經只在夏日運作。（15 / 9）

（智 2）奧希金斯（Bernardo O' Higgins）研究站：位於南極半島尖端，啓用於 1948 年 2 月，由其陸軍運作，有適滑屐的飛機起降跑道，1991 年與德國成立並運作衛星通訊站。（44 / 16）

（智 3）蒙沓爾瓦（Eduardo Frei Montalva）研究站：位於喬治王島，於 1969 年 3 月啓用，由其空軍運作，**有南極最大的住民聚落設施**❷，其第一個南極嬰兒於 1984 年出生於該處。有適滑輪的飛機起降跑道，爲其主要基地，**亦是該島的空運中心**。（120 / 70）

（智 4）艾斯卡得洛（Julio Escudero）研究站：位於喬治王島，啓用於 1995 年 / 2 月，由其南極研究院運作。（26 / 2）

（智 S）夏日研究站——維德拉（Gabriel Gonzalez Videla, 1951 年，9 人）、里薩帕特隆（Risopatron, 1957 年，8 人）、維拉羅爾（Luis Carvajal Villarroel, 1985 年，30 人）、曼（Guillermo Mann, 1991 年，6 人）及帕羅迪（Arturo Parodi, 1999 年，有適滑屐與滑輪之飛機起降跑道，25 人）。

4. 南非

（斐 1）馬麗安（Marion）研究站：位於亞南極愛德華王子群島的馬麗安島上，啓用於 1948 年 3 月，主要做氣象資料蒐集。（50 / 17）

（斐 2）南非（SANAE IV）研究站：位於東南極大陸海岸，其前身爲挪威的 IGY 研究站，於 1959 年 12 月轉贈給南非，重建啓用於 1997 年 1 月，有適滑屐的飛機起降跑道，是其主要基地。（80 / 10）

5. 法國

（法 1）維維斯研究基地（Martin-de-Vivies Base）：位於亞南極的阿姆斯

特丹島，其前身始於 1949 年，經重建後於 1981 年 1 月啟用。（20）

（法 2）法蘭西斯港研究基地（Port-aux-Français Base）：位於亞南極的凱爾蓋朗群島，於 1951 年啟用。（120 / 60）

（法 3）迪維爾（Dumont d' Urville Base）研究基地：位於東南極大陸海岸，始於 1956 年 1 月，是其主要基地。附近有南磁點和墨生木屋（見第 179 頁），附近**有南極下坡風**。（100 / 30）

（法 4）法麗研究基地（Alfred-Faure Base）：位於亞南極的科羅澤島，前身始於 1961 年，重建啟用於 1964 年冬。（60 / 15）

（法・義）康科迪亞（Concordia）內陸研究站：位於極地高原之「冰帽圓頂 C（Dome C）❸」上，與義大利合建及運作啟用於 1997 年初，有適滑屐的飛機起降跑道。（60 / 13）

另在俄羅斯的東方研究站旁設有小型分站。

▲康科迪亞研究站 / Yves Frenot・French Polar Institute

6. 英國

（英 1）哈利（Halley）研究站：位於東南極大陸海岸，啓用於 1956 年 1 月，有適滑屐的飛機起降跑道（Skiway），**是最早**（1985 年）**作臭氧層觀測者**。（70 / 16）

（英 2）鳥島（Bird Island）研究站：位於南喬治亞島北端的鳥島，啓用於 1957 年而斷續開放，自 1982 年 9 月起持續運作。（10 / 4）

（英 3）羅西拉（Rothera）研究站：位於南極半島西岸的阿德雷島，啓用於 1975 年 10 月，有適滑輪及滑屐的飛機起降跑道，是其主要基地。（100 / 22）

（英 4）愛得華國王（King Edward）研究站：位於亞南極的南喬治亞島，啓用於 2001 年 3 月。（22 / 12）

（英 S）西格尼（Signy）夏日研究站：1947 年啓用，10 人。

7. 俄羅斯

（俄 1）和平（Mirny）研究站：位於東南極大陸海岸，於 1956 年 2 月啓用，是其主要基地。（169 / 60）

（俄 2）東方（Vostok）內陸研究站：位於極地高原上的地磁南極點附近，海拔 3,490 公尺，啓用於 1957 年 12 月，**係該高原上年資第二的全年運作內陸研究站**，有適滑屐的飛機起降跑道。（25 / 13）

（俄 3）新拉扎列夫（Novolazarevskya）研究站：位於東南極大陸海岸，啓用於 1961 年 1 月，有適滑輪與滑屐之飛機起降跑道，**是毛德皇后領地附近研究站的空運中心**。（70 / 30）

（俄 4）別林斯高晉（Bellingshausen）研究站：位於喬治王島，成立於 1968 年 2 月。（38 / 25）

（俄 5）進步（Progress）研究站：位於東南極大陸海岸，於 1988 年 4 月啓用。（77 / 20）

（俄 S1）青年（Molodezhnaya）夏日研究站：位於東南極大陸海岸，

▲東方研究站 / Todd Sowers LDEO · 美國哥倫比亞大學 · Wikipedia

1962 年 2 月啓用，有適滑輪與滑屐的飛機起降跑道，20 人。

（俄 S2）列寧格勒（Leningradskaya）夏日研究站：位於維多利亞領地海岸，1971 年 2 月啓用，有適滑輪與滑屐的飛機起降跑道，40 人。

其他夏日研究站——俄國（Russkaya，1980 年 3 月，50 人）、聯盟（Soyuz，1982 年）及友誼（Druzhnaya，1987 年，50 人）。

8. 美國

（美 1）麥可墨得（McMurdo）研究站：位於羅斯島上，啓用於 1956 年 2 月，**是最大的南極研究站**，有適滑屐與滑輪的飛機起降跑道，爲其主要基地。詳見後述「南極科學研究站選錄」。（1000 / 250）

（美 2）阿蒙生．史考特（Amundsen-Scott）內陸研究站：位於南極點，其前身始於 1957 年 3 月，**係該高原上年資第一的全年運作內陸研究站**，2 度重建啓用於 2008 年 1 月，有適滑屐的飛機起降跑道。詳見後述「南極科學研究站選錄」。（250 / 75）

（美 3）帕瑪（Palmers）研究站：位於南極半島西岸之安斯樂（Amsler）島，其前身始於 1965 年 2 月。（43 / 12）

另在俄羅斯的東方研究站旁設有小型分站。

9. 紐西蘭

（紐）史考特研究基地（Scott Base）：位於羅斯島上，啓用於 1957 年 1 月。詳見後述「南極科學研究站選錄」。（ 85 / 10）

10. 日本

（日）昭和（Syowa）研究站：位於東南極大陸海岸，啓用於 1957 年 1 月，曾在 1962/65 年間關閉，有適滑屐的飛機起降跑道。（110 / 28）

（日 S1）富士圓頂（Dome Fuji）夏日內陸研究站：近極地高原，1995 年啓用，有適滑屐的飛機起降跑道，15 人。

（日 S2）水穗（Mizuho）夏日研究站：於昭和研究站附近，1970 年啓用。

（日 S3）飛鳥（Asuka）夏日研究站：於東南極大陸海岸，1984 年啓用。

11. 波蘭

（波）阿克拓斯基（Henryk Arctowski）研究站：位於喬治王島，啓用於 1977 年 2 月，**旁有世界最南的燈塔**。（40 / 12）

12. 德國

（德）諾伊邁亞（Georg Von Neumayer III）研究站：位於東南極大陸海

岸，始於 1981 年初，2 度重建啓用於 2009 年 2 月，有油壓支柱可將建物撐高以克服積雪掩埋，並有適滑屐的飛機起降跑道及風力發電，**曾全由女性運作過冬**。（50 / 9）

（德 S1）杜爾曼（Dallman）夏日研究室：位於阿根廷之卡列尼研究站內，1994 年啓用，12 人。

（德 S2）科能（Kohnen）夏日內陸研究站：位於東南極大陸內陸，2001 年啓用，有適滑屐的飛機起降跑道，28 人。

13. 印度

（印 1）麥特立（Maitri）研究站：位於東南極大陸海岸，爲建於 1983 年初的工格特立（Dakshin Gangotri）研究站之重建，啓用於 1989 年初，有風力發電。（65 / 25）

（印 2）巴拉地（Bharati）研究站：位於東南極大陸海岸，與俄、中和羅馬尼亞者緊鄰，2012 年 11 月啓用，**是當前**（2014 年初）**最新的研究站**。（40 / 15）

▲法拉茲研究站 / Agência Brasil / Abr・Wikipedia

14. 巴西

（巴）法拉茲（Comandante Ferraz）研究站：位於喬治王島，啓用於1984年2月，2012年2月焚燬，預計重啓用於2015年3月。（40 / 12）

15. 烏拉圭

（圭）阿帝哥斯（Artigas）研究站：位於喬治王島，啓用於1984年12月。（60 / 9）

（圭 S）愛利其力背代（Ruperto Elichiribehety）夏日研究站：1997年啓用。

16. 中國

（中 1）長城（Great Wall）研究站：位於喬治王島，於1985年2月啓用。（40 / 14）

（中 2）中山（Zhongshan）研究站：位於東南極大陸海岸，於1989年2月啓用，是其主要基地。（30 / 15）

（中 S）崑崙（Kunlun）夏日內陸研究站：2009年1月啓用，位於極地高原之「冰帽圓頂A（Dome A）」（見第56頁）❹上，有飛機起降跑道，是位於最高海拔的研究站，20人。

17. 南韓

（韓 1）世宗國王（King Jejong）研究站：位於喬治王島，於1988年2月啓用。（70 / 18）

（韓 2）張保皐（Jang Bogo）研究站：位於羅斯海域的新星灣（Terra Nova Bay），在義大利之夏日研究站附近，預計於2014/15年啓用。（60 / 15）

18. 挪威

（挪）特羅（Troll）研究站：位於東南極大陸離岸220公里，1990年2月啓用，2006年11月起全年運作，有適滑輪的飛機起

降跑道。(40 / 7)

(挪 S) 多爾 (Tor) 夏日研究站：在前者附近，1985 年，4 人。

19. 烏克蘭

(烏) 沃爾納德斯基 (Vernadsky) 研究站：位於南極半島西岸的佳玲茲 (Galindez) 島，原爲英國的法拉代 (Faraday, 1947 年) 研究站，受贈並於 1996 年 2 月更名❺。**是最早發現臭氧層破洞之處，並有該地區最長期、完整的海洋潮水位紀錄，是研究世界海水位及天候變化極珍貴的科學資料。**(24 / 12)

20. 義大利

(法・義) 康科迪亞 (Concordia) 內陸研究站：與法國合建及運作 (見第 282 頁)。

(義 S) 祖凱利 (Mario Zucchelli) 夏日研究站：1986 年啓用，原名新星 (Terra Nova) 研究站位於羅斯海域，有適滑屐與滑輪的飛

▲祖凱利研究站 / Antarctica NZ

機起降跑道，90 人。

其他夏日南極科學研究站／基地

當今 7 個 ATCP 所運作者（荷蘭無研究站）：

1. 比利時

（比 S）伊麗沙白公主（Princess Elisabeth）夏日研究站：位於東南極大陸海岸，前身是啓用於 1958 年、關閉於 1967 年的博杜安國王（Roi Baudouin）研究站，經重建後於 2009 年 2 月啓用，爲**第一個新世代研究站**。詳見後述「南極科學研究站選錄」。（12）

2. 瑞典

（典 S1）斯維亞（Svea）夏日研究站：位於東南極大陸離岸 400 公里處，始於 1987/88 年。（4）

（典 S2）瓦沙（Wasa）夏日研究站：在前者附近，始於 1988/89 年。（20）

3. 西班牙

（西 S1）卡羅斯（Juan Calos）夏日研究站：位於南雪特蘭群島的利文斯頓（Livingston）島，始於 1988 年 1 月。（25）

（西 S2）卡斯地拉（Gabriel de Castilla）夏日研究站：位於卡羅斯夏日研究站附近的夢幻（Deception）島，始於 1990 年 1 月，由其陸軍運作。（25）

4. 保加利亞

（保 S）聖奧克里得司基（St. Kliment Ochridski）夏日研究站：位於南雪特蘭群島的利文斯頓島，始於 1988 年 4 月，**有地球最南**

的東正教禮拜堂。（18）

5. 芬蘭

（芬 S）亞包（Aboa）夏日研究站：鄰近瑞典研究站，啓用於 1989 年。（20）

6. 祕魯

（秘 S）皮鎶（Machu Picchu）夏日研究站：位於喬治王島，啓用於 1988/89 年。（28）

7. 厄瓜多爾

（厄 S1）馬爾多納多（Pedro Vicente Maldonado）夏日研究站：位於喬治王島，啓用於 1989/90 年。（22）

（厄 S2）厄瓜多爾（Refuqio Ecuador）夏日研究站：在前者附近，啓用於 1989/90 年。（4）

當今 3 個南極公約之非顧問國（NCP）所運作者：

8. 巴基斯坦

（坦 S）金納（Jinnah）夏日研究站：位於東南極大陸海岸，啓用於 1991 年 1 月。（9）

9. 羅馬尼亞

（羅 S）拉科維察（Law-Racoviţă）夏日研究站：位於東南極大陸海岸，原是澳洲在 1986 年所建，而後轉贈給羅馬尼亞並重新命名，於 2006 年 1 月啓用。（13）

10. 捷克

（捷 S）孟德爾（Johann Gregor Mendel）夏日研究站：位於南極半島尖

端附近的詹姆士羅斯（James Ross）島，2006 年 2 月啓用。（20）

南極科學研究站 / 基地選錄

美國 / 麥可墨得研究站

它臨麥可墨得峽灣底而得名，於 1956 年 2 月啓用；面積約 4 平方公里，有超過 100 個建築物，**規模最大**，外號爲「麥克城（Mac Town）」。

附近有 4 條飛機起降跑道，與紐西蘭基督城的後勤補給基地和南極點的阿蒙生・史考特研究站作空運聯繫。每年的 2 月中到 8 月底間，除了緊急救難之外，與外界隔絕而無交通；在 2008 年 9 月，已成功測試使用夜視鏡起降的冬季飛行。有 1 座小型浮冰「碼頭」。

其淡水供應每天約達 6 萬加崙。1962/72 年間曾有核子發電機組，後拆除全用柴油發電。2010 年 1 月，啓用約 100 萬瓦特的**地球最南的風力發電機組**，其 3 座 37 公尺高的發電葉片可承受時速 205 公里的強風，供應該研究站與鄰近的紐西蘭基地 11%之電力需求。

該研究站有紀念品販賣部、叫車的交通服務、南極提款機及無土栽培的「南極蔬果農園」。

綜理其南極研究的國家科學基金會（NSF）在此設有南極總部。除了科學研究活動之外，該站亦是國際人士拜訪及交流繁忙之處所。那裡還有**最南的禮拜堂**，名爲 The Chapel of Snows（見附錄七）；臨近有紐西蘭基地和史考特發現木屋（1902）、文生紀念十字架（見第 295 頁）及有史考特等人的紀念十字架之觀景嶺（Observation Hill）等史蹟。

工作人員之最大餘興活動是飛往其阿蒙生・史考特研究站一遊。2003 年 2 月 15 日，有 50 位人員在此舉行**南極地區的首場抗**

▲麥可墨得研究站 / Nick Powell · NSF · USA

▲只收美鈔的購物中心 / 企鵝先生

◀冷凍行動指揮部 / 企鵝先生

議活動，反對當時小布希(George Bush)總統入侵伊拉克的軍事行動。

美國/阿蒙生・史考特研究站

它位處南極點冰帽上，離南極點約100公尺，每年有約10公尺的位移及8吋積雪率，是地球上最南的「聚落」；距前述研究站約有1,350公里。

其前身建於1957年3月，於1971/75年間重建爲長約50公尺、高約16公尺的知名圓頂型建物，包覆並以地道系統連結各獨立設施，以免除經常除雪的麻煩，以及風暴發生時人員在其間來往的危險與迷失的風險，但最終仍因積雪覆蓋而廢置。2008年1月12日，花費1億5,300萬美金、使用4萬噸建材重建成可調整支柱高度的2樓式第三代研究站啓用，具有3套柴油發電及太空探險的蔬果育植設備。

附近有約3,658公尺長的藍冰跑道（Blue Ice Runway），空運是其主要交通方式。2005/06年間，2站間的「公路」啓用，期望能經由陸路運輸重物以節省經費。近年完成與康科迪亞（Concordia）研究站之間的光纖鋪設工程，以便從那裡連接地球同步衛星的通訊系統。

因處高緯度、高海拔與終年的寒冷，空氣也較稀薄，所以該地大氣壓與其他海拔3,300至4,000公尺處相當。氣溫範圍約在–14℃到–82.8℃間，年平均風速雖才約每小時20公里，但卻有–100℃以下的風凍效應。長時數的夏日陽光極爲強烈。重新測量，並定位標示已位移約10公尺的地理南極點，是新年到來的一大盛事。

在這裡，每年分別在春分與秋分時，可見到各一次的日出及日落，長達半年（尤其無月光時）極暗的長夜，由於空氣相當潔淨，能見度絕佳也無光害，使該地成爲地球上研究天文學的最佳處所。在基地下設有一微中子（Nutrino）望遠鏡，近年又新增「天壇陣列（ARA）微中子觀測台（見第307頁）。

▲阿蒙生・史考特研究站 / Scot Jackson・NSF・ USA

▲南極點室內蔬果園 / Felipe Pederos-Bustos・NSF・USA

「300 俱樂部」活動男女會員皆有，是隆冬期間的餘興盛事——在室外氣溫降到 –100 °F（–73.3°C）以下時，經蒸氣浴將全身加熱後，穿著簡單護身的衣物及鞋具，快速衝到基地外體驗 300 °F的溫差，甚至到 100 公尺外的南極點跑一圈後「回鍋」。另外是在南極點外「環繞世界一週」約 4.5 公里的比賽，方式不拘，有跑、走、划及駕機動雪橇等。

紐西蘭 / 史考特研究基地

在紐西蘭南極學會（NZAS, 1933）於 1953 年向其政府遊說推促下，配合大英國協橫越南極大陸探險（見第 199 頁）及 1957/58 IGY 活動所建，而於 1957 年 1 月啓用，離麥可墨得研究站約 3 公里。該設施原爲暫時性，直到南極科學研究開始受到確實地重視之後，在 1962 年 5 月宣佈將其升級爲永久性研究站。

現有的 8 座現代建築物重建於 1976 年，各建物係以鋼板包覆聚氨酯膠等保溫材料獨立分建，並以加蓋的走道相連，更離地挑高以避積雪掩埋。其水源來自海水，將海水淡化後儲存在 4 個每個爲 4 萬公升的加熱保溫水槽中備用。有直撥的公共電話服務。

基地的補給係配合鄰近的美國和義大利基地之時程，於每年 1、2 月間，由美國的破冰船將大量且沈重的補給品運入，人員及較輕物資則由紐西蘭基督城空運。

比利時 / 伊麗沙白公主研究站

這是比利時的第二個研究站，位於東南極大陸海岸，完成啓用於 2009 年 2 月 15 日。

▲文生紀念十字架與史考特研究基地 / 企鵝先生

為因應積雪埋覆的困擾，以及時速可達 300 公里的南極下坡風，該站建於花岡岩山脊之上，並採用空氣動力學之外形設計。建物有 2 層，下層為車庫與儲藏室等，總樓板面積為 900 平方公尺。採用包括整體設計、環境友善（Environmentally Friendly）的建材與工法、高能源效率、清潔及廢棄物處理等新技術，使用 9 部風力機組和 408 片共 379.5 平方公尺的太陽能板發電與太陽能熱水系統。運用南極夏日的長晝陽光，配合巧妙的房屋設計和「被動式

▲伊麗沙白公主研究站 / Int'l Polar Foundation · Belgium

太陽能增益（Passive Solar Gain）」功能以提供自然暖氣。其廢水經多重處理，回收使用 75%，排放 25%，以此循環 5 次回收後換水。**是第一座號稱零污染物排放之新世代研究站。**

該站最多可容納 20 位人員，雖然是夏日研究站，但具備全年監控及遙感偵測能力。使用經南非開普敦到俄羅斯新拉扎列夫研究站的空運補給網。

住宿於科學研究站的基本注意事項

1. 需節約用水，並特別注意用火安全。
2. 需飲用足夠的水，以防體內失水。
3. 在能見度低於 100 公尺時勿外出。

4. 外出前，需報告當局去處以利追蹤及緊急搜救。應攜帶足夠的禦寒衣物、無線電及太陽眼鏡，後者係用以防止雪盲。

夏日野外研究營（Summer Field Camp）

許多科學研究工作必須在野外進行，因此研究人員們需攜帶營帳、食物、油料、通信裝備、爐具、工具、發電機、急救包及相關科學儀器等，在陸空交通支援下到選定的地點紮營。其營帳通常係雙層，以增加保暖效果。有的營帳會使用玻璃纖維以組造簡單的屋舍，亦有專用營帳以利野外烹煮及進食。

作業守則規定外出人員需定時與基地保持聯絡，以掌握其工作地點與安危狀況，一旦聯絡中斷，搜索隊需立即出發搜救。

夏日機場管理營（Aerodome Camp）

其係在夏日時運作，管理飛機之起降與人員和物流。

自動資料收集站（Auto-operated Station）

無人駐守，通常做氣象資訊蒐集。

❶ 在 第二次世界大戰期間，英國曾用以監視德國海軍在南大西洋的活動，後因自然災變而於 1962 年棄置，續被劃為古蹟並在 1996 年整修成博物館，夏日時有專人駐守且開辦紀念品販售與郵政服務，而成南極船遊的重要景點。

❷ 其名為 Villa Las Estrellas，意為星鎮（Stars Town），屬智利的南極省，有 14 間住戶及郵政、教育（幼稚園及 1 至 8 年級，分別約有 6 和 15 位學生）、醫療、商業（如 Hostel）、體育館、通訊及禮拜堂……等設施。

❸ 或稱 Dome Charlie，是極地高原上的一個冰圓錐（Ice Dome），海拔 3,233 公尺。

❹ 2005 年 1 月起，澳洲和中國即在該處共同運作 1 個自動氣象資訊收集站。

❺ 由於冷戰後英國減縮研究經費，而打算將其關閉，但如依法徹底清理永久棄置的基地需花費鉅資，不如將其轉移給需要的國家。蘇聯垮台後，正在尋求設立自有基地的烏克蘭即雀屏中選。

第十六章
南極的科學研究
簡介

南極地區是一個知識的寶庫，早期的探險者手持粗陋的海圖前來；今日，新探險者以科學儀器為利器。南極科學研究對早期全球自然災變的預警扮演著決定性的角色。

圖片來源／T. Higham・Antarctica NZ

儘管時值第二次世界大戰結束後的冷戰期間，但近 18 個月，共 67 國所共同參與的 1957/58 IGY 活動卻有豐碩的成果，包括高空大氣物理研究、海洋調查、甚至人造衛星的發射等都相繼展開。後續南極公約的簽訂將南極大陸定位爲「科學的陸地」，更揭開了長期南極科學研究之序幕，永久性的南極科學研究基地因而被設立，也使得在過去超過半世紀以來，南極科學研究已獲致相當的成果，使其在全球科學研究領域中佔有極重要的份量。

南極地區具科學探究的特殊條件

1. 它提供特有的研究題材，如南極冰帽、海上浮冰、南冰洋流與世界天候的互動關係、地磁、寒帶生物對冷的適應及其生態系統、低等生物因臭氧層破洞而對高紫外線的適應、高空大氣、通信干擾、南極光、地質、冰下湖泊（Subglacial Lake）及極地醫學等問題的探究。
2. 它有相對優良的客觀環境——例如有許多隕石、絕佳的空氣透明度，以及深厚冰帽可阻斷各種電波干擾，可從事某些項目的科學研究，使南極地區成爲極適合蒐集來自外太空之高能微中子（Neutrino）訊號的研究地點，而有利於天文學探究等。
3. 它具備利於探討人類不當文明活動如何對全球性自然環境產生衝擊，並提出預警及對策的特殊條件，如南極冰帽之深層鑽探分析與臭氧層耗蝕之研究。

南極科學研究之特性

1. 研究成果提供國際科學資訊交流。
2. 許多研究計劃是跨國合作。

南極科學研究內容簡介

南極的科學研究範圍依其發展不斷地擴充，從最早期的製圖學、地質學、氣象學、動植物學、海洋學、冰河學，到高空大氣、天文學……，甚至研究人員的適應生理心理學與「遠距醫療學（Telemedicine）」等，而且一個研究題材可能涵蓋數項領域。

製圖學

航空器在本世紀初被用於進行空中攝影之後，人們對南極大陸的圖像才有比較清楚的概念。到了1972年，「土地調查衛星（Landsat）」的發射，使南極大陸的製圖技術因高空攝影而能更上層樓，只是它仍不能有效地排除雲層的阻隔，並分辨冰棚與海上浮冰的界線。1988年，「衛星數位雷達影像（Digital Satellite Radar Imagery）」科技啓用，終於完全突破前述障礙而有利於精密製圖、計算面積及了解海岸線的變化。

冰河學（Glaciology）及天候學

南極冰帽像是個科學的檔案櫃，透過鑽探分析，可以了解古氣候學、古大氣組成、古地質學（如火山及冰雪活動）、古生物學及人類活動等資訊。最深的鑽探超過3,200公尺，可追溯80萬年前的各種訊息，是研究世界天候變遷極重要的方式。其中，已發現過去200年來大氣中的CO_2及CH_4濃度有顯著的提高，且80萬年來的平均氣溫變化範圍達15℃。

由於南極冰帽及冰棚總體積的細微變化，可能導致全球大災變，科學家於是想了解冰雪的飄降積累及冰山的飄流融化如何影響南極冰帽及冰棚的總量變化。雷達及人造衛星的數位影像技術，可用於紀錄分析以了解冰帽與冰棚的面積、厚度，進一步製作出積冰地形圖。或發現巨大冰山的形成，追蹤其流向，以及冰河或冰棚退縮變化和溫室效應的關係……，進而提出自然災變之

▲鑽冰取樣 / T. Higham · Antarctica NZ

預警。

近年來美國科學家發現灰蘭斯冰流（見第 60 頁）會斷續地流動——10 分鐘流動 0.5 公尺甚至更快，後靜止 12 小時再流動。每次流動時，冰流會發出高達 7 級的地震波，在 6,000 多公里外的澳洲都能測得。其下有數個互相貫通之冰下湖泊，其中，針對冰帽表面下 600 公尺的「灰蘭斯湖（Lake Whillans）」之鑽探研究活動於 2012/13 年展開。其湖水的週期性匯入與洩放，和其頂上的冰流動機制，甚至與全球天候變遷可能都有關聯。

地質學

南極大陸是原剛瓦納大陸塊的中心，遂成為研究原始地殼變化的好地方。對於南極半島地區的地質，以及南極縱貫山脈形成的相關研究，則有助於了解南太平洋複雜的陸地板塊活動歷史。

地質學家們對南極半島附近島嶼中含有極多苔蘚成分的特殊土壤做碳元素分析，發現它們有高達 7,000 年之歷史。另外，在南極半島東岸的些蒙島上，某些岩層中發現有極高成分的稀有元素「銥」。它可能支持「在白亞紀時代有 1 個極巨大的隕石與地球碰撞，導致地球產生極大的天候變化，許多生物因而滅絕」的理論。

羅伯特岬位於麥可墨得峽灣的最南端，科學家認爲其下深度約 1,500 公尺的地層中，有過去 3,000 萬到 1 億年的古冰河和地層裂縫活動紀錄，是澳州、紐西蘭、德國、義大利、英國及美國等國際合作的「羅伯特岬（Cape Robert）6 國地層鑽探研究計劃（ANDRILL）」的探索目標。

自 1997 年 10 月起，該計畫在 3 處進行 24 小時輪班不停地鑽探，預計鑽到海面下 700 公尺，每個需時約 20 天，每 3 公尺即抽出冰柱，它們將被用於年代、化石及沉積物等資料分析，藉以了解海水位、天候變遷及南極縱貫山脈形成的相關資訊。

古生物學

南極大陸出土的古動植物化石，提供生物演化及南極地區天候變化研究的寶貴資訊。從雙貝類及菊石等海洋生物化石中的 O_2 同位素含量分析，推測其生長環境的溫度約爲 11 到 16℃，並強烈證明在陸塊飄移理論中，南極大陸與印度、南非洲大陸過去的連結關係。

在乾峽谷地區發現很多古生物化石，可能是天候遽變前留下的最後一批生命。其湖床沉積物內有保存完好的蘚類植物、矽藻及小甲殼動物化石，它們在南極大陸已不復見，卻與當今世界各地都可見之品種幾無分別。

2006 年 5 月，在東南極大陸之威爾克斯領地 70° S, 120° E 處的冰帽下 1.6 公里處，美國、俄羅斯與南韓的研究隊發現了一個直徑 483 公里的殞石坑，約爲目前已知最大的墨西哥「奇克樞魯（Chicxulub）」❶ 殞石坑的 5 倍大。經推測，係由直徑約 48.3 公里的小行星撞擊而成，且與約 2 億 5,000 萬年前所謂之「二疊紀・三疊紀（Permian-Triassic）大滅絕事件」導致當時世界上 96 % 的海洋生物、70 % 的陸上脊椎生物、57 % 之科和 83 % 之屬的昆蟲滅絕有關。

儘管一些科學家與環保團體擔心鑽探恐會污染湖水，影響到其中可能存在的生物，進而干擾研究採樣，但是在一片游移不定的聲浪中，俄羅斯 14 年的鑽探（也有美國與法國人員參與）終於在 2012 年 2 月 5 日，將冰帽表面下 4,000 公尺的東方湖（見第 58 頁）鑽通至其湖面。其湖水與外界隔絕預估超過 1,500 萬年❷，有潮汐，且跡象顯示其擁有一般淡水約 50 倍的 O_2 和 N_2，其中可能有特殊的古微生物。進一步的探究於 2012/13 年夏日開展，預計使用機械手去採集湖水與湖底沈澱物等生態樣本。

自 2012 年 12 月中起，英國著手以熱水鑽（Hot-water Drilling）鑽探冰帽表層底下約 3,400 公尺的愛爾斯渥斯（L. Ellsworth）湖（見第 59 頁）。

▲東方湖鑽探取出的冰柱 / Todd Sowers LDEO・美國哥倫比亞大學・Wikipedia

生態學

有 2 個關於生態學研究的新領域：一是有關環保，因日漸增加的人類活動所帶來的漏油污染機率增高，科學家希望了解南極的微生物社會中裂解油污之細菌的活動情形，什麼環境——如溫度、酸鹼值及土石中的養分等因素——會限制其活動？以及它們與其他類似地區（如北極）之間的差異。另一個是因臭氧層破洞造成較強烈的紫外線對南極地區生物（尤其是食物鏈底層的浮游生物及磷蝦等）可能產生影響的研究。

生物化學

例如對南冰洋魚類體內「抗凍劑」的詳細機制研究，已知南冰洋魚類的抗凍物質比現有傳統類似化學品效能強上約 300 倍，因此具有相當的商業價值，包括在食物防凍、醫學上關於冷凍傷害防止及器官的冷凍保存等應用。美國的科學家已將 2 種該等防凍劑透過脫氧核糖核酸（DNA）的重新結合科技，置入酵母與細菌

▲捕撈生物研究 / K. Westerskav・Antarctica NZ

當中，用無性繁殖基因及分子科技透過大規模發酵過程以大量製造。

海洋學

科學家亦曾在菲爾希納及儂尼冰棚做熱水鑽探，並放置傳導性、溫度及深度偵測器到 150 公尺水深處來了解冰與海洋的交互關係。他們發現冰棚下有經由密度極高又冷的海水所形成的「南極底層海水」，這暗示巨大的冰棚對世界洋流循環及氣候有相當的關係。

海洋學同時涵蓋其他如海洋生物、海洋地質、海洋化學及水文學等領域。

天文學

全球性的空氣污染，導致空氣透明度惡化、光害嚴重加深，使地面可見光的天文觀測愈來愈困難。而空氣中過多的水氣，仍使設置於人口較稀疏地區的天文台也未必能稱心地做星體觀測。反觀南極大陸無光害、空氣乾燥、透明度絕佳，尤其低溫的南極冰帽只釋放極微小的紅外光而具「亞太空」的自然條件，有利於

▲南極點研究站的10公尺天文望遠鏡 / Keith Vanderlinde · NSF · USA

觀測那些發出不可見且穿越廣闊太空後，僅剩微弱紅外光的遙遠星體。另外，由於永夜期間沒有日出，更可進行連續觀星的天文活動，再加上費用遠比使用人造衛星經濟得多，而使得**南極成爲地球上進行天文研究的絕佳地點**。

義大利祖凱利和美國阿蒙生 · 史考特研究站都有紅外線天文望眼鏡，後者感度極高，可測出不同地區間 10 萬分之 1℃的溫差，並可回顧 150 億年的距離。

當太陽核融合或超新星爆炸破壞物質原子核後，會出現微中子（Neutrino），也就是宇宙組成的最基本粒子。由於它不帶電荷，觀察這種來自外太空的高能粒子，便可了解宇宙根源，成爲宇宙及天文物理學研究的重要課題。深厚的南極冰帽可讓無線電波穿透數公里的距離，有利於蒐集微中子訊號。自 1990 年代中起，有多國的「冰塊計畫（The Ice Cube Project）」使用數千個如橄欖球大小的「南極介子與微中子感測器組（Antarctic Muon & Neutrino Detector Array, AMANDA）」，裝在冰帽表層下 1,980 公尺、範圍 1 立方公里處，以蒐集及觀測來自外太空的微中子粒子，以及這些粒子穿過地心與南極積冰作用所產生之介子。

自 2011/12 年起的 4 個夏日期間，由美國主導，台灣大力參與（見第 271 頁），加上比利時、德國、英國和日本等國，在美國阿蒙生 · 史考特研究站地表下 200 公尺開始建造 37 座「天壇陣列（Askaryan Radio Array, ARA）」微中子觀測台，以 2 公里間隔的蜂巢狀六邊形幾何形涵蓋面積將達 100 平方公里，完工後將進行 10 個夏日的觀測研究活動。

澳洲的研究站亦擁有地面及冰下數十公尺的感測站，用以研究來自太陽系以外的宇宙線並預測太空輻射風暴，除了保護人造衛星及太空人，也用於評估高空飛行人員，尤其是經極地路線者長期暴露於輻射的風險。

另，至今在南極大陸已發現超過 1 萬顆隕石，分別來自月球、火星及其他太陽系星球，它們是了解該星系形成的良好媒介。

氣象學與天候學

南極大陸廣大極冷的冰帽與季節性變化的南冰洋浮冰，巨大地左右著南半球甚至全球的天候，尤其影響著人們的經濟活動。世界氣象組織也將所有經南極氣象站收集的每日資訊傳送到各相關國家，以襄助整體氣象預報系統。今日在南極地區的現代自動氣象站，透過國際合作的維護及運作，除了填補了先前的許多死角之外，也提供了更精密的預測效果。

長期的氣象觀測紀錄有助於了解全球天候變遷的走向，如原英國的法拉代研究站——今烏克蘭的沃爾納德斯基研究站——自 1947 年起在南極半島長達半世紀的氣溫紀錄，顯示那裡的年平均氣溫已上升近 3℃，提供全球暖化現象的強力佐證。

另外，由於藍鯨喜愛並經常聚集在浮冰邊緣活動，澳洲的氣象學家從 1931 到 1987 年間捕鯨船的航行日誌中關於 100 多萬個捕鯨的經緯度紀錄整理發現：浮冰範圍自 1954 年後縮小 25 %，直到 1973 年才穩定下來。這亦有助於了解全球天候變遷。

礦物學

由於礦脈深藏在冰帽之下，南極礦物學研究成果仍屬有限，礦物學家經常只能做尋找礦脈及其形成的相關科學研究。有關開採技術、經濟價值，尤其對世界環境衝擊的評估等議題，都還有很長的路要走。為了避免敏感，其探究通常被置於地質學的名下進行。

大氣科學

大氣科學是最有名的南極科學研究之一，它有 4 項重要研究項目：

1. 臭氧層耗蝕（Ozone Depletion）

自 1985 年，臭氧（O_3）層耗蝕的現象被提出後，激起了各國

▲臭氧層耗蝕研究 / T. Higham · Antarctica NZ

對大氣科學的重視與研究，其形成機制終於被逐漸地解析。原來冬天的酷寒與長夜，使南極大陸上空的大氣因強烈的西風而形成內部溫度可降至 –80℃的「極地氣旋（Polar Vortex）」，這使大氣與其他氣層間的聯繫有所隔絕，並改變了其中來自 CCl_4 的 Cl 與其他氣體之間的化學平衡。直到春天降臨，增加的能量促進了化學反應的進行，亦即被釋出的 Cl 與其他化學物質開始破壞 O_3，直到夏天來臨氣溫再增高而停止。這便是南極大陸上空的「臭氧層破洞（Antarctic Ozone Hole）」在春天時最惡化，以及南極利於進行該項研究的原因。

南極科學研究站使用多布森分光光度計（Dobson Spectrophotometer）或布魯爾（Brewer）相位儀以監視同溫層的臭氧濃度，或以氣球內置氣象偵測儀上升到 20 公里高的同溫層做直接探測，亦透過高空飛行、雷射雷達（Light Detection & Ranging, LIDAR）及人造衛星攝影等方式蒐集資料。

科學家發現 CCl_4 並不是唯一元兇，相關的詳細化學反應仍需進一步探究。

2. 全球暖化（Global Warming）

人類的不當文明活動加劇了溫室效應氣體的形成，並破壞了消耗的平衡機制，因而造成了嚴重的全球暖化現象。

遠離人類經濟活動的南極大陸是監測大氣中溫室氣體濃度的理想處所，因爲其數據對於了解整個大氣中該氣體的濃度變化具有極佳指標性。早在 1956 年起，美國便在其南極點的研究站進行 CO_2 的濃度度監測，它是最重要的科學監測活動之一。

3. 太陽風、南極光與無線電通訊、控制

離地 70 到數百萬公里以上的高空大氣層對科技及商業有其極重要性，包括各種無線通訊與控制、無線視訊傳播及無線導航等，均需依賴大氣當中的電離層或人造衛星的折射轉播，而太陽風會減弱、中斷及干擾其效果，南極大陸的地理位置正適合該項研究。

日本、南非及英國即曾合作，在各自位於不同地點的研究站設立涵蓋範圍互相重疊、有巨大天線且裝設困難並昂貴的雷達系統，以對南極大陸上空大氣中的電離層做 3 度空間掃描和影像紀錄研究。

4. 低頻閃電雜訊

天空中雲對雲、雲對地間的靜電放電作用會產生 9.3 千赫的低頻雜訊，尤其在 1998 年之前約 10 年間，科學家發現其強度與發生頻率有逐漸變大、變密的現象，並且與地表增溫現象有關連。

極地醫學

由於所有的科學研究成果都植基於全體工作人員在極地生活

的身心健康，他們面對新生活環境的巨大差異，尤其在高緯度之內陸基地，包括嚴酷的天候、陽光週期、單調、長期與外界隔離、較強的紫外線以及地磁等環境條件，對生理節奏、內分泌、新陳代謝、免疫調節、神經行為、繁殖、維生素D的製造及體溫調節等生理機制的影響，均是極地醫學重要的研究課題，其研究成果除了是構築健康的極地生活、飲食與環境所必需，也可做為其他領域之應用。

另因極地的特殊天候，交通的不便尤其反映在緊急醫療事件的需求之上，這使得遠距醫療學研究有其特殊需要性。隨著通訊科技的進步，高解像度X光影像的傳送、現場影像立即聯繫、降低價格及整體系統之建立……均係努力的目標。

人類活動之衝擊

包括就來自廢棄物、油污、廢氣、外來物種、全球暖化、紫外線增強及南極旅遊等對南極生態系統及自然物理特質各面向的衝擊研究，以謀求保護南極特殊自然價值的對策。

人文史蹟的維護

各維護機構與其國家南極研究計劃合作，進行相關史蹟的調查及維修工作。包括鑑別/照相/電腦入檔、例行性維護、損耗、保存計劃之實施評估，及提供南極公約顧問會議以制定相關法規等等。

❶ 其係由直徑約 10 公里的殞石撞擊所成，直徑約 180 公里，推測與 6,500 萬年前白堊紀 · 第三紀（Cretaceous–Tertiary）恐龍滅絕事件有關聯。

❷ 類似木星的第六個近接衛星歐羅巴（Europa）上面的冰封海洋，使東方湖的探究有助於對該衛星的瞭解。

第十七章
南極的交通工具

現代科技的運用，已使南極地區的陸海空交通全面機械化，因而突破了許多來往的障礙。

圖片來源 / Alpine Ascent Int' 1 · USA

▲哈斯基狗 / R. McBride · Antarctica NZ

▲機動雪橇 / Int'l Antarctic Center · NZ

▲哈格蘭機動履帶車 / Hagglunds · Sweden

陸上交通

狗拉雪橇曾是南極大陸上極重要的陸上交通方式，但馬德里環境議定書以狗可能傳染疾病給當地的哺乳類動物，或有攻擊企鵝或海豹之虞，自1994年4月起將其禁止使用，儘管此決定仍有所爭議，不過為了配合研讀早期的南極陸上探險故事，本章仍將其列入介紹。現今南極地區之陸上交通已經機械化，而冷車啓動是其最大考驗❶，通常需通電以保溫。

狗拉雪橇（Dog Sledge）

哈斯基（Husky）狗在1898/1900年首度被引進南極大陸使用（見第154頁），它曾是人類在那白色大陸的忠實好友。

它們有極強壯的耐力，尤其是特殊品種每條體重可達41公斤，足可拖行荷重約45到68公斤的雪橇，其爪掌完整地被皮毛包覆著，底部有堅強的繭塊足以適應低溫的雪地，惟其四肢需包覆保暖並防止被厲冰割傷。在「夜晚」，它們會將全身蜷曲躲入雪中，只露出鼻孔以休息。狗的使用數量視體力及荷重等因素決定，通常會將最強壯及最大的狗放在最前頭。

雪橇的大小與材質需經特殊設計與製造，包括對穿越冰縫/冰浪及載重等考量，惟金屬並非理想的材料。

機動雪橇（Snowmobile / Skidoo / Motor Toboggan）

機動雪橇係跨騎式，引擎排氣量約在640公升、重約320公斤左右，它取代狗拉雪橇而成爲輕便的交通工具。其銷售是加拿大的南極外匯收入之一。

機動履帶車（Mobile Tracked Vehicle）

機動履帶車係重型雪上機械，它如火車頭一般，用來拖行數個總負載可達百噸的大雪橇，並做數千公里的長程越野行駛，還裝有回音感測器（Echo Sensor）以對冰縫區做偵測及預警。其中極有名的是來自瑞典、配備6公升柴油引擎的哈格蘭（Hagglunds）履帶車。

海上交通

使用於南極海域的船舶需具「極地級（Polar Class）」標準，有加強的船身結構與配備。

驅冰船（Ice-strengthened Vessel）

它有加強的船身、傳動結構及雙層船殼（Double Hull）等，可以在鬆散的漂流冰（Drift Ice）中航行。通常有自動抗擺系統（Anti-Rolling System）以便在橫越大洋時減低船身的搖晃，但無破冰航行能力。

破冰船（Ice Breaker）

它係突破海上浮冰阻隔的利器，其船體通常使用較大厚度、高張力、耐低溫之特殊鋼材，配合加強的內部結構。其船頭和船底有較圓弧的外形設計以利於破冰且有雙層船殼，並配備先進的電子導航設備及直昇機，用以進行航路偵察和其他作業。惟其吃水較淺、較易搖晃而不利於橫越大洋。

其破冰原理是：在面對較薄（約 1.5 公尺以下）的浮冰時，其所配備的強力引擎能將其圓弧型船頭推騎在浮冰上，之後利用船本身的大噸位將浮冰壓破，使船隻得以挺進無阻。唯當面對較硬且厚（約 3 公尺以下）的浮冰時，則需倒退再加速前進以「衝撞破冰（Ramming）」。但通常仍儘可能避免破冰以節省燃料、損耗和減低航速。南極地區未使用核子動力破冰船。

現代化的破冰船常採用「方位推進器（Azimuth Thruster）」，其螺旋槳可依舵輪做水平 360°調變來推進方向而不需要舵。船頭及船尾還配備有側推進器，且水線以下之船體可噴出氣泡，甚至有「船身傾斜系統（Heeling System）」，能左右搖擺船身而讓其在被浮冰卡住時掙脫。

▲ 美國極海號破冰船 / C. Rudge・Antarctica NZ

破冰船可在有浮冰的海域爲運輸船舶引領開路；在天候不太差時，在走過海上浮冰所留下的「航道」能維持一段時間，讓普通船舶藉以通過。

空中交通

在無藍冰跑道之處，有翼飛機需配備滑屐（Ski）以利在冰上起降，而在人員與貨物上下之際，其引擎需保持繼續運轉，以防低溫下無法重新啓動。

輕型飛機

加拿大製的雙獺式（Twin Otter）係被廣爲使用者，其滿載航程約200公里、載重1,045公斤；另有德國製之喜申那（Cessena）等。

長程運輸機

有美國製的大力士（Hercules, C-130）、銀河式（Galaxy）、星力士型（Starlifter）、環球霸王（Globemaster III, C-17）及俄羅斯製的伊留申（Ilyushin）及安托洛夫（Antolov）等運輸機。其中，大力士機是多國長年採用者，其

▲ 雙獺式輕型飛機 / Alpine Ascent Int'l · USA

▲ 大力士運輸機 / N. Holves · Antarctica NZ

▲ 海豚式直昇機 / Y. Mortion · Antarctica NZ

可載重約 12,200 公斤，從紐西蘭基督城到麥可墨得研究站來回不用中途加油，而銀河式 C-5 型的運載量更可達 75,000 公斤。

直升機

如德法歐洲直昇機公司（Eurocopter）的海豚式 AS-365 及美國西考斯基（Sikorsky）的 S–76 等，它們極爲重要，除了用以探勘航路，尤其當船隻因浮冰阻隔而無法靠岸時，可將補給品飛越浮冰，還有野外研究活動和緊急救難更少不了它。

❶ 在 1968/69 年日本橫越極地高原的探險活動中（見探險選錄第 53），他們曾將車輛漆成黑色以吸收陽光熱能，這使得在極斜射的長晝陽光、無風和「午夜時間」之下，當室外氣溫為 –33℃ 時，車輛表面與駕駛室內壁溫度竟分別可達 53℃及 32℃。另外，配合絶緣材料的使用，以及每天收班時將車輛前頭朝東南東方向停車的策略，使得裝設在車輛右側的電池可以保溫，而易於在次日發動引擎。

第十八章

南極的旅遊

南極旅遊是十足的知性之旅，而只不是渡假觀光。它所探訪的是世界公園保護區，主辦者及旅客都被要求遵守相關法規。

圖片來源／企鵝先生

如第一章所述：「南極大陸是1個在各方面潛藏巨力的陸地，一旦受了它的影響，您將無法抗拒……」，南極地區有特殊的自然景觀及豐富優美的野生動物，加上它遙不易及、有嚴酷的自然條件，蘊藏豐富的科學知識並充滿可歌可泣的探險事蹟，使南極旅遊具「新鮮、豪邁及英雄」的特質。

南極旅遊始於1950年代，在半世紀來，每年參與人數有明顯地成長。在1980/81年時還未達2,000人，到1995/96年已上升到9,000人；1997/98年時，光是船遊部分便達到10,000人，至2007/08年止則已超過45,000人。當前其主要客源來自美國（佔1/2）、澳洲、德國和英國。

南極旅遊（Antarctic Tourism）的特點

1. 其所探訪的地區已被南極公約劃爲「世界公園（World Park）」，主辦公司及旅遊者均被要求遵守相關法規。
2. 它不是「渡假」，而是1種「知性探險活動（Education-Focused Expedition）」[1]。隨團專人經常是南極自然／歷史學者甚或政府監督官員，行程中有各種相關講座。
3. 它是「季節性」的旅遊，通常在每年11月初到次年2月底間的南極夏日舉辦，而南極船遊（Antarctic Cruising）部分都在每年11月初即推出下一季的產品，亦即1年前就上市。
4. 它通常需事先訂位，無法隨興參加。
5. 所能抵及的緯度愈高，成就愈大。

南極不著陸飛行（Antarctic Over Flight）

1956年，智利率先以飛機將旅客送入南極半島地區探訪。1977年起，紐西蘭及澳洲亦開展使用大型客機飛越羅斯島附近地區的「南極不著陸飛行」旅遊。但1979年9月，南極顧問國會議才正在關切其運作安全，1架紐西蘭航空的DC–10客機旋即於

11月28日撞上愛樂伯斯火山，而造成全體257名人員全數罹難的悲劇——此即南極旅遊史上知名的「愛樂伯斯山空難」，不著陸旅行匆忙叫停。但1983到1993年間，智利仍將觀光客飛入，並住在其位於喬治王島的基地中。

1994年11月，澳洲1家旅遊公司包租波音747巨無霸豪華客機，恢復了南極不著陸飛行旅遊，旅客透過窗戶觀賞與攝錄南極影像，範圍除了南極船遊所能及的海岸地區之外，還擴及內陸地區。1996年12月1日，筆者曾在紐西蘭透過蓮芳特殊旅遊（Lotus Holidays, NZ）由4人組成**第一個台灣團**，自雪梨南下，並在聯邦海灣之南磁點及法國基地附近切入內陸，後折經羅斯島附近出海北返。里程約11,500公里，時數約12.5小時。

▲南極飛行 / 企鵝先生

南極船遊（Antarctic Cruising Expedition）

1. 基本特點

　(1) 大多數的船遊團體均定位為「自然知性之旅」，「登陸」是其重點，且「每次應有足夠的時間在岸上」以觀賞野生動物、探訪史蹟及科學研究站。船舶設施不講究豪華舒適，船上沒有節目表演及娛樂設施。

▲南極飛行登機證 / 企鵝先生

(2) 較大型的船遊團體定位為「自然知性與娛樂之旅」，其上岸停留的時間較短，而以娛樂活動來充實行程。近年，也出現沒有登陸活動的大型團體。

(3) 現場受天候、法規或安全的影響，排定的行程僅供參考，船長對航線及行程有最高決定權，旅客在每晚就寢前會收到次日的實際行程。

(4) 它需要適當的健康狀況與體力。

2. 使用的船舶

沒有一種船舶能讓旅客極舒適地橫越寬闊洶湧的南冰洋，又能儘量接近南極大陸海岸以利換搭橡皮艇或直昇機登陸，尤其是探訪高緯度地區。能稍較舒適地橫越南冰洋的船舶，可能是噸位較大的船隻❷，但其載客量也跟著增多，在隨時可能變化的天候之下，每人能在岸上停留的機會便相對地減少。

▲俄羅斯籍的南極破冰客輪 / Adventure Associates Pty., Australia

今日使用於南極船遊的船舶只有極少數是「破冰船」，絕大部分屬「驅冰船」。前者適合探訪高緯度地區，或進行如半環繞及全環繞南極大陸的長程破冰近海航遊，其噸位雖較大，卻不利於橫越無冰大洋，載客量約在 115 人左右。後者使用在較低緯度及浮冰鬆散的海面，如大部份的旅遊團所探訪的南極半島或亞南極群島，它們比破冰船更利於越洋航行。其大部分係由俄羅斯的研究船所改裝成的客輪，操控人員都有良好的極地航行經驗，載客量從 36 人到 96 人左右。另有少數較豪華的驅冰郵輪，載客量約從 120 人到 690 人左右。近年來有原在其他海域營運，載客量在 1,200 人甚至 2,600 人的「巨輪」出現。

遊船上通常有圖書室、販賣處、視聽室以及三溫暖等設施。另外，船橋（Bridge / 駕駛室）有良好的視界、海圖及各種航行儀表，尤其從電子經緯儀可得知所處的準確位置，它通常 24 小時開放，但切勿進入舵手前的操控位置及觸動任何儀表。

船上通常有空氣調節，而不虞寒冷；有的可能沒有電話及傳眞設備。

3. 登陸工具

有一種英文叫 Zodiac 或 Naiad 的登陸艇，使用鋁製船身且兩舷有充氣橡皮筒，是登陸南極的主要工具。它以船外引擎做動力，可載運 10 到 14 人左右。經濟、安全且低噪音，不致驚擾野生動物。缺點是無法通過覆蓋稍厚的浮冰水域，其冷卻水吸入口可能被冰堵塞。

通常有一套「登陸安全操作規範」，包括由工作人員先探勘適當的登陸地點並將數個「緊急救生袋」❸送上岸、翻轉「人員上下船管制牌」❹、限制每位工作人員所照顧的旅客數，以及至少需有 3 艘登陸艇下水以備緊急支援……等。

破冰船上常配備有 2 部載客量約 8 人的直昇機，除了用於航路探勘，亦可載客以探訪內陸或登陸艇無法接近的海岸地區，

▲乘橡皮艇登陸 / Adventure Associates Pty., Australia

並做空中鳥瞰與攝影。缺點是噪音大而不得著陸於野生動物棲息地。少數驅冰船亦配備有直昇機。

4. 探訪路線

(1) 南極半島地區

由於地理因素而被頻繁探訪，它有大量的野生動物、密集的科學研究基地、豐富的史蹟及自然景觀。1958 年，阿根廷首先以觀光船每次載運 100 名旅客探訪此地，此後成爲南極船遊的主要探訪地區。

只是，其探訪範圍「通常都未進入南極圈」。因爲經濟團的日數通常在 7 天，普通團則有 12 天左右，但涵蓋南極半島的西北海岸、附近的南雪特蘭群島及其尖端、東北端海岸及附近島嶼的整個行程中，橫越德瑞克海峽來回就要佔去 4 天。一般號稱去過南極的人，絕大部分都屬參與此種團者。

▼ 拉米爾（Lemaire）海峽 / Zee Evans・NSF・USA

▲ 探訪企鵝棲息地 / Adventure Associates Pty., Australia

整個旅程還要再加上附近極富自然及歷史特色的南喬治亞、南奧克尼及福克蘭等島嶼的探索行程才算完整，總天數約在 21 到 25 天左右。

阿根廷的烏蘇亞（Ushuaia）、智利的旁它阿雷納（Punta Arena）以及福克蘭群島的史丹萊（Stanley）是上下船的港埠；近年來，亦有在旁它阿雷納和喬治王島間採用單程或雙程的空運行程。

1994/95 年，由葉勇雄所率領的理想旅運社 15 人團**是探訪該區的第一個台灣團。**

(2) 羅斯海域地區

該地區是百年來進入大陸南極的重要門戶，其特點爲：

a. 有南極大陸知名的陸標——愛樂伯斯火山。

b. 有早期南極探險史上之 4 個古基地，其中，史考特木屋（1911）爲僅存最大者。

c. 有人類在大陸南極的第一個登陸點「阿達里岬」，以及人類在南極大陸過冬的第一個古屋「博克格雷溫克木屋(1898)」。

d. 是第一個抵達南極點者進出之處。

e. 附近有羅斯大冰棚。

f. 附近的乾峽谷爲有名的無冰地區。

g. 有最大的科學研究基地——麥可墨得研究站。

第一個探訪此地區的船遊係由美國公司在1968年1/2月所開啓。它需要越過寬闊洶湧的南冰洋及南極圈後，再突破尤其近年來範圍擴張而寬廣的海上浮冰，深入麥可墨得峽灣後才得以抵達最高緯度——約77° 50' S——之盡頭，此行惟有破冰船方能達成。筆者過去在紐西蘭的蓮芳特殊旅遊所組的訪問該地區的第一個台灣團是趁著每年1月美國的破冰船進行基地補給所留下的「航道」(見第317頁)而去，因該季天候不差，我們的驅冰船才能順道進入，而在1996年2月

▲ 鐵殼船仍不易抵達的McMurdo峽灣底 / 企鵝先生

▲第一個台灣團攝於阿達里岬前 / 企鵝先生

▲博克格雷溫克木屋（1898）與阿得利企鵝 / Adventure Associates Pty., Australia

底挺進到該峽灣底。惟在天候不佳的年份，及性能不對的船泊便完全上不了岸。該團有 11 人，包括 3 位學生，其中當年 10 歲的陳一銘應是探訪該地區甚至整個南極的最年輕旅者。

如果配備有載客直升機，即可探訪羅斯冰棚及乾峽谷，抵達更高的緯度。

該地區的野生動物種類不若南極半島多，但通常行程都包括附近富有野生動物之紐、澳的亞南極群島，有的還包括極富歷史性及自然性的聯邦海灣地區，其日數在 21 到 26 天左右。因需橫越寬闊洶湧的南冰洋，旅程較辛苦，但抵達之緯度較高，成就也較大，惟其每季的團數極有限致去過的人較少。

紐西蘭南島基督城郊的麗投頓（Lyttelton）、該島最南端的布拉夫（Bluff），以及澳洲的荷巴（Hobart）是其上下船港埠。

(3) 遠端（Far End）地區

指面向印度洋、非洲及澳洲等地的東南極大陸海岸地區，其間有研究站、冰棚、特殊地帽和大冰河等景觀；其野生動物種類亦不若南極半島地區多，但它仍有大量的皇家企鵝與南極燕鷗（Antarctic Tern）等野生動物。行程通常也包括附近富有野生動物的亞南極島嶼，日數約在 30 天。首團係在 1992/93 年。

其每季的團數有限，它以澳洲西部的福利曼投（Fremantle）和南非的伊莉沙白（Elizabeth）爲其上下船港埠。於 1995/96 年，陳學而是首位探訪該區的台灣旅者。

(4) 半環繞南極大陸（Semi-circumnavigation of Antarctica）

它涵蓋前述南極半島及羅斯海域的部分地區，通常以阿根廷、紐西蘭和澳洲做爲起訖點，其天數約在 24 到 30 天左右。

(5) 全環繞南極大陸（Circumnavigation of Antarctica）

首團是在 1996 年 11 月 24 日自福克蘭群島的史丹萊港出

發，東行環航南極大陸而在次年1月27日回到原地，爲時65天，進出南極圈8次，探訪16個研究站及20個史蹟，並曾遇到117公里×81公里（約台灣的1/4）之大冰山。**第一個全環繞南極大陸的台灣團**係理想旅運社以陳瑞倫爲首，含林瑞福、王廖瑞謹、謝界平及林美云等4位團員的團隊。近年也有自紐西蘭的基督城出發，以西行環航的行程。

5. 注意事項

(1) 裝備：以保暖、防風、防濕、防紫外線與防滑爲原則。旅費可能含有附兜帽的禦寒大衣，另需自備高筒雨鞋以做涉水登陸或島嶼野地之野生動物探訪用。

(2) 需有心理準備：任何船隻航行於洶湧的南冰洋都會有某種程度的搖擺（通常是左右）。

(3) 爲了自身，亦免屆時影響他人遊興，需確認自己的健康及體力無虞。

(4) 船艙通常只做爲休息的地方，愈低位置的船艙愈不搖晃也愈經濟；另，中後段比前段平穩。

(5) 有景物可觀賞時，船已在近海平順航行，甲板及視線良好的船橋是理想的好去處。

(6) 在岸上切勿離群獨自行動，天候可能隨時變遷而需緊急撤離。

(7) 攝錄影器材務需經徹底檢查，並最好帶1套以上。爲防搭登陸艇時濺濕器材，最好以塑膠袋包覆。

(8) 電池在低溫下電力會劇減，攝錄影器材更需備充分電池，且將其置於大衣內保暖。

(9) 準備1個手電筒及鉛筆，在探訪古屋時使用，後者利於在低溫下於訪客簽名簿上留名。

(10) 準備1個背袋攜物，以空出雙手而利於安全上下登陸艇。

(11) 在甲板及岸上時，需注意勿滑倒受傷及摔壞攝錄影器材。

(12) 旅遊季節也正是研究站最忙碌的時候，其人物力資源既有限又昂貴而應予珍視，光是接待、廁所出借與事後清理等都屬「所費不貲」。

南極旅遊的正面價值

1. 讓更多人瞭解並傳播南極的自然與人文知識和價值，尤其是南極保護重要性。
2. 讓更多人瞭解「人類文明」對南極的衝擊與其現狀。
3. 研究站的探訪活動能「監督」各國政府在偏遠的極地是否確實遵守南極保護原則。

南極旅遊的環境衝擊與南極保護

旅遊活動對南極世界公園也會帶來環境衝擊（詳見下一章介紹），馬德里環境議定書（MEP, 1991）要求旅遊主辦者及遊客：

1. 尊重野生動物及保護地區。
2. 不打擾科學研究之基地、設施及活動。
3. 遵守安全運作及環境保護規定。

後續於 1994、2004 及 2011 年不斷修訂規則，以加強管制。

1991 年，「國際南極旅遊主辦者協會（IAATO）」成立，現有會員超過 100 家南極旅遊主辦者（Antarctic Tour Operator），其在前述架構下制訂運作內規：

1. 各旅遊主辦者需事先提出詳細計劃，包括行程、交通工具、載客數、運作人員之資格、登陸地點（避免進入特別保護區 / SPA）、廢棄物處理、導航與天候資訊之取得、緊急救援以及環境衝擊評估等交付審核。每季結束後 3 個月內提出其運作報告。
2. 機船上可能有官方人員隨行，負責教育、監督主辦者與遊客，並打開某些歷史建築以供參觀並管制人數，事後並向其所屬機關提出報告。

3. 每 20 到 25 位旅客需配屬 1 位合格的自然 / 歷史學家，且至少 75% 的工作人員需有經驗。
4. 船遊的每一處登陸點有每次最多 100 人的上岸人數限制，航空器也有最低飛行高度的規定，另設定探訪史蹟、研究基地及亞南極島嶼的人數限制。
5. 避免安排探訪新的地區。

安全、負環境責任地運作南極旅遊及其他非政府性的南極活動，並提供實務資訊給南極公約顧問國會議，做為修訂相關南極保護法規之決策參考。旅遊主辦公司提供「旅客遵守規則（Visitor Guidelines）」：

1. 不得搜取任何地質、生物標本及歷史文物等。
2. 不得留下任何廢棄物。
3. 對野生動物保持特定的距離❺，不得觸摸、環繞包圍及餵食。
4. 隨時注意四周環境，不得侵入動物巢穴、棲息處及踩踏植被。
5. 不得觸動任何研究設施。
6. 不得攜入外來之物種及泥土：行程前，所有裝備需確保清潔，尤其注意粘扣帶及口袋；行程中，在每次登陸前後需（於甲板的舷梯口之清洗站）清洗鞋具及照相用三角架等與地面接觸過的裝備，以杜絕外來物種之傳播。
7. 各古屋的探訪規定：進入前需清理鞋具、每次進入之人數限制約在 4 到 10 人、禁煙及不得觸動踩踏遺物；有的還限制每次登岸人數。

其罰則視各公司所屬之國家的相關法令，每件通常不少於 1 萬元美金罰款甚或 1 年牢獄。日本法律規定：其公民如參與非日本南極旅遊主辦者之南極旅遊活動，需向其環境省自然環境局填表報告。

南極大自然探險旅遊（Antarctic Adventure Tourism）

1966 年 12 月 18 日，由克林奇（Nicolas B. Clinch）率領的美國登山協會及其國家地理學會的團隊首度登上南極大陸最高峰的文生山群。攀登世界七大陸地的最高峰，也逐漸成爲登山愛好者的共同目標。

1985 年底，加拿大之 ANI 公司在南極內陸開闢藍冰起降跑道、成立「愛國者嶺營地（Patriot Hill Camp）」做爲基地，並開啓了以小飛機載人做登山、滑雪、攝影、野營及探訪南極點等活動的「南極大自然探險旅遊」，以及私人南極探險活動的運補和緊急救難。

1988 年 1 月 21 日，**首位旅客被送抵南極點**。次年 1 月 17 日，第 1 位私人探險者也在其協助下滑雪約 1,130 公里而抵達了南極點。2001 年 12 月 1 日，三禾旅行社的藍志俊亦率領 5 人之**第一個台灣團**抵達。至 2009 年止，則已有超過 950 人攀登過文生山，包括**第一個來自台灣**的歐都納的七頂峰登山隊（見第 236 頁）。

▲錫恩山（4,667 M）/ Alpine Ascents Int'l · USA

▲文生山（4,897 M）/ Alpine Ascents Int'l · USA

❶ 所隱喻的是其稀有性、挑戰性和知識性，在廣泛地應用現代科技之下，相較於其他地區之旅遊，今日的南極旅遊雖較具困難度，惟絕不若早期的「探險活動」。

❷ 船舶航行的穩定及舒適性不全然決定於其噸位，整體設計及配備（如船底形狀、吃水及防擺系統等）都有關係。

❸ 其內有營帳、保暖、照明、食物及醫藥等，作為登陸後如遇不可抗力因素而致無法及時返回船舶時之緊急所需。

❹ 它通常設置於上下船之舷梯口的艙門附近內牆，依號碼順序掛有每位旅客之雙面不同顏色吊牌。在每次走下舷梯搭上登陸艇前，需「自行」翻轉顯示不同顏色，以表示該旅客已離船；反之，每次回船後亦同。任何人不得代他人翻轉吊牌，以確保沒有任何旅客離船未歸。

❺ 與皮毛海豹需保持至少 15 公尺，對企鵝、海鳥和其他海豹則為 4.5 公尺。

第十九章
人類活動對南極的衝擊

南極地區的生態及環境系統極其脆弱，一旦遭受破壞，需極長的時間才能恢復，甚至會造成全球的浩劫。

圖片來源／企鵝先生

由於特殊自然環境，使得南極地區的生態及環境系統極其脆弱，致其對各項衝擊的恢復能力非常緩慢。即使是踩在地衣植被上的腳印，也需要至少 10 年以上才能恢復，受掠殺的野生動物也不容易回復原本的族群規模，廢棄物更難以被分解腐蝕。其自然環境系統的破壞將造成全球的浩劫。

直接衝擊

人類活動對南極地區產生巨大衝擊，幸在當今其已受到南極公約之某種程度的管制。

經濟動物的搜刮

南極地區的海洋經濟動物通常生長緩慢，卻極易被過度捕獵。除了造成其族群的生存危機，上下層食物鏈間的關係也會被嚴重地破壞，進而造成整個南極生態系統的失衡。

1. 南冰洋海豹捕獵

皮毛海豹及象鼻海豹是最早被人們大量獵補的海洋生物，人們覬覦的是其皮毛與油脂的經濟價值。在 1775 年南喬治亞群島被登陸後，捕海豹者即大舉入侵南極地區。英國及美國最早，俄國、法國及其他歐洲國家繼之，1893 到 1918 年左右是其高峰期。之後，雖然海豹數量急劇下降，再加上石油燃料的開發，降低了對海豹油的需求，但商業捕獵仍持續地進行，直到 1978 年「南極海豹保護協定(CCAS)」實施之後，海豹補獵才被全面禁止。

2. 南冰洋捕鯨

人們自 19 世紀初，就開始在南極地區外緣獵捕抹香鯨和南露脊鯨 (South Right Whale)。1904 年挪威人在南喬治亞島設立了捕鯨站後，一直到 1942 年間，都是南極地區的主要商業捕鯨期，今

▲抗議日本捕鯨 / Timoty A. Baker・國際綠色和平組織

日的亞南極島嶼上也因此遺留下不少捕鯨活動的史蹟。到 1917 年，已擴展到 6 個捕鯨站、21 艘鯨魚加工船和 62 艘捕鯨船，每年捕獲量約在 1 萬條。在 1929/31 年間達到顛峰，光英國和挪威便有 40 多艘鯨魚加工船及 200 多艘捕鯨船在南極海域活動，連其他國家者共有 300 多艘，可謂**史上南極海域有最多船隻集結的年代**。上世紀有總數超過 130 萬條的各種鯨魚被捕獵，尤其藍鯨、南露脊鯨及座頭鯨幾乎滅絕，至於鰭鯨、抹香鯨及塞鯨等則只剩原本數目的 10% 至 20%。

1946 年成立的「國際捕鯨委員會 (IWC)」[1] 首先以設定配額的方式進行管制。1963 年，藍鯨與座頭鯨完全被禁止捕獵，而其它鯨類的捕捉配額也逐漸削減。到 1970 年代，鰭鯨與塞鯨被完全列入保護。1985 年，南極地區的各種商業捕鯨被全面禁止。但儘管在 1994 年 5 月進一步將佔有 90 % 鯨魚數目的 40° S 以南海域宣佈為「南冰洋鯨魚保育區」，日本、挪威及冰島等國依舊分別在 1987、1993 及 2003 年起恢復以科學為名的商業捕鯨，且至今仍在進行，無視國際壓力。再加上其他偷獵與走私活動，各種瀕臨絕種的鯨肉竟然可以在日本市場買到。近年來，包括海洋牧者保育學會（Sea Shepherd Conservation Society）、國際綠色和平組織及澳洲政府等，都投入派船到現場進行反制行動。聯合國國際法院並已於 2014 年 3 月 31 日裁定日本在南極非爲科學研究，實爲商業用途的捕鯨行爲違法。

3. 南冰洋漁撈

商業魚撈係當今人類在南極地區的大型資源掠奪活動。

1960 年代，蘇聯及波蘭首先在史考提亞海域做商業捕南極鱈魚及冰魚。1970 年代初，其年漁獲量曾達約 40 萬公噸。在 1978/79 年間，捕獵範圍擴展到南雪特蘭群島。

南冰洋的魚類生長緩慢、壽命也長，例如「鱗頭犬牙南極魚（Antarctic Toothfish / Antarctic Cod）」壽命可達 40 年，但因未成年即被捕獵，導致其繁殖受到嚴重衝擊。僅管捕獲量看似不大，卻已造成嚴重的保育及生態平衡問題，其幾近滅絕進而導致殺人鯨數目遽降、蠹魚（Silverfish）數目陡增，致使企鵝和鯨魚爭食南極磷蝦。

因經濟魚類族群規模的嚴重萎縮，南冰洋的漁獲也隨之遞減。今日，南冰洋的經濟魚類主要以魷魚、冰魚及「小鱗犬牙南極魚（Patagonia Toothfish），商品名爲智利海鱸（Chilean Sea Bass）」等爲主。

1982 年起，南極海洋生命資源保護協定（CCAMLR）引入相關法規（如分區捕撈配額）之制定，以保護南冰洋魚類及磷蝦等自然資源，但非法捕撈仍未獲管控。

▲國際綠色和平組織之人類活動對南極的衝擊報告

南極磷蝦的商業捕撈始於 1960 年代晚期，包括東德、智利、南韓、波蘭、日本與蘇聯等國均曾涉入，日本與蘇聯尤其積極。台灣水產試驗所在1976年起曾做過4航次的磷蝦捕撈及處理的科學研究活動（見第205頁），不過並未積極涉入。因磷蝦含有特殊的「蛋白質消化酵素」，必須在捕獵後數小時內即予加工，將其高成分且有「氟」毒的外殼完全剝除。蘇聯曾發展出加工法及加工船，但是處理費用高且市場接受度低，所以南極磷蝦主要被當作飼料使用。南極磷蝦的族群規模在過去30年來遽降，與地球溫室效應的加劇可能有某種關聯，又近年來相當普及的健康食品「深海魚油（Omega 3）」及魚飼料的需求，大大刺激了捕撈活動，南極磷蝦的族群萎縮，將會使得原已受害的南極海洋生物之族群數目回升得更慢，甚至巨大地衝擊整個南冰洋生態系統，亦傷害其因獵捕南冰洋表層之富 CO_2 的浮游生物，而不利於減低地球溫室效應的機制。幸好，今日其捕獵量只佔其族群數目的低比值。

另，漁撈的方式不當，也會造成對某些野生動物的危害，如「長釣線捕鮪（Longline Fishing）」使每年約有10萬隻海鳥，包括4萬隻信天翁，因獵食其上所鉤的餌而溺斃。

南極科學研究

科學研究活動本身也是南極地區的主要環境衝擊源，例如硬體設施的土木營造（如整地、不當的建材或地點選擇）、能源供應及交通工具（如油料儲存、洩漏、廢氣排放與事故遺骸）、運輸活動（尤其是長程內陸）、外來物種及疾病源（如廚房污水所帶來的家禽病毒）之攜入與擴散，以及污染物（如廢水與固態廢棄物）的不當處理……。活動規模與頻率之提升、顢頇的行政管理甚或政治決策（興築飛機跑道或增加研究站數目）等，則擴大了衝擊。

阿根廷、澳洲、法國、波蘭、英國、美國、紐西蘭及俄羅斯等國的研究站，都曾因「天高皇帝遠」的心態而有不良紀錄，甚至惡名昭彰。例如紐西蘭和美國都曾把有毒的廢棄物丟置在浮冰上（美國尤甚），致使附近的麥可墨得峽灣底部有高濃度（4,500 ppm）的多氯聯苯（PCBs）及多環芳烴（PAHs）沈澱物；法國則在 1983 年曾於其迪維爾基地旁緊鄰企鵝棲息地之處，以炸藥開闢飛機跑道，在建造中炸死企鵝，啓用後預期將對其造成巨大衝擊❷。

自 1987 年初起，在國際綠色和平組織陸續進行實地查訪並公佈其調查報告之下，迫使南極公約顧問國會議在 1991 年通過了馬德里環境議定書，它將「科學研究活動對南極的衝擊」列爲南極科學研究的重要項目之一，除了改變其研究面貌，也開啓落實南極保護的普世觀念與價值。

1989 年，美國麥可墨得研究站終於花費 3,000 萬美金進行 30 多年來的第一次的大掃除，所有的廢棄物包括約 2,728 公噸的廢物、數千桶油料及溶劑、含劇毒物 PCBs 的舊變壓器、石綿爆裂物、化學品、拆除「1.8 MW 核子發電機組」並挖除附近受污染約 11,000 噸的冰雪及岩石……，全部運回國處理。

紐西蘭的南極事務機構發展了 1 套南極廢棄物管理辦法，所有廢棄物分類爲 5 種：可燃性者，在其研究基地以高溫焚化爐焚毀，灰燼運回國；不可燃性、危險性（如電池、石綿、油漆、清潔劑、石油製品和化學藥品……），以及可再生者均運回國處理；而內務液體（如水耕液和廢水……）則經處理後再由加熱的管道排放入海水；在海岸地區工作的野外研究隊可將人體排泄物排入海水，但在內陸工作的野外研究隊則需將其攜回基地處理。

爲控制南極最大的污染源——油污，工作人員均經特別訓練以避免油料的溢漏；野外工作隊則發給吸油布，另有與隔鄰麥可墨得研究站合作的漏油緊急處理計劃。澳洲也發展出類似的辦法，包括送往基地物品的包裝材料不得使用 PVC 與聚苯乙烯、特別設計的油料儲存及研發使用乾淨的能源設備。

近年來，再生能源的使用亦漸被採行，甚至比利時有號稱「零污染排放」的研究站出現。另，因南極旅遊者眾目睽睽，及非政府組織（NGO）列席南極公約顧問國會議所帶來的輿論壓力，已迫使南極科學研究活動所致的環境衝擊受到相當程度的管制。

南極旅遊

現今每年夏季的旅客人數（主要是船遊）已遠超過南極科學研究相關人員，且持續穩定成長。其「集中在一個季節密集地探訪某些地點」對極端脆弱的南極生態環境造成「集中且累積性的巨大破壞」，尤其是被最密集探訪的南極半島尖端約 500 公里長的西岸地區。旅客的探訪帶來廢棄物、破壞生長極端緩慢的植被、圍繞正值繁殖季節的野生動物攝影而嚴重干擾其繁殖率、搜取地質或歷史文物紀念品、影響昂貴且也正需把握短暫的夏季所進行的科學研究活動，以及可能攜入外來物種 / 種子和疾病傳播等。

其最大的單一環境衝擊源是船難事件所導致的漏油污染。儘管船舶、相關設備及操作知識 / 經驗遠比早期的南極活動先進很多，但在未經足夠管理的旅遊業快速成長下，近年來不斷地發生類似事件。尤其在南極半島地區出現原本在其他海域運作的「巨輪」，雖然不做登陸，惟其船舶本身與操作人員都缺乏南極屬性而隱含較高的肇事風險，除了人員太多以致於營救困難，大量的重燃油更將導致巨大的生態災難與環境威脅。

1989 年 1 月，阿根廷的巴來索（Bahia Paraiso）號郵輪在美國帕瑪研究站附近擱淺，導致將近 80 萬公升的柴油洩漏，數日內涵蓋 100 平方公里海域，造成許多野生動物喪命及環境污染的浩劫，科學家們估計要數百年才能恢復食物鏈中之微生物族群。2007 年 11 月，加拿大 Gap 公司的探險者（Explorer）號撞及海冰致船殼破裂沈沒，同樣導致 18 萬公升柴油洩漏。2007 年 1 月及 12 月，有挪威 Hurtigruten 公司的北角（Nordkapp）號及前進（Fram）號、次年 12 月阿根廷 Antarpply 公司的烏蘇亞（Ushuaia）號和 2009 年 2 月美國 Quark 公司的諾瓦海洋（Ocean Nova）號等一連串擱淺，幸都未造成嚴重事故。

有關南極旅遊之管制措施，請見上一章之探討。近年來，雖然馬德里環境保護議定書已出現「附件第 6 條」的意外事件責任條款，但對其進一步管制（如載客量限 500 人、每次登陸限 100 人及燃油種類）的輿論壓力，已成爲南極公約顧問國會議的重大議案，並在 2009 年第 32 屆會議通過。

南極採礦

南極大陸的礦產開採本身有許多困難，包括探勘、挖掘技術、運輸及危險性……，而當前光是經濟性就相當不足。其中，石油開採的漏油事件更將是嚴重威脅，尤其對南極磷蝦的傷害，將影響整個生態系統；另鑽探、抽取、儲存及運輸和落塵污染等，除了將會降低萬年積冰的科學研究價值之外，陽光熱能的反射率也會大幅降低，造成冰帽的融化、加速海水位提昇、全球天候變遷惡化甚至全球生存系統崩解……，也可能引發重大的軍事衝突。

馬德里環境保護議定書凍結南極地區採礦 50 年的規定，暫時解決了上述顧慮。但近年來，由於原油價格急遽上漲的衝擊，澳洲參議員喬宜斯（Barny Joyce）曾於 2006 年推促其政府行動；另於 2007 年 10 月，英國曾宣布將向聯合國申請其所聲稱的南極領地附近之海床主權。海上採礦應較具可行性，尤其在南冰洋外緣及亞南極海域。

間接衝擊

遙遠的南極地區，也因人類不當文明活動的積累擴散，而遭受巨大的衝擊，它顯現了該項問題在人口稠密地區的嚴重性。

全球暖化（Global Warming）和南極冰帽／冰棚融化

因大氣中的 CO_2 與某些其他氣體（如 CH_4）等「溫室氣體（Global

Warming Gas)」的濃度太高，造成地球表面蓄積過多熱能，整個大氣溫度因而提昇，這就是所謂的「全球暖化現象」，爲當前最重大的環境問題。

▲全球暖化是嚴重的空氣污染問題 / 企鵝先生

自工業革命以來，大量石化燃料的使用產生大量的 CO_2，再加上無窮盡的土地開發，造成能消耗大量 CO_2 的森林逐漸消失。這樣的「文明」使得 CO_2 含量不斷增高，到 2005 年時，已遠超過過去 65 萬年的自然變化範圍。其他包括 CH_4（來自畜牧業草食動物的排泄物分解）、NO_2（來自農業、土壤中生物反應及氮肥分解）及 CCl_4（來自冷凍及塑膠等工業）也都因人類活動而增加，其聯合作用使溫室效應提升了約 3 %。

全球暖化在不同地方影響的層面不同，全球平均溫度在過去 200 年來約已提高了 7℃，而**在極點的溫度提升遠多於其他地區**，這使南極冰帽與冰棚逐漸融化，全球的海水水位逐漸升高、海水鹹度變淡、生態物種甚至全球氣候型態均大受影響。它使冷季減短、熱季增長，並造成較乾的土壤及較濕的空氣。在 1975 年，人們即發現在南 / 北極地區與格陵蘭都有積冰融化現象，且愈來愈惡化。

狹長的南極半島是個天然且敏感的偵測器，在那裡的許多跡象，一一告訴我們地球暖化現象的嚴重性：

南極半島年平均 –5℃的等溫線已向南移；在過去半世紀來，其西岸的年平均氣溫已上升了近 3℃，是全球最高者；同時南冰洋，尤其是南極半島西岸海域的海水溫昇爲 1 到 2℃，約爲全球其他海域的 2 倍。

位於南極半島西岸中部，在 1966 年仍有面積約 1,300 平方公里的渥笛（Wordie）冰棚已不復見。1986 到 1998 年間，俄國別林斯高晉研究站附近，原本厚度 600 公尺的冰帽已減少 40 %。1995 年 1 月，在 50 天內，原本南極半島與詹姆士羅斯（James Ross）島間厚達約 200 公尺、面積約 1,000 平方公里的冰棚裂解漂流消失。1997 年 1 月底，國際綠色和平組織的船隻竟然可做史上首次的環島航行。2002 年初，已經存在南極半島東岸北部 5,000 到 12,000 年、面積 3,174 平方公里、厚度 220 公尺的拉森冰棚 B 在 35 天內崩解消失。在過去半世紀，南極半島地區有 87 % 的冰河萎縮，且流速比過去竟有快達 5 倍者。2008 年間，在南極半島西岸的阿德雷島威爾京斯（Wilkins）冰棚經數次崩解，已經失去 14 %。

1975 年來，美國帕瑪研究站的科學家發現：提供覓食及活動的浮冰面積減少，讓附近的阿得利企鵝數目減少了 40 %，且有 21 個棲息地已消失。另發現喜歡在較「溫暖」地區活動的頜帶企鵝，逐漸有向南遷移之勢。雨水在南極半島地區比過去更普遍，使得阿得利及帝王企鵝的幼雛在未長出防水之羽毛前，往往因淋濕而凍斃。

地球環境高峰會議於 1992 年 6 月在巴西里約熱內盧舉行，達成「聯合國環境變遷綱要公約（UNFCCC）」之共識，於 1994 年 3 月生效。後於 1997 年 12 月在日本完成「京都議定書（Kyoto Protocol）」，達成降低溫室氣體排放的國際協定與努力目標。近年來，包括節能減碳及再生能源使用率的提升……也已漸成爲共識；然而，實質改善全球暖化仍有長遠的路要走。2009 年 12 月。「哥本哈根議定書（Copenhagen Protocol）」在丹麥完成簽訂：全球暖化需控制在 2℃以內、次年 2 月 1 日前各國需說明減碳目標、在 2050 年前全球碳排放量需減至 1990 年的半數水準，以及富國承諾於 2010/12 年間投入 300 億美元協助窮國。

臭氧層耗蝕（Stratospheric Ozone Depletion）

臭氧（O_3）係高空中正常的氧（O_2）分子受陽光中的紫外線照

射，發生裂化及其它化學反應而生成，臭氧層則是指地球表面的大氣層中，約 10 至 25 公里間含有相當濃度 O_3 的平流層部份。它能保護地球上的生物免於強烈致癌性的太陽紫外線侵襲，尤其它是大氣中唯一能吸收 B 種紫外線（UVB）的成份，沒有它，生物幾乎無法存活。

1957 年，英國的法拉代與哈利南極科學研究站率先進行臭氧層的研究。1977 年，其科學家法門（Joseph Farman）等 3 人，發現其所在地區上空的臭氧層濃度急遽降低，甚至造成破洞的現象。1985 年，他們在《自然》（*Nature*）國際科學期刊首度發表了研究報告。原先推測在 1 世紀內臭氧層只會被破壞 5 %，但到 1987 年南極大陸上空之臭氧層破洞範圍，竟然已經大到與美國及墨西哥兩國合起來的面積相當——原來它是以每年約 5 % 的速度耗蝕。近年來，在每年約 8 到 11 月間，臭氧層流失約 70%，O_3 濃度約只剩 1975 年時的 33 %。2006 年 9 月 21/30 日，更曾發現史上最大的破洞——2,700 萬平方公里——約爲南極大陸面積的 2 倍。

已知造成 O_3 耗蝕的化學因子是溶劑、冷媒及噴霧性家庭用品內的 CCl_4、Cl，以及海龍滅火劑、鹵碳化溴和肥料中 NO_2 的溴成份釋出到大氣中與 O_3 分子結合，其中 1 個分子的 Cl 可消蝕 1 萬個 O_3 分子，而海龍的破壞力是 CCl_4 的 3 到 10 倍。O_3 耗蝕所帶來的危害是使陽光中紫外線增強，影響穀物收成、破壞遺傳因子及免疫系統、提高皮膚癌及白內障等疾病的致病率，威脅南極地區工作人員之健康，並殺滅了南冰洋浮游生物，因而危害南極生態系統。

由於化學穩定性，5 種 CCl_4 及 3 種海龍被釋放進入大氣之後，可分別存留達 60 至 400 年與 25 至 110 年。經 1987 年 9 月，由 140 個國家所簽署的「蒙特婁環境議定書（Montreal Environmental Protocol）」及後續多次會議，工業國家已在 1995 年停止使用 CCl_4。至於荷蘭已在 1992 年停用溴化甲醇（CH_3Br），歐洲國家及前述會議則分別決定在 2001 年及 2010 年全面停用。

化學污染

多年前，紐西蘭的科學家在維多利亞領地的許多海灘發現洋流帶來的聚苯乙烯（PS）顆粒，這顯示該種來自包裝材料、不易破壞分解的化學物質已擴散漂流至全球各處海洋。

荷蘭的科學家曾在南極的海鳥體內發現高單位的有毒化學物質，如多氯聯苯。原因是較溫暖地區的一些揮發性化學物質，會經過「全球蒸餾作用（Global Distillation）」先上升到高大氣層，而後經漂流凝結並和雨雪混合降落在南 / 北極地，造成比出處可能高達百倍的污染量。

❶ 其總部設於英國劍橋，每年 5、6 月間定期集會，現有 85 個會員國。

❷ 1994 年 1 月，其完成不久的設施毀於自然災變而以灰頭土臉收場。

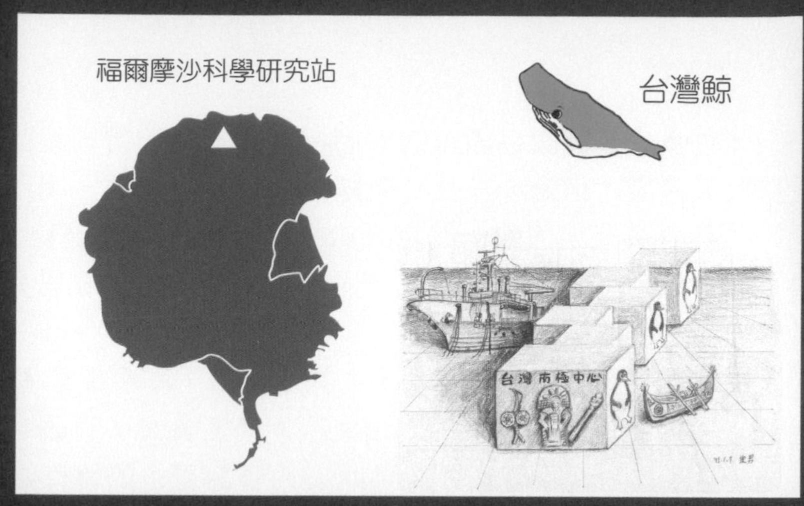

第二十章

從南極看台灣

「海洋文化與科學務實精神」促使西方人投入數百年的海上探險，證實且登上其推論中的「南方大陸塊」，更延伸至太空活動。今日，連外勞母國之一的泰國都已以自製的機械手在南極深海從事海洋學研究，而開啟南極國際舞台活動，台灣極度扭曲的體制，不但破壞了海洋之民對大自然的人文態度與生命活力、葬送了曾有美麗之島美名的自然生存環境，即便已到了21世紀卻還深陷國際侏儒的泥沼——我們需要一個「列島改造計劃」。

台鯨圖片來源／建國會
台灣南極博物館素描圖片來源／黃俊男

南極的人文事務

全球有多少非英語系國家的人們投入英語的學習，使英語教學成爲巨大產業。但是，在當今英國、美國、紐西蘭、澳洲及加拿大等「英語系兄弟國家」的總人口只佔全球人口比例約 6% 的背景下，當 您我也一頭栽入英語學習的行列時，是否曾思考過其背後的理由？

南極的人文事物極具啓發性，尤其**呈現在「海洋務實文化**(之全球思維)**」與「陸封務虛文化**(之中原思維)**」的差異上**，它蘊含著今日人口才 6,100 多萬的英國，在早期人力資源更少的條件之下如何從群雄中異軍突起、發展成日不落國，更與前述兄弟國家在世界舞台上共同形塑強勢語言文化的秘密，十足可以做爲台灣的國家定位及發展方向的參考。

海洋文化

1. 西方人在 500 多年前即開始從事海上南極探險，在 1895 年 1 月即已登上大陸南極。早期前往洶湧的南冰洋做海上探險所使用的船舶都構造簡單且狹小，其中美國帕瑪船長的英雄號、英國鼻斯可船長的快活號與庫克船長做外環繞南極大陸的果斷號，分別才只有 45、50 及 130 噸。
2. 就連遠自北極圈內的國家，如俄羅斯、瑞典與挪威等，都有很活躍的南極活動。由愛沙尼亞人領軍的俄羅斯探險隊在 1820 年即領先發現大陸南極；挪威現在的人口還不到 500 萬，卻也有極傑出的表現；另外，海岸線極短、現今人口不到台灣半數的比利時也在 1997/98 年即已完成其南極探險 100 週年慶。
3. 自古以來，西方南極探險者的職業涵蓋軍人、醫生、科學家、藝術工作者、律師、空服員、工程師、老師……，有男有女，年紀從 10 幾到近 90 歲。而現代的南極探險活動中，除了第 12 章所蒐錄者之外，還有以 56 歲之齡獨自駕 10 公尺長的遊艇環繞南極大陸 3 年的探險家，也有 4 人划船橫渡德瑞克海峽到南極半島，重現當年英國雪可頓自象島以救生艇划越南冰洋到南喬治亞島求援的過程（見第 182 頁），或獨自在 9 公尺長的船上過冬的探險事蹟……不一而足。

4. 從古至今，許多南極探險者均需自行籌款，從舉債、販賣 / 典當物品到募款。率領第一個探險隊抵達南極點的挪威人阿蒙生曾詼諧地說：只要籌到款就儘管往海上跑，反正債主不會找到極地。有那樣的大眾，從個人、團體到商號一直捐助甚至涉入探險活動，也有那樣的社會不斷出現可能背負債務，卻完成探險成就歸國的探險者。
5. 伴隨英年早逝的南極點探險者史考特等人的遺體，及其所採集而不肯丟棄的地質標本，在最後 1 天的日記上記載：……我們極為虛弱，連寫字都有困難，但並不後悔來做這趟旅程，它正可以向世人表現英國人能忍受艱難、互相協助且以既有的偉大艱毅精神去面對死亡……（見第 175 頁）。
6. 西方國家歷經數百年之海上南極探險後，原屬鎖國帝制下的日本經過明治維新的洗禮，也出現了 1 位「海軍上尉」組織並率領其第一個遠洋海上南極探險隊南下，躍上剛開啓陸上探險活動的南極舞台，並發現「白瀨海岸（Shirase Coast）」（見第 177 頁）而為其留下不可磨滅的事蹟——在今日國際社會出版的南極地圖上被公認標示。而後，日本雖在第二次世界大戰無條件投降，但卻積極參予 1957/58 年的 IGY 活動，加入剛興起的全面性國際南極科學研究，更參與了南極公約的制定，而成為 12 個原簽約國中惟一的亞洲國家，且與其他 11 個西方國家享有國旗永遠在南極點四周飄揚的特權。
7. 上個世紀初，英國除了在南極半島附近宣佈領地與主權之外，並為同為兄弟國家的紐西蘭及澳洲在他們就近的方位宣佈、瓜分了總面積超過整個南極大陸 2/3 的領地，光是澳洲就佔了 42%（見第 241 頁）。

8. 英國的費恩斯（見第 215 頁）說：「爲什麼人們要去冒險及追尋危險和不舒服的事物？每天，我們大多數人都要面對困難，但是，需要去與故意去之間是有很大的不同。」
9. 挪威的奧斯蘭（見第 231 頁）說：「走出去到大自然中，突破疆界，推向極限。」
10. 在南極船遊中可見自然景觀、野生動物、科學研究站及史蹟等 4 種景點，後者是西方旅者最感興致者，不乏有人因它而動支退休金甚至售屋籌款。
11. 先進國家的港都常設有介紹海洋人文事物的「海事博物館（Maritime Museum）」，人口比台北縣（今新北市）稍多的紐西蘭即有 8 家公立者，而英國則有超過 120 家公私立者。
12. 在先進國家之住家與辦公室，除了其本國及當地地圖，更常見世界地圖（World Atlas）與地球儀。

▲南極史蹟是西方旅者的最愛 / 企鵝先生

雖然不是最早涉入海上探險活動，但英國卻由政府、民間公司與教會等積極地往他國先「發現」的美洲新大陸做海外殖民。儘管在一場熬戰 7 年，追求「領土不可分割」的聖戰中失利而顏面盡失，且被迫簽訂「巴黎和平條約（PPT, 1783）」，但她卻沒有被「中國陸封文化的中原思維」羈絆而與美國「漢賊不兩立」地成爲世仇，反而在比當年其他競爭者（如荷蘭、西班牙及法國……）更壓倒性多數的移民優勢基礎，「海洋文化的全球思維」反而使英、美 2 國發展成「英語系兄弟國家」。獨立230多年來，美國與英國的關係明顯超越協助美國打贏獨立戰爭並贈送自由女神像的盟友——法國。

透過類似的模式，英國在不同的地理方位又發展出加拿大、紐西蘭及澳洲等3個兄弟國家，其各具制度與多元文化。英、美及英、加間未有兩岸對立，美、加之間邊界不設防，而紐、澳2國間亦無兩岸糾紛。

澳洲欲脫離大英國協而改為共和國，以及紐西蘭期望更換國旗/國歌等問題都已討論多年，加拿大奎北克的獨立也醞釀已久。他們將「文化認同」與「國家認同」分開，但卻無礙於情誼與共同利益，而能長久以來在國際事務中互相支援：從前述的南極領地劃分、美/紐合作扼住南極大陸出入的重鎮羅斯島、兩次世界大戰、韓戰、越戰、福克蘭島戰爭❶、對伊拉克做強制武器檢查（1998年）❷、波斯灣戰爭、阿富汗戰爭及美國入侵伊拉克（2003年）等。該「英語系兄弟國家」的總人口數佔全球人口比例才6%左右，但在國際舞台如聯合國當中，他們不但各佔有大會席次，也在安理會的5個常任理事國中佔有2席；南極公約的簽訂亦同，他們在12個原簽約國中佔有4席（不含加

▲自由女神像/東城・英國

▲成就英語系兄弟國家在國際舞台各面向的長期強勢地位其來有自

拿大），而能將其國旗永遠環插在南極點；另，他們全年運作的南極科學研究站數量佔所有研究站總數近 1/4，加上早期南極活動史上的輝煌成就，配合在其他領域的投注，而積累他們從南極政治，到全球政治及語言文化等各國際舞台上的堅實地位。

科學務實

1. 西方人以科學原則提出「南方大陸塊」存在的推論，且將指南 / 北針應用在指向定位，並迅即察覺其有指向誤差，再經數學計算而有了南 / 北磁點的推論，英國羅斯船長更攜帶指南 / 北針實地驗證，並完成了他 2 項重大的地理發現（見第 148 頁）。
2. 西方的海上探險自始以來，其航行日誌的填寫即涵蓋各種科學研究內容，並在發現新陸地時設法登陸、繪圖，或在其近海量測水深數據並製作海圖，回去後撰寫報告，將相關資訊詳細紀錄保存。另，隨行人員也因時代的演變而有系統地發展出各種專長之職務。
3. 落後西方南極海上探險活動數百年的日本，在缺乏當今先進電腦與通訊技術的時代中進行海上南極的探險，竟能十足展現明治維新後的現代化成就——遠洋航行及精準掌握資訊的能力——而能南下羅斯海域，並直搗鯨魚灣。
4. 今日南極船遊的西方旅行者會聚集在船橋（Bridge），以望遠鏡找尋海鳥、鯨魚及冰山等景觀，並查對圖鑑、海圖與經緯儀，後將時間、經緯度、動物名稱 / 特徵及天候資料等全數登載於行船日誌上，同時也會在圖書室查閱書籍並踴躍出席各項講座。行程結束前，主辦公司會印製每日 0 時船隻所在之經緯度、天候紀錄、該行程所至最南位置及首度發現冰山之緯度等資訊分發給旅客。另，在登船後即會首先進行緊急逃難之資訊教導與行動演練，行程中也會安排參觀機械艙，以瞭解其運作。

其他

1. 南極探險者的著作引述之哲言與反思

老印地安人：旅者越過河流、翻上山脈，平地人可能終生居住在峽谷裡，惟有那些追求眞理的人會登上山頂，這區分了自然的探險者與飽讀滿腹者之兩個不同的世界。僅管後者藐視實地之探險世界，但前者卻樂此不疲並熱衷於追索探險者背後的理由。

美國作家卡洛琳·凱立（Carolyn Kelly）：「我們在郊區給人們一個盒子，叫做房子，每晚他們呆在裡面觀看另一個盒子。早晨，他們移往另一個盒子，叫做辦公室。週末，他們鑽進另一個有輪子的盒子，叫做車子，而湧向無盡的交通阻塞。」

2. **西方文化孕育「目標志向型」國民，以某個達成某個目標爲最高理想。**

3. 儘管早期的西方國家仍在帝制的時代，但沒有海禁，有不少南極探險活動係由私人主導且在非政府組織（NGO），如英國皇家地理學會與法國巴黎地理協會等，的積極支援下進行，民間的商業探險甚至更活躍。

4. 商人有祖國，挪威的捕鯨業大亨克里斯登森與英國的恩德比兄弟公司都鼓勵其船長在商業海上探險活動中，除了搜捕經濟動物之外，也爲其國家發現新陸地並宣佈主權，甚至前者還親身攜妻參與（見附錄二）。

5. 英國連小水手喬治文生的落水處也被立碑紀念與妥善維護（見第 295 頁）。英國、紐西蘭與澳洲等 3 個兄弟國家不但奮力從事南極探險與科學研究，也對其南極史蹟之維護傾注許多心力。如在其古基地（Historic Hut）的爐灶上仍有當年的蛋糕；廚架上仍有可食用的當年的蜂蜜；暗房的試瓶裡有當年的化學品，甚至當年報導鐵達尼號沉沒的畫報仍在。這顯示保存文化資產也是維護該國在南極活動史及南極國際政治舞台的地位。其他國家的南極史蹟則常因缺乏同樣的照料而破敗，甚或消失。

6. 那些曾從事南極探險活動的國家，均設有博物館保存展示當年使用的船隻模型、探險畫作、影像及其他相關文物，或把歷史性的船隻改建成海事博物館，甚至將因改建而拆下來的科學研究基地建材送回國展示或建造南極博物館，以保存其南極活動史之文物。

7. 西方先進國家早已從遠洋海上探險步入南極陸上探險，且跨入太空探險：太空站的運作已超過25年，火星已在1997年被登陸，40多年前已登陸月球。
8. 2007年1月，人口比台北縣（今新北市）稍多的紐西蘭慶祝從事南極科學研究活動與研究站成立50週年。
9. 西方婦女在南極活動史中扮演重要地位，甚至從幕後走到幕前。德國研究站更曾全數以婦女成員運作而度過與外界隔絕近半年的南極冬日，展現了高超的人力素質。
10. 2004/05年，台灣外勞母國之一的泰國也使用其自製的機械手在南極深海從事海洋學研究，而開啓其在南極國際舞台的活動。
11. 2007年1月19日，繼在其史考特研究站主持50週年慶之後，紐西蘭女總理克拉克（Helen Clark）飛往南極點的美國阿蒙生・史考特研究站訪問，成爲第一位訪問該處的國家領袖。
12. 1912年12月14日，來自才剛獨立6年的挪威，阿蒙生率團完成人類第一個抵達南極點之壯舉。2011年12月14日，挪威總理史托騰伯格（Jens Stoltenberg）前往位於南極點的阿蒙生・史考特研究站，在包括挪威在內的12個南極公約原簽約國國旗環繞的儀式用南極點上，主持阿蒙生的冰雕肖像揭幕典禮，以紀念其事蹟100週年。除了提升挪威之國際地位，史托騰伯格說：當年阿蒙生等人的成就型塑了其國人的新國家認同。現場有包括科學人員❸及南極探險者等數百人觀禮，此外，還有包括2個來自挪威的總共12支探險隊從各路欲趕到現場共襄盛舉，雖因惡劣的天候阻隔在途中而未能趕上，卻抵擋不了他們的熱切。

▲阿蒙生的冰雕肖像揭幕典禮 / Erik Edland/SMK・挪威總理府

從南極看台灣（一）

籠罩台灣的中國陸封務虛文化及中原思維

1. 雖有「臨世界最大海洋之漫長的海岸線」，但中國欠缺海洋文化，其鄭和下西洋與西方海上探險的性質與目的亦明顯地不同（見附錄四）。
2. 雖然發明了指南 / 北針，但在中國文化體制下的子民至今仍視其爲「吉祥物」，主要使用在「看風水地理」、「升官發財」及「蔭子孫」上；相對於西方人，雖然晚 1 個世紀才開始使用它，但卻完全發揮它做爲「科學儀器」的功能用於指向定位（Orientation）上。
3. 同樣是帝制時代，中國自古即統一學術思想、海禁鎖國及限制科學發明研究，沒有民間組織更無活躍的大自然活動，甚至後朝拼命清除前朝之建樹。

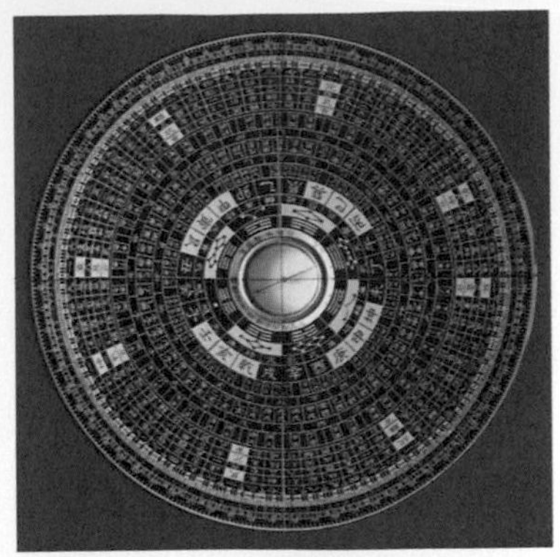

▲中國陸封文化下的磁針是吉祥物 / 企鵝先生

▲西方海洋文化下的磁針是科學儀器 / 企鵝先生

▲如在研究站以這樣的工作品質，必然出事 / 企鵝先生

4. 1987/88 年間於 1 項慶祝活動中，中國的長城南極研究站竟然施放爲數達數百隻的「和平鴿」，除嚴重違反南極公約「不得攜入外來物種」的規定，更迅即凍斃那些鴿子，而在南極國際社群中首創讓人哭笑不得之「南極怪譚」。
5.「商人無祖國」被視爲常態。
6. 相較於 1 位西洋年輕人可以在南極船遊的航海日誌上寫出那樣有深度的南極感言（見第 39 頁），而華人卻質疑「南極冷得要命，會有什麼好玩的？」，甚至劈頭即問「那裡有什麼好吃的？」
7. 超過 13 億人口的中國是聯合國安理會之常任理事國，但在其他國際組織（包括南極公約）中亦只有 1 個席位——亦即他「沒有兄弟國」。中國不但加碼挹注，甚至軍事威脅以打壓「台灣統治當局（Taiwan' s Ruling Authorities）」❹開拓國際空間的努力。
8. 中國文化體制的主要問題在於自古以來它即一直不是「生命共同」的國度，統治者長期以「海禁鎖國」強化其大中國陸封及專制統治等封建思惟與愚民洗腦，配合宗教的「宿命論」與「功利主義」的「功德觀」所編織成根深蒂固的異質「中國現象」。

不同文化思維的國度在國際舞台上的表現產生巨大落差，在瞭解「海洋務實文化與陸封務虛文化的差異」後，便清楚「陸封文化體制下的國度要成為 21 世紀世界主宰者」的低可能性。

中國陸封務虛文化下的台灣

▲私立淡江大學海事博物館 / 企鵝先生

1. 台灣連 1 座介紹海洋人文事物的公立海事博物館（Maritime Museum）都沒有 [5]，已跨入 21 世紀了，基隆港都的文化特色仍停在「大廟前的小吃」。而高喊「海洋立國」的民進黨經營多年，並號稱為「海洋首都」的打狗港都之特色，竟是與其口號扯不上關係的「捷運與愛河夜景」。
2. 政治銅像 / 廟、「功德」會、（保平安添福壽的）寺廟、神壇、馬殺雞及養生……的體系遠龐大於圖書館、博物館、藝術館、科學館、海陸體育活動設施 / 俱樂部、大自然活動設施 / 俱樂部、讀書會、藝廊、愛護動物 / 環保組織及國家公園，民眾接觸法師、道士、地理師及卜卦看相者遠多於科學家、醫師、歷史學家、文學家、運動員及藝術家，而花在大自然活動的精力與支出遠少於美食、進補、放生積陰德、長生不老與升官發財，居所內「旺來高昇」、「官運亨通」、「書中自有顏如玉」、（甚至診所內也有）「招財進寶」、「恭喜發財」、「一本萬利」及「對我生財」之類的標語及圖騰，除掛在嘴上、刻在牆上、印在賀卡 / 書籤、吊在車內、掛在身上，甚至恭奉在神龕裡，不一而足。
3. 相較於先進國家的小學生即有實地野外方位辨識（Orientation）的訓練課程，而懂得使用地圖和磁針，車內都備有地圖；台灣人則不會或不看地圖找路，車內不備地圖，出門時靠向路人或打電話問路。

4. 東寧王國驅逐荷蘭人時，前者重財貨接收而後者卻忙於撤退典章文物，當今要觀看其所簽的停戰協定原稿需到敗戰者荷蘭之國家檔案局。
5. 1945 年，戰敗的日本留下「科學、務實與法制」的體系和教化，有秩序地自基隆撤退，而於長年渴望之後，台灣在隨肩背鍋傘、腳著草鞋的中國兵而來的體制下，歷經劫掠與貪污，只消 2 年即發生「228 事件」，結果是受過現代文、史、法、政、醫、農、藝術及宗教等教育之知識菁英被有計劃地剷除。
6. 孕育「地位志向型」國民，官祿或經濟成就爲其奮鬥目標與社會地位標準。
7. 2001 年，來自中國的術士在台北帝國大學時代即已具學術崇高地位之今日的台灣大學內表演「隔空抓藥」，並在此騙吃騙喝。
8. 台灣 GNP 雖已近每人 20,000 美金了，但在選舉時卻可將選票以幾百元出售。
9. 人們自小在塡鴨、記憶及補習之「表面公平實係精密設計」的聯考升學教育制度下，被根本封殺其獨立思考、創作與活動力，而侷限在「經濟唯一」的活動及思考領域——這便是所謂「經濟奇蹟」之「台灣經驗」的背景。它葬送了原被稱爲「美麗之島」的大自然生存環境，以及「海洋之民」的生命活力，對土地、大自然的人文感情，使得台灣變成有名的「垃圾之島」、「貪婪之島」與「國際侏儒」，在其他活動領域乏善可陳。
10. 已經跨入 21 世紀了，台灣青年人的活力仍主要耗在聯考補習、郊遊烤肉、街頭飆車與網路；雖然四面環繞溫暖的海洋，但我們近海而不認識海，絕大多數人不會游泳，水上活動、遊艇俱樂部和碼頭等設施與資訊極有限；口袋裡只有簽帳卡而無借書證，甚至一輩子沒進過圖書館、科學館及博物館；保平安添福壽的香油錢遠多於公益捐輸，而文化維護、環保及建國等公益社運的非政府組織苦哈哈；餐飲消費遠多於文化與大自然活動支出；只知經濟成長率與股票指數；擁有巨額外匯存底卻無「國際戶籍」。

南極的自然事務

全球環境變遷（Global Change）

1. 由於脆弱敏感的環境系統，使得南極地區容易顯現負面環境衝擊的徵候，因此數十年來「全球環境變遷」便一直成爲南極科學研究的重要項目。2007 年 3 月到 2009 年 3 月的「第四次國際極地年科學研究活動（IPY）」即是該議題的史上最大國際合作探究行動，惟台灣缺席。
2. 美國曾以體積龐大的柴油燃料運補與儲存困難爲由，1962 年時於其最大的麥可墨得研究站啓用 1 座核子發電機組。但因維護、廢料處理昂貴及安全考量，勉強運作了 10 年後花費鉅資及 6 個南極夏季的時間拆除清理。此後，該研究站儘管不斷擴充而致耗電量提高，也導致降低溫室氣體排放的壓力不斷增加，卻再無核能發電之議。
3. 1976 年，低海拔國家的荷蘭投身關注全球暖化現象與衝擊的行列，而積極地在南極涉入環境科學研究，除了修正過去塡海造陸的思維以外，更於 2005 年成立了高層級的專屬機構，以新思維規劃防洪工程、大自然防災與未來 200 年的國土規劃。
4. 1990 年代時，「全球暖化」成爲美國環保組織「山脊俱樂部（Sierra Club）」極端關注的全球環保議題，他們認知到自己在進行一項史上最大及最危險的實驗，而將孩子們的未來賭上了……，該現象之衝擊包括海水倒灌、天候異常（水患、乾旱及暴風）及其所致的熱浪、森林火災、農作歉收、飢饉與傳染性疾病（如登革熱及瘧疾）蔓延、動植物遷徙甚至物種滅絕……。該組織提出的對策包括：提高汽車及冷暖氣機的能源效率、節省能源、建築設計 / 材料的改革、以瓦斯代替燃煤及增加日光 / 風力發電等方法，唯獨沒有「增加核能發電機組」的小動作，雖然美國具有技術、設備與資源等優勢條件，也沒有任何國家以其做爲降低 CO_2 排放的策略。

5. 1997 年，人口比台北縣（今新北市）稍多，但面積爲台灣 7.5 倍的紐西蘭已提出關於土地不足的因應策略：如果一定要土葬者，應改用站立式。因爲在全盤的國土規劃之下，只有公墓，沒有私人墓園及靈骨塔。
6. 近年來，美國與澳洲對氣候變遷相關議題的關注甚至高於恐怖攻擊，而由高層級的單位如「國土安全部」負責。
7. 位於高緯度之南極研究站的商用風力發電系統已經運轉數年，2009 年初，比利時更推出以日光及風力的混合能源供應之無 CO_2 排放的研究站（見第 296 頁）。

從南極看台灣（二）

筆者想起 1970 年代初於高山雷達站服役時，整個附近山頭的樹木原已被砍光再放火燒，伙食兵開車帶電鋸去砍伐木材當柴火，後來又有人開始來挖樹頭。但最後只見在聯外道路上備有 2

▲在1970年代初即已光禿的高山頂 / 企鵝先生

▲先進國家禁挖樹頭，擁有這些傢私是土石流災變的共犯 / 企鵝先生

部推土機，以備遇雨道路崩塌時之用……

台灣的人口有 80 % 集中在佔全島 1/3 面積、海拔 200 公尺以下的平原地區，在地狹人稠以及位處地震與颱風地帶的負面自然條件之下，多年來的濫砍、濫墾、濫葬、濫建及過抽地下水等不當的開發活動，已造成自然水土保持系統嚴重崩解，導致水資源減縮、水患、土石流及地層下陷等大自然反撲現象，在當今不斷惡化的全球環境變遷的推波助瀾下更越演越烈。如果再加上萬一的核能電廠災變，我們到底有多少本錢來面對？

2009 年的台灣，因全球暖化的海水蒸發量增加帶來之驟雨，在 8 月 8 日的莫拉克（Morakot）颱風的水患中展現了巨大的破壞力，導致其中近 5 百人的村莊瞬間消失滅村，整個受災區面積幾達台灣的一半。這樣的災情暴露了我們的生存系統已出現嚴重病肇，以及氣象預測、行政運作與緊急救災等體系的極度落後與脆弱。不知血淋淋的教訓是否足夠「成就」台灣以趕上先進國家而向上提升？

▲紐西蘭公民法實施50週年（1998），命運共同——讓我們攜手同行（Let's journey together）

期望

台灣與中國該有的關係

從附錄十一顯示包括前述美國、加拿大、紐西蘭、澳洲與英國的海洋文化思維（以及延伸從歐盟 / EU 的成立看東亞的對抗，和日本明治維新後的錯誤國家發展方向等面向）給我們的啟示：台灣和中國應該一邊一國，盡各自努力建立民主自由、讓國際社會景仰的現代化國家，且互相扶持共存共榮地以穩定亞洲的地緣政治，並如歐洲般建立集體安全體系。

列島改造計劃

1. 在文化及政治方面：去除漢移民之「中國陸封務虛文化與中原思維」，學習「海洋務實文化及全球思維」之英國移民和毛利南島（Maori Austronesian）原住民族合組紐西蘭國一般，而和同屬「海洋之民」的福爾摩沙南島原住民（Formosa Austronesian）同胞在這個美麗島（Ilha Formosa）上建立充滿樂觀、進取、活潑及冒險犯難之具有「太平洋文化特色」的「海洋性格的台灣國（Oceanic Taiwan State）」，並如雄帝王企鵝在 –60℃，而強風時速高達 150 至 200 公里的劇寒長夜中蜷曲緊靠，且互換位置以形成「命運共同體」來抱蛋繁殖（見附錄八），方能對抗險惡的生存挑戰，並擁有眞正的安定與保障而免苟安、恐懼與卑屈。

2. 體制：建構1個民主、社會公義、文化、科學務實、經濟等均衡發展，並與大自然和諧相融，有如「東方瑞士」一般的人文社會。

3. 地方建設：廣建科學館、博物館（尤其是人文科學）、圖書館、藝術館、大自然活動設施、登山步道／木屋、遊艇碼頭及野營地等，並充實相關軟體設施。

4. 國土規劃與產業發展：設立「國土規劃及環境保護部」，參考先進國家之國土規劃與管制經驗，發展台灣的綠能產業、風力／日光／潮汐發電之再生能源、高效率的公共運輸系統、建築觀念／設計／建材的改革與全島綠化，以節能減碳。

5. 其他：教育內容的台灣化與升學制度的大改革、人文與自然科學並重、加強環境科學、修改稅制鼓勵公共捐獻，以及強化公共衛生和民防緊急救難系統等。

6. 追隨140多年前日本明治維新的經驗，脫亞入歐，學習「海洋文化與科學務實」精神，將官方行事曆排除舊曆年節，從改過新曆年開始，除了用以脫胎換骨躋身現代化國家之林，更能與國際接軌而提昇以外貿經濟爲導向的海島經濟之國家競爭力。

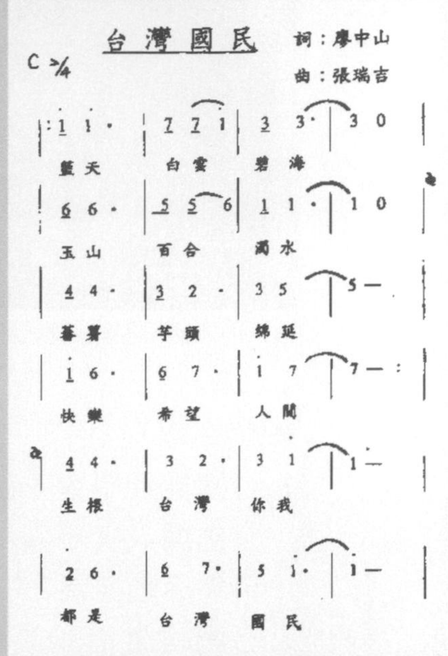

▲〈台灣國民〉

▲建立具海洋性格的台灣國／企鵝先生

▲玉山運動和海洋台灣首度的2001帆船環球之旅 / 郭宏東・新觀念雜誌社

機構之設立

1. 台灣地理學會（Taiwan Geographical Society）：做爲台灣地理學相關的自然與人文知識之研究，以及資訊收集、教育、公共政策、大自然活動推展之中心機構。
2. 台灣戶外活動訓練學校：教導登山、攀岩、野營、定位、騎馬、風帆、獨木舟、航行、潛水、渡河、飛行、滑雪及急救等相關知識與技巧，推廣正當及安全的大自然活動，也激勵人格發展和自我發現而有益身心，甚至可視之爲「國防體育」而強國強種。
3. 國立台灣海事博物館（Taiwan Maritime Museum）：成立於打狗市。其他各港都則成立地區海事博物館以爲其主要陸標與海洋文化中心，以強化海洋文化教育而落實海洋立國。
4. 海功號南極博物館：設於基隆市，將海功號改裝成博物館以展示台灣水產試驗所之 4 航次的南極漁業科學探險史料。

國際南極社群（International Antarctic Community）

1. 參與南極國際舞台活動

各國在南極國際舞台之國家利益遠大於在世界衛生組織（WHO）且相對有其國際義務，台灣自應參與，同時不能綁在任何國家之下。

儘管因未擁有國際戶籍而無法簽署南極公約，永世的台灣仍應爭取加入如「南極及南冰洋聯盟（ASOC）」之國際 NGO，以列席南極公約顧問國會議（ATCM），及加入南極公約系統下之其他機構。

南極大陸是無主地，如公海與太空，像傳統的農耕隊般，台灣官方應派出包括自然科學、歷史、文學、環保、教育、藝術及學生等各界人士組成之「台灣南極研究隊」到他國的研究站，進行「台灣南極科學研究活動（TWARE）」，並參與國際合作之研究活動。尤其是涉入普世價值之全球環境變遷與南極保護的相關研究，並做出貢獻；最終設立自有的福爾摩沙研究站（Formosa Station）。南極科學研究有助於科學強國，可提升國民知識 / 視野 / 人文和人力素質，包括推展科學務實精神與海洋文化並落實海洋立國，甚至發展新科技，亦積累「南極資歷（Antarctic Presence）」和開拓國際活動空間（等同進行我為主權國家的國際宣示）。

民間亦應開展「台灣南極大自然探險活動」，它亦能爲台灣的南極資歷加分。台灣南極學會（ASOT）與台灣國家山岳協會（NAAOT）曾籌辦「2004 年南極最高峰文生山暨南極

Since 2000
海洋台灣・前進南極・科學務實・優質生態・先進國家

開啟台灣之南極外交
進軍南極國際舞台
落實海洋立國

白皮書

台灣南極學會
Antarctic Society of Taiwan
2006 年 4 月修訂版

▲民進黨執政期間，曾多次向其推促開啓 TWARE

▲台灣南極科學研究活動計畫標誌 / 林文華

點遠征探險活動（2004 TAE）」，其雖未成行，但澳洲南極研究署網站曾大幅報導（見附錄六）。

2. 制訂國家南極政策（National Antarctic Policy）：它是外交、海洋與教育政策的一環。

3. 將普世價值之南極保護納入國內法。

4. 將打狗港市發展成「台灣南極資訊／研究中心與南極研究的前進基地都市」

於打狗港市設立專屬的「國立台灣南極研究院（TWARI）」及國立台灣南極博物館，前者負責「台灣南極科學研究計畫（TWARP）」之訂定、研究站之設立與 TWARE 的執行。該港成爲台灣南極研究／運輸船的母港。

5. 開啓南極城市外交

打狗市應與如紐西蘭的基督城（Christchurch）、澳洲的荷巴（Hobart）、南非的開普敦（Cape Town）、阿根廷的烏蘇亞（Ushuaia）、

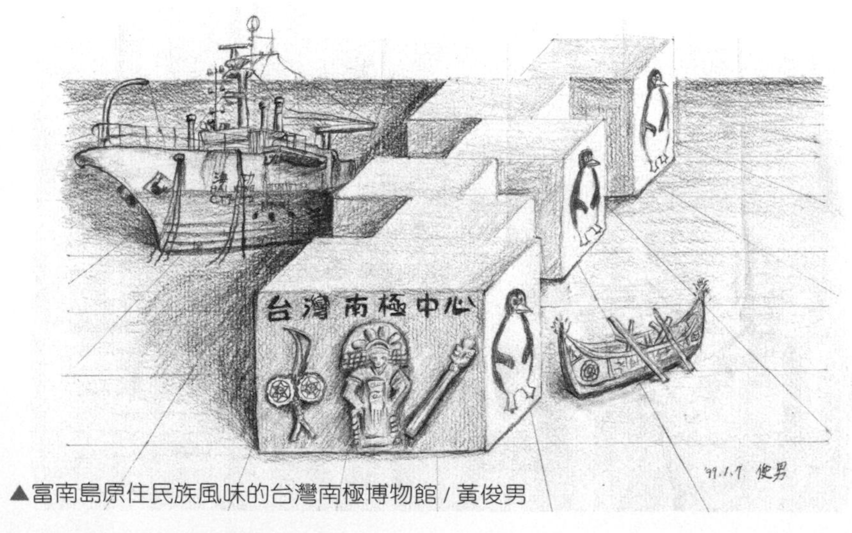

▲富南島原住民族風味的台灣南極博物館／黃俊男

智利的旁它阿雷納（Punta Arena）、福克蘭（Falklands）群島的史丹萊港（Port Stanley）、美國的灰內米港（Port Hueneme）德國的布萊梅哈芬（Bremerheaven）、挪威的特羅姆瑟（Tromsø）、俄羅斯的聖彼得堡（St. Petersburg）、日本的橫須賀（Yokosuka）及印度的果阿（Goa）等南極活動的知名前進基地都市交流，甚至建立姊妹市關係。

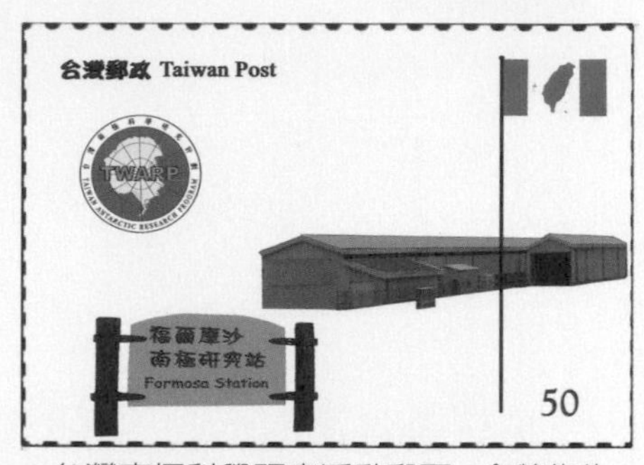

▲台灣南極科學研究活動郵票 / 企鵝先生

6. 發行台灣南極活動郵票

❶ 由於仍值東西冷戰期間，美國先扮和事佬，後轉向其南美盟國阿根廷施壓並提供軍事衛星偵測情報給英國。

❷ 儘管包括法、中、俄等國反對而未能在聯合國通過議案，但美國執意對伊拉克施壓而聯合英、澳、紐等國出兵，後者在老大哥登高一呼之下派了 2 架老舊飛機一路壞一路修地趕去助陣。

❸ 在現場投入 ARA 國際研究計畫的台灣大學教授陳丕燊（見第 271 頁）亦適逢其盛地列席。

❹ 係美中建交後，美國國內法之台灣關係法（TRA, 1979）對中華民國之定位。源於二戰後蔣軍係受太平洋聯軍司令麥克阿瑟之第 1 號命令來台「受降」，且因丟失其憲法規範的領土，而被排除在舊金山對日和約（SFPT, 1951）之簽訂與日本所放棄之台灣主權的收受資格；1958 年 10 月 22 日，其外交部長黃少谷甚至對美國大使莊萊德（Evarett F. Drumwricht）自承為流亡政府，亦即中華民國不是國家。

❺ 台灣只有 2 家私立的海事博物館：淡江大學及長榮，分別成立於 1990 及 2009 年，後者係少見之非設立在港都者。

寶島未來的環境

陳鎮東教授
國立中山大學海洋地質及化學研究所 1998 年

依據聯合國的估計，世界人口將以開發中國家帶頭繼續成長，預計在公元 2050 年時會突破 100 億人。因人口持續成長，所增加的環境負荷將更棘手。

世界各國在二次大戰以後，人口及其所伴隨的社會經濟活動急劇成長。全球人口於 1900 年爲 16.5 億，至 1950 年成爲 25.2 億，1996 年增加到 58 億。全球之經濟規模則在 1950 年至 1996 年間增加約 5 倍。同期中，能源供應量增加 4 倍有餘；肥料使用量擴大 9 倍多。在此狀況下，一方面先進國資源大量消費、廢棄物大量排放。另一方面，開發中國家因人口大增，爲脫離貧窮，進行大規模開發及經濟活動、砍伐森林，使地球環境之惡化，與日俱增。

具體而言，近年來形成之臭氧層破壞、地球溫室效應、酸雨、沙漠化等環境問題，並非局限於一個地區或是一個國家，而是超越國境。另外，世界各地也存在熱帶雨林消失及野生動植物種類減少等問題。而部份開發中國家，在人口劇增、都市化及工業化擴展等背景下，公害問題更是層出不窮。

我國近年來已由開發中國家邁入先進國之列，在此期間所進行之開發及經濟活動，也使得環境涵容能力下降、環境問題惡化。根據環保署「國家環境保護計劃」中的資料顯示，使得我國環境負荷加大的因素如下：

1. **人口密集**：1996 年底，台灣地區每一平方公里人口密度爲 596 人，高居世界 1000 萬人口以上國家的第 2 位，且大半集中於都會區，人口密度每平方公里達 2000 人以上，其中以台北市每平方公里有 9,586 人爲最多。由於人口太過密集，活動時產生大量的廢氣、廢水、廢棄物、噪音等，降低了生活品質。
2. **工廠林立**：1996 年底，台灣地區登記的工廠數總計 96,850 家，平均每平方公里將近 3 家，較 1981 年底增加 1 倍以上。
3. **機動車輛大增**：1996 年底，台灣地區機動車輛登記數達 1,427 萬輛，平均每平方公里 396 輛，較 1981 年底成長 1.5 倍；其中密度最高的高雄市、台北市每平方公里分別有 7,034 輛及 5,311 輛。
4. **垃圾成長**：台灣地區垃圾量，從 1981 年底之 356 萬噸成長到 1996 年底之 871 萬噸；此期間內平均每人每日垃圾量亦由 0.63 公斤增至 1.13 公斤，使得垃圾場使用年限縮短，而新的垃圾場興建不及。
5. **家禽畜飼養數增多**：1996 年底，養豬隻頭數達 1,070 萬頭，較 1981 年底之 483 萬頭，增加 2.2 倍。另牛、羊、雞、鴨的飼養數也不斷成長，其排泄物對環境造成不少負荷。
6. **農藥使用量增加**：1981 年農藥（包括殺蟲劑、殺菌劑、除草劑）使用量 33,667 公噸，到 1996 年已增爲 38,283 公噸。
7. **電力消耗增加**：平均每人每月家庭用電量由 1981 年之 36 度增至 1996 年之 114 度；若加上營業、工業用電等，平均每人用電量由 1981 年之 2.2 度增至 1996 年之 5.2 度。
8. **用水量增加**：平均每人每月家庭自來水用量由 1981 年之 4.6 度（立方公尺）增至 1996 年之 7.3 度。若加上工業用水等，則平均每人自來水用量由 1981 年之 76 度增至 1996 年之 125 度。而且一些工廠及養殖業者大量抽取地下水，造成水資源缺乏，使得台灣被列入世界上缺水地區。

以上這些因素，造成我國獨特的環境問題：

1. **高山林地區**：海拔高度在1000公尺以上之山地，爲台灣原住民的主要居住地。許多非法掠奪山區資源的不肖民眾，上山造成水污染、土壤沖蝕、山崩地滑、森林火災、水庫淤積，甚至中下游的洪氾問題，及景觀破壞與野生動物之滅絕。其他北橫、南橫公路及已開闢之部份新中橫公路，皆有類似之環境問題發生。
2. **淺山丘地區**：海拔高度在1000公尺以下、100公尺以上的山坡地，約占全島總面積27%，其中一半以上已開發爲農業類型之土地利用方式，也有部份開發爲住宅社區及工業用地。本地區因濫墾而造成水土保育不良者相當嚴重，林木之濫伐，伐木便道及高爾夫球場之開闢，對於本區生態系統全面破壞，造成景觀資源之破壞及水土保持不良，也導致下游地區之水源及洪氾問題。社區住宅林立，間或雜有零星工廠分布，與集水區域的養豬戶污水及茶園、果園噴灑農藥、肥料，都直接威脅都市的水源。
3. **沿海地區**：爲海岸平均高潮線及往內陸推移3公里或第1條山稜線間之地區，由於大部份開發歷史甚早，因此各種人爲經濟與非經濟活動甚多，造成污染。此區也因多在河川下游出海口附近，河川帶來的有害污染物，使得沿海的環境承載力大大地減弱、漁蝦產量減少，甚至某些生物就此滅絕。
4. **平原盆地地區**：爲海拔高度在100公尺以下之平原及四週有山地丘陵環繞、中間低平之盆地，所占面積不到全島的1/3，但其所受工業化與都市化的影響比其他任何一個地理區都來得直接而嚴重；公害污染問題有增無減，諸如空氣、水噪音、固體廢棄物、毒性物質之污染無日無之。近年來許多工廠下鄉，造成工廠零星分佈於農村地帶，一方面破壞原有農田水利設施系統，另一方面造成環境遭受破壞。此外，工廠排出廢氣、廢水，與鄰近居民之衝突亦時有所聞。
5. **外圍島嶼區**：澎湖群島、金門、馬祖及其他周圍列島，由於工業化程度低，而其所帶來之污染亦相形降低，但公共衛生有待加強；金門、馬祖近年來開放觀光，飲用水、環境衛生及廢棄物問題已不容忽視。

依據聯合國的估計，世界人口將以開發中國家帶頭繼續成長，預計在公元 2050 年時會突破 100 億人。同時人口集中於都會區之情形將更加嚴重，開發中國家也將有大型都市出現。有相當多國家可能無法有效改善貧窮，再加上相當程度之人口成長，國際環境將持續惡化。

1996 年底台灣地區人口數爲 2,147 萬人，在政府「人口合理成長」的政策下，未來每年將增加 18 萬人。至 2011 年，總人口數將增至 2,419 萬人，人口密度將達到每平方公里 670 人，人口持續向都市集中。根據經建會的預估，至 2011 年時，85% 的人口將集中於都市計劃地區。

因人口及經濟持續成長，其所增加的環境負荷也將更形棘手，同時既有之製造業、消費及處置的方式若無法加以改善，使其更具有省資源之特性，則以往典型公害問題也將繼續存在。同時因民眾休閒需求及對品質的要求有所提昇，爲滿足國民對自然之接觸，對都市地區之水岸、綠地及野生動物保育問題，也將更形突顯。

由於社會經濟情況將邁向穩定成熟，生產製造、消費、廢棄等活動造成之環境負荷如放任其自然增大，將形成台灣狹小國土內極爲棘手之環境問題，進而形成永續發展之障礙。因此，未來在都會區對於都市型、生活型公害之防範，在非都市區域對於自然生態之保育，以及參與全球防止酸雨、海洋污染、溫室效應、臭氧層破壞、沙漠化、有毒物質擴散及環境管理等課題上，都必需付出相當之關懷與行動。否則，惡果將由我們的後代子孫承受。

商人有祖國
私人企業在南極探險史上的愛國表現

企鵝先生

1999 年初版，2009 年修訂

英國恩德比兄弟公司（Enderby Bros Co）

恩德比公司原本從事海上貿易，1773 年 12 月，於美國獨立戰爭前發生的波士頓港事件之茶貨即由其船隻所輸入，其後轉往南洋做捕鯨及海豹的新行業。第二代負責人恩德比（Samuel Enderby, 1756 – 1829）及其 3 個兒子基於愛國心及科學興趣，常不計盈虧鼓勵其船長在商業航行中尋找新陸地，甚至專程派船到可能發現新陸地的海域做探索航行。

其旗下有多位知名的船長在早期的南極探險史上各有成就：布里思託（Abraham Bristow）在 1806 年 8 月發現了今日紐西蘭的亞南極島嶼之奧克蘭群島（見第 124 頁），後在其上建立了捕鯨站，其中有 1 個名爲恩德比島。鼻斯可（John Biscoe）曾在 1830/33 年間完成環繞南極大陸之海上探險活動（見探險選錄第 14），發現並命名了恩德比領地等。康普（Peter Kemp）在 1833 年發現並命名了康普海岸（Kemp Coast / 67° 15' S, 58° E）。巴羅尼（John Balleny, ? – 1857）與福利曼（Thomas Freeman）則在 1838/39 年發現了巴羅尼群島（見第 120 頁）。

挪威 A/S Oceana 捕鯨公司

它係當時世界最大的捕鯨業者，其家族對南極之地理發現特別有興趣。1893/94 年間，於老克里斯登森（Christen Christensen, 1845 – 1923）旗下的拉森船長即首度在南極半島做陸上滑雪探險並發現了化石（見探險選錄第 19）。

其子拉斯・克里斯登森（Lars Christensen, 1884 – 1965）繼承父業，在 1927/37 年間投入更大的人力物力甚至曾多次攜其妻因格麗得（Ingrid Christensen）同行，而進行了不下於 9 航次之密集的南極海空探險活動。

其更大的成就包括近代首次的南極大陸環航、投入與南非相對的 80° E 及 15° W 左右之間的南極大陸海岸地區之許多地理調查與發現，並製作了相當數目的地圖，**其妻成爲首位參與南極飛行及地理發現的婦女**，發現並命名了哈拉德王子海岸（Prince Harald Coast / 36° E 附近）以及與英國、澳洲和紐西蘭的聯合探險隊達成以 45° E 經線爲「地盤」界線的默契（見第 192 頁），且宣佈對毛德皇后領地（Dronning Maud Land）的主權。另於 1927 年 12 月與 1929 年 2 月，分別兼併了布威（Bouvet）島（見第 121 頁）及彼得一世島（見第 119 頁），後者爲南極圈內具有國家主權之島嶼的特例；另有朗希爾德公主海岸（Princess Ragnhild Coast / 27 ° E 附近）、克里斯登森海岸（Lars Christensen Coast / 69° E 附近）、克里斯登森領地（Lars Christensen Land）、利奧波德和阿斯特麗德海岸（Leopold & Astrid Coast / 84° 30' E 附近）、維斯特福爾德嶺（Vestfold Hills / 78° 15' E 附近）無冰地區（見第 45 頁）及龍達尼山脈（Sør Rondane Mountains / 72° S, 25° E）等。

知名的參與人員有洪特維特（Harald Horntvedt）、拉森（Nolis Larsen）及米克爾森（Klarius Mikkelsen）等

▲拉斯・克里斯登森 / Sandefjord Museum, Norway

船長、伊薩克森（Gunnar Isachsen, 1868 – 1939）探險隊長以及里舍拉森（Hjalmar Riiser-Larsen, 1890 – 1965）則擔任船長與飛行員等兩棲職務。米克爾森之妻卡洛琳（Karoline Mikkelsen, 1906 – ?）曾同行並於 1935 年 2 月 20 日在 68° 25' S, 78° 30' E 登陸，發現且命名了「因格麗得．克里斯登森海岸（Ingrid Christensen Coast）」，而爲首位登陸南極大陸的婦女。

台灣人在南極的白色恐怖

企鵝先生
2002 年

南極的大自然白色恐怖

本書第六章所介紹的南極特殊自然現象潛藏著危險性，而對所有人具「白色恐怖」威脅：

1. 南極大風雪（Antarctic Blizzard）
2. 白化視覺錯亂（Whiteout）
3. 南極下坡風（Katabatic）
4. 冰縫（Ice Crevasse）

台灣人在南極的人文白色恐怖

1996 年，筆者自紐西蘭組了 1 個共 10 人的南極船遊觀光團準備在 2 月初南下位於高緯度、知名的羅斯島（Ross Island）地區。

行前，當時台灣基督長老教會（PCT）的台南神學院教務長（今玉山神學院副校長）陳南州牧師剛好到紐國休假。當時本人想：那將是第一個台灣團體探訪該南極大陸地區，且因費用昂貴，跑一趟不容易，尤其要去高緯度地區而應把握機會。乃央請陳牧師安排，請其公子隨後將顯示「各族群攜手合作、建構命運共同之如東方瑞士般小而美，且富海洋文化的台灣國家」願景之旗幟自台灣攜去，經大家簽名，以便隨行攜到南極留影。他欣然同意，聯

絡當時 PCT 總幹事資深秘書施瑞雲小姐，她乃趕搭計程車前往剛遷回台不久的台灣獨立聯盟辦公室取八菊旗及台灣獨立聯盟會旗各 1 面，並經包括高俊明牧師等多人簽名後轉送到紐西蘭。

因自知到時可能無人與本人拉旗合照，乃於紐國再邀當地台僑簽名後，請內人將該兩面旗車縫成一，並在一旁加上繩索以便到時可將一側綁在固定物上，讓我獨自即可拉另一側而被拍照。

經過約 10 天的航行，我們的船往南穿越西方航海人以 Roaring 40、Screaming 50 以及 Furious 60（咆哮的 40° S、狂暴的 50° S 及尖叫的 60° S）描述的南冰洋後，終於 2 月底挺進到此行盡頭之高緯度的 McMurdo 峽灣底。

途中，我們曾在浮冰上登陸活動。在與團員們以他們所攜的紐西蘭和中華民國旗合照後，我借用其旗桿裝上前述旗幟請團員幫我拍獨照。

上船後，有 1 對中年夫婦團員問我那是什麼旗幟？我即將它攜到其船艙以向他們解說，而後他們詢問可否簽名？我向他們展示其上許多人（包括本人）之簽名後，他們就簽了名。

惟數天後，他們告訴我說睡不著……。我會意後，乃立即去取該旗幟到其船艙，並當面將他們的簽名塗抹至其滿意爲止。

在連續數天探訪就近 3 個英國早期南極探險活動所遺留下來的數個古基地（Historical Hut）後，我們於 2 月 28 日早上花了 2 個多小時拜訪了南極最大的科學研究站——有 1,200 名人員的美國 McMurdo Station。繼之，我們轉往鄰近的紐國科學研究站 Scott Base 訪問，後請 1 位紐國職員到外面的基地路標處幫我拍了如圖示之相片（由於氣溫約 –20°C，他按了快門後，即將相機丟置於地上而衝進室內）。由於將一端在固定物上，旗幟才能展開而得看清全貌。

該旗幟已物歸原主，而其上面的白色塗抹痕跡即爲「台灣人在南極之人文白色恐怖」——台灣人內心揮之不去的警總——之印記，其故事發生處離台灣超過 1 萬公里，時間是解嚴後已 9 年（當時也正值中國以導彈試射威脅台灣的首次總統直選）。

從早期西方海洋國家之南極遠洋探索航行看鄭和下西洋

企鵝先生
2002 年

鄭和下西洋的理由

1. 政治的：尋求阻絕明惠帝日後回國爭奪王位的可能性及宣揚國威。
2. 經濟的：國際貿易。

西方國家南極遠洋探索航行的誘因

1. 文化的：海洋文化之冒險精神。
2. 政治的：開疆擴土。
3. 經濟的：獵取經濟資源與國際貿易。
4. 科學的：驗證如「地圓學說」、「南 / 北地磁點（Sth / Nth Magnetic Poles）」與南方大陸塊存在之推論；同時沿途並做自然與人文科學調查，如生物採樣、人類學、航行之文字、製圖、數據甚至繪畫與攝影等記錄。

鄭和的遠洋航行之特點

1. 鄭和（1371 – 1433）是深宮太監，無水 / 海上的工作背景，且本姓「馬」而爲回教徒，其父到過聖城麥加 [1]，亦即其對欲探訪之目的地已先有資訊而異於西方之遠洋「探索（Exploration）航行」。
2. 使用的船舶是河船之放大，吃水淺而不適長程跨洋航行。
3. 航線離陸地不遠，屬「海岸航行（Coastal Navigation）」，而非西方與日本之「越洋航行」。
4. 船隊規模很大，有別於西方與日本的單船或小規模船隊之遠洋活動。

▲寶船模型 / 長榮海事博物館

5. 使用大型的「寶船」，貿易是其重要活動❷。
6. 缺乏科學誘因與內涵。
7. 整個活動由官方主導，未如西方與日本之民間團體或大眾有相當份量的參與，甚至全由民間團體或私人主導。
8. 鄭和過世後，明帝國於 1436 年宣布不得建造海上航行船隻的禁令。其活動雖空前，卻也絕後。
9. 雖共有 14 航次來回，但卻只到過澎湖，而未到過台灣❸。今日南洋仍保有當時所蓋的鄭和古廟，台灣則無。

簡評

1. 中國只有陸封文化，而不具西方海洋國家之「海洋文化」及「科學務實」基礎，致大清帝　國在戊戌變法之下，雖曾擁有硬體規模龐大的北洋艦隊卻不堪明治維新後的日本一擊。
2. 在貿易是其重要活動的背景下，上述第 9 點顯示其為「台灣是中國固有領土」之反證。可見當時台灣仍爲南島原住民之天下，未有樟腦、硫磺、煤、金、茶葉、鹽與糖等 17 世紀後之漢移民及西方人所致的「台灣名產」，即當時之商旅係往南洋跑，而鄭和隨之。

❶ 係今國立政治大學台灣史研究所（2014 年修訂）戴寶村教授的觀點。

❷ 同上。

❸ 為台灣南極學會首任理事長 Kembo Ruilang 之提示觀點。

從南極救難看台灣效率低落的緊急救護

企鵝先生
2002 年

1999 年的 921 大地震導致台灣多處災區一片哀鳴時，操各種語言的國際救難隊伍們攜帶救難犬及生命偵測儀等，在最短的時間從各個方向趕抵台灣，隨後奔赴災區協助本地救難隊的高效率，令人記憶深刻。

2000 年 7 月 22 日，包括 1 對 70 歲、在先進國家被稱為「資深公民（Senior Citizen）」的夫婦等共 4 位工人被洪水困在嘉義八掌溪，雖然離最近的空中救難基地只有 5 分鐘航程，但在大有問題的消防救難單位裝備保養訓練，加上 2 個空中救難單位互踢皮球之下，他們在洪水中歷經 3 個小時後被沖走。

4 年多後，低效率的緊急救護系統將台北市 1 位嚴重腦部外傷需要緊急手術的受虐女童轉至 100 公里外的醫院，而後不幸死亡。2010 年 8 月 8 日莫拉克（Morak）颱風致全台面積約 1/4 成為災區，其救災更是荒腔走板……

讓我們來看看發生在 1998 年，位於遙遠、非夏季而更具嚴苛自然條件的南極大陸，1 則美國和紐西蘭合作無間的救難事例：

事件背景

美國 McMurdo 南極研究站的 1 位研究員因急性盲腸炎，而需緊急送回紐西蘭就醫。

當地狀況與前置作業

時值 8 月初的南極初春，籠罩著近 24 小時長夜與極冷（氣溫 –36℃，加風凍效應）。所使用之 Pegasus 冰上飛機起降跑道離研究站數公里，包括研究站與跑道間的道路及跑道本身在 3 月初後即關閉未再使用，而需緊急調派機具開路除雪及刮平跑道，同時佈署起降信號燈、照明設備、塔台及加油甚至維修站。所有入秋後即收拾「冬眠」的機具必須緊急「叫醒」恢復功能，啓動引擎運作。

任務運作

由於美國的海軍飛機遠不濟急，使紐國空軍緊急受命接替，8 月 13 日 02 : 00，在北島首府奧克蘭（Auckland）市附近的空軍基地接獲任務，立即著手修正大力士（Hercules, C – 130）運輸機螺旋槳角度，以適應因寒冷而致空氣密度較高的南極飛行任務，後南下飛抵其南島的基督城（Christchurch）。已待命的一組醫護人員、另一組機員和隨機補給裝備登機後，於 10 : 15 啓程南飛。領行組長 Richard Marshall 才於 2 週前自位於熱帶、正值 40℃高溫的巴布亞新幾內亞（Papua New Guinea）的風災救難補給運送勤務歸來。

在站長 John Sherve 的指揮下，McMurdo 研究站所有前置作業緊急完成，包括病患也被載運到現場。

17 : 20，大力士在高度飛航技術下順利地於燈火通明的冰上跑道著陸，在引擎保持運轉下加油及例行檢查。經人員及補給裝備等上下機，在約 1 個小時後，由另一組機員駕駛起飛返航。

該機在次日 01 : 30 安返基督城。

評論

美、紐 2 國不知在多少相關單位與優良素質人員的密切合作下，配合維修保養良好的硬體設施，尤其是在富「命運共同體意識」之國家機制對生命價值與自身責任的重視，使紐國空軍完成前後 24 小時「無瑕的迅速動員任務（Flawless Quick Mobilising Mission）」。

類似內容曾在 2005 年 1 月 17 日登載於《自由時報》自由廣場

（www.libertytimes.com.tw/2005/new/jan/17/today-o4.htm#4）

附錄六

海洋台灣、前進南極

第一個台灣南極陸上探險活動

企鵝先生

登載於 2002 年 8 月 15 日《自由時報》自由廣場

www.libertytimes.com.tw/2002/new/aug/15/today-o1.htm#o4

漢文化的子民雖然發明了司南磁針，且其居住的陸地有臨「世界最大海洋之漫長的海岸線」，卻欠缺海洋文化，至此仍根深蒂固地將其當作「吉祥物」而用在看風水地理、鑽研榮華富貴與升官發財之道等，在先進國家看不到且落後異樣的文化活動上。較慢才懂得使用磁針的西方海洋國家，則將其當作「科學儀器」而使用在指向定位、包括南極遠洋探險的大自然活動上。這使得前者始於 1405 年、儘管比西方的哥倫布抵達美洲新大陸還早 87 年、共 7 航次的鄭和下西洋和西方遠洋航行之出航誘因與內涵截然不同，且其之所以曇花一現則不足爲奇。

隔鄰日本在始於 1868 年的「明治維新」國家現代化活動中，學習西方海洋與科學文化……後，其國力增長迅速。1873 年進軍台灣屏東牡丹社；1894 年在甲午戰爭中打垮大清帝國的北洋艦隊；1905 年戰勝俄羅斯；1910/12 年由其海軍中尉 Nobu Shirase（1861 – 1946）所號召的南極探險計畫在民間的支持之下成軍，而趕上歷經約 500 年之遠洋南極探險後，才正由挪威與英國所開啓的「南極點陸上探險競賽」。除了讓挪威人吃驚，他們也登上 Rose 冰棚，並在今日公認的南極大陸地圖上留下當時所命的日本地名。

先進的海洋國家在歷經數百年的遠洋南極海上探險後，於 1820 年代即登上南極半島，南極半島之外的大陸南極（Continental Antarctica）在 1895 年（即台灣成為日本領地那年）亦被登陸，自此他們即在南極大陸上活動至今。現代廣泛的「國家南極科學研究活動（National Antarctic Research Expedition, NARE）」始於1957/58之「國際地球物理年（IGY）」，當時之南極高空物理研究所引領的太空探險導致了1969年之美國Apollo登月成功，其至1999年也已屆滿30週年。在美國的主導下，國際社會續於1959年簽訂了俗稱「南極俱樂部」之「南極公約（Antarctic Treaty, AT）」來管理南極國際事務。由於未具聯合國會籍，使得台灣無法加入前述國際公約；但我們只要遵守相關的南極保護規定，即可以在和南極公約一樣均屬如假包換的國際舞台之南極大陸上活動無礙。

現代的南極活動內容以：

1. 持續、不停的「國家南極科學研究活動（NARE）」為主

即如阿根廷與紐西蘭已分別有99年和45年的南極科學研究基地與活動；屬民間社團的國際綠色和平組織曾在1986/91年間於南極的Ross島設立基地，並自此參與南極公約的年會活動；而國家年度經費之6成用於支付外債的巴基斯坦也已在剛結束的2001/02年南極夏季完成其第11年的國家南極科學研究活動；連印尼也經使用澳洲的Davis科學研究站，而在今年的3月8日完成了其第一個年度的國家南極科學研究計畫。

2. 事件式的民間「南極大自然探險（Antarctic Adventure）」為副

近代各式個人之南極探險活動未曾中斷，從在有世界最強風紀錄之處蟄居在「貨櫃屋」1年過冬、獨自無補給橫越南極大陸、攀登最高的文生山和以89歲高齡攀登以其爲名3,000多公尺的高峰而完成65年的夢想……，不一而足。而探險者之職業從軍人、醫生、科學家、藝術工作者、律師、空服員、工程師到老師……，有男有女，年紀從10幾到前述的近90歲。海岸線極短卻富海洋文化的比利時，已在1997/98年完成自南非方位的新路線登陸，再徒步配合風帆與滑雪中途無後勤支援地（Unsupported）橫越南極大陸以爲該國的南極活動100週年慶；另，連熱帶城邦

小國的新加坡也已在 1999/2000 年南極夏日完成單程、自南緯 80 度徒步 / 滑雪到南極點的大自然探險活動。

儘管已經進入 21 世紀，有關國人從事的南極科學研究，「使用自有資源的」只有 1976/84 年間台灣水產試驗所之海功號 4 航次的南冰洋漁業科學調查之「台灣南極海上探險活動」；再來便是幾位學人「非使用自有資源」，在海外參與他國之國家南極科學研究活動。現今，國人在南極地區的活動僅止於零星之旅遊活動，其以南極船遊爲主及去年底完成之南極點探訪；沒有國家南極科學研究活動，亦未曾有南極大自然探險活動。

「前進南極運動」是成立於 2000 年 11 月的台灣南極學會（www.asot.org）的重點工作，其訴求即在於「以台灣爲名」，開啓包括前述 2 種內涵之南極活動以進軍南極國際舞台。在開啓科學研究方面，策略上我們建議先派遣科學家「以台灣爲名」分散到他國研究站從事南極研究與學習極地活動技能，並建立和國際南極社群內之國家的友誼，這樣子所費不多；而最終期能設立自有的「玉山」、「達悟」或「福爾摩沙」南極科學研究站，使台灣成爲南極國際社群之長久成員。

今天（8/15），在戴寶村教授領軍的台灣國家山岳協會（www.taiwanalpine.org.tw）之大力支持下，與本台灣南極學會 2 個「非政府組織（NGO）」爲落實「海洋台灣」理念以「前進南極」，聯合舉行新聞記者發表會推出一名爲「2004 台灣南極第一高峰及南極點遠征探險活動（2004 Taiwan Antarctic Expedition, 2004 TAE）」之**「第一個台灣南極陸上探險活動」**，其主體活動內容爲：

▲2000TAE標誌 / 林文華

(1) 南極大自然探險活動：包括攀登南極最高峰文生山（4897 公尺）及自南緯 89.5 度以人力拖拉雪橇步行到南極點，後做 24 小時的停留。

(2) 國民外交：以3小時的時間用台灣或2個台灣NGO之主辦單位名義探訪位於南極點 之美國的Amundsen-Scott研究站
(3) 科學調查：接受學術單位委託沿途進行相關之科學調查，這也是「第一個台灣南極陸上科學研究活動」。
(4) 南極教育：透過衛星電話與網路讓國內學生與民眾和南極現場做聲音與影像連線，以進行遠端實況南極教育。

另外，其附屬活動有：
(1) 發行「前進南極」認同卡，支援成立「台灣南極科學研究基金」，效法先進海洋國家的南極活動史之優良傳統，由民間部門（Private Sector）走在官方之前，自力救濟地派出科學家到他國的研究站以開啓「台灣之南極科學研究活動」。
(2) 發行至少15,000份以台灣主體視線製作的《南極地圖與簡介》分發給全國學校或社區圖書館。
(3) 國內唯一之紹介海洋人文事務的「淡江大學海事博物館（Maritime Museum）」將闢專區長期展示本活動之歷史文物。
(4) 事後舉辦「南極自然與人文主題展」，配合聘請國外南極探險家來台訪問。

2004 TAE不但開啓「台灣的南極活動史」，其攀登南極最高峰部分亦開啓了「台灣登山史」的新頁。2004 TAE的本質是個社會運動，其本身只是手段不是目的，它的社運目標是「開啓持續的台灣南極科學研究活動，並建立自有的南極基地」，除了進行相關學術研究也進軍南極國際舞台。

別讓「走自己的路」成爲另一個口號，本「台灣第一個南極陸上遠征探險活動」期望各界先進不吝指教，尤其是大力贊助支持以共襄盛舉 ！

2004 TAE 終因經費缺乏而取消，但在前文登載日於台北市的一場公開該計畫之記者會時，卻有澳洲國家南極科學研究署網站刊登了如下的報導。當時網址如下：www-old.aad.gov.au/goingsouth/tourism/News/2002/11sept.asp#5

TAIWANESE GROUP PROPOSING 2003-04 VINSON ASCENT, TREK TO SGP

[ANAN-81/05]

Two Taiwanese non-government organisations, the National Alpine Association and the Antarctic Society, announced in Taipei late last month that they are hoping to jointly send a six-person group to climb Vinson Massif and man-haul to the South Geographic Pole (SGP) in 2003-04.

Full details of the venture, which is being called the 'Taiwan Antarctic Expedition 2004' (TAE), have not yet been released. It is not yet clear therefore if those involved are to undertake both facets of the expedition or, as seems more probable, whether they will be split into two groups, one to conduct the Vinson ascent, and the other to trek to the Pole. Just where the SGP trek is to commence has not been indicated, although a start from either Hercules Inlet or the Patriot Hills along what is now a well-traversed route seems likely.

Despite the lack of detail it would appear that the two-part expedition will be similar to those that have been supported by US-based tour operator Adventure Network International in the Ellsworth Land sector many times in the past 15 years.

The National Alpine Association is "an alliance of mountain climbers", while the Antarctic Society is made up of "Antarctic enthusiasts", some of whom have previously visited the continent as tourists. Few details about either group, including their size and resources, are known at this time.

In announcing its plans, the TAE organising committee said that it will need the equivalent of $US275,000 to mount the expedition and that all funds will be sought from private companies in Taiwan. The committee has indicated, however, that if "difficulties are experienced with fund raising" over the next 12 months, the number of participants may have to be reduced below the six currently envisaged.

The Secretary-General of the Antarctic Society, Lee Hou-chin, was quoted in a Taiwanese newspaper as saying that the TAE was established to "serve as a means of promoting Antarctica to Taiwanese people so that one day we can actively participate in international forums on Antarctic research." He said that "many developing countries" have carried out national Antarctic research expeditions and that "Taiwan should follow suit".

The TAE joins three other groups that are hoping to conduct treks to the SGP during the 2003-04 austral summer. The others are the five-woman 'Ice Maidens' party from Australia who hope to start from the Patriot Hills (ANAN-70/06, 10 April 2002), the three-man 'Polar Quest' group who are planning to conduct a return journey to the Pole from the same location (ANAN-63/11, 2 January 2002), and the recently announced six-person 'Cold Feat' trek that is listed as starting from Hercules Inlet (see ANAN-81/06 following).

地球上最南的禮拜堂
The Chapel of the Snows

企鵝先生
2003 年

「1957/58 國際地球物理年（IGY）」，國際社會在南極大陸設立科學研究站而開啓了南極科學研究熱潮。當時進行包括正値每 40 週年 1 次的太陽黑子活動高峰之高空物理和各種地球科學研究，它促使當時蘇聯首度火箭發射成功，以及美國急起直追的教育改革，導致其於 1969 年 7 月後來居上的阿波羅（Apollo 11）太空船的登月成功。到 1999 年 7 月正好屆滿 30 週年。

美國在 1955 年 12 月，即開始於知名的羅斯島（Ross Is.）上，經緯度爲 166° 60' E, 77° 83' S 之處興築可容納 1200 位工作人員，綽號爲 Mac Town 地「南極最大科學研究基地」——Mc Murdo Station（小國紐西蘭亦於次年底起在該基地旁 3 公里處興築了其 Scott Base）。

當所有的基地房舍興建完成之後，工作人員發現剩下了一大批建材，於是人們興起建造 1 座禮拜堂的念頭。工作人員們隨即同心協力，有的製圖、有的挖地基……，一所事先毫無規劃，被命名爲 The Chapel of the Snows 的「地球上最南的禮拜堂」就這樣在 1956 年初完工。

該座禮拜堂提供近半個世紀以來離鄉背景到位於自然條件極爲嚴苛（酷寒、與世隔絕、長晝 / 夜、孤寂、單調與充滿鄉愁……）的美國 Mc Murdo 及紐西蘭 Scott 南極科學研究基地工作的科學人員與上主作心靈交通的場所，亦見證了國際南極事務在國際條約——南極公約（Antarctic Treaty）——之管理下，使南極大陸供做科學研究用

▲地球上最南的禮拜堂 / 作者

途，而成爲地球上「唯一沒有軍警與監獄」之「和平的陸地」，並在 1991 年被劃爲「世界公園（World Park）」。

帝王企鵝之特異繁殖過程給台灣人的啓示

企鵝先生
2006 年

帝王企鵝的身高與體重分別可達約 115 公分與 40 公斤，其以體型最大及外形優雅而得名，牠們亦是唯一能在南極過冬的溫血動物，而其繁殖過程尤其對欠缺命運共同意識的台灣人極具啓示。

在每年 2 月底的南極秋初，當其他已完成繁殖的野生動物紛紛離去之際，牠們則歷經 1 個夏季的攝食而有充沛的體能，反而自海岸向南極大陸之內陸棲息地推進，以開啓其感人之特異繁殖過程。每年 5、6 月份，配對後之雌鵝產下 1 個重約 4.5 公斤的巨蛋，不久即將其交與雄鵝。雌鵝即經更遠（海面已冰封，可能達 200 公里）的長途跋涉，而在約消蝕了 25% 左右的體重後回到南冰洋過冬。

▲2014 年太陽花反服貿學運顯現台灣人之命運共同意識

雄鵝則在可低至－60℃之劇寒、強風時速可達 150 至 200 公里的風凍效應（Wind-chill Effect）及永夜下，將蛋夾孵在兩腳間，覆蓋著羽毛並與地面隔離之處，且可能多達 6,000 隻成群地互相蜷靠成「命運共同體」，互換位置以保溫。

64 天後，約在每年 7、8 月份小企鵝便破殼而出，惟在前後已約 4 個月無進食之雄鵝還自胃內吐出液汁以餵食其幼鵝，雌鵝也適時經長途跋涉並在成群中經辨識而適時出現。在換手之後，雄鵝乃長途跋涉回到海中攝食以補回已剩約一半之體重。1 個月之後，它再回到繁殖地點並輪流來回覓食以撫育幼鵝。

沒有國家之台灣住民極需效法帝王企鵝以建構「命運共同體意識」方能對抗險惡的自然條件，以保眞正的安定與保障並免苟安、恐懼與卑屈。

中國南極研究船雪龍號來訪所帶來與開啓的負面衝擊

企鵝先生
2009 年 11 月

在 2000/08 年民進黨執政期間，雖經推促，卻一直未啓動台灣南極科學研究或與他國進行「國際性」的南極科學研究活動交流。惟，在馬英九上台後的終極統一政策之下即顚倒作，首先安排自南極返航之中國南極海洋研究船雪龍號在今年 4 月 1 日來訪打狗港，而給台灣帶來了以下負面衝擊：

1. 開啓以南極科學研究交流為名的統戰大戲

除開放 2 天參觀之外，從當今（2009/10 年）之南極夏季起台灣研究人員被派遣加入中國國家南極科學研究活動（CHINARE），當本季活動於 2010 年 2 月底結束而前述人員返台時，以南極科學研究交流爲名之媒體宣傳統戰將被開啓。

2. 危害國防安全

海洋研究船具備間諜船功能，可收集海洋水文（Marine Hydrology）及軍事情資等；今年 3 月 8 日，在中國南海艦隊基地之海南島附近海域活動的美國研究船無懈號（Impeccable）即曾受到 5 艘中國艦艇包圍。數十年來，台灣海峽中線東側爲中國船艦不能涉入之禁區，今雪龍號機會難逢地以南極科學研究交流爲名大搖大擺地駛入台灣近海，並直搗打狗港。

(1) 台灣西南近海及打狗港埠航道的水文，與鄰近之左營軍港的我方艦艇相關活動等之情資應已被蒐集，儘管其宣稱遵守在進入近海即關閉相關儀器之約定。

(2) 假如該船離打狗港返航中國上海的航線是貼著台灣西岸近海北上，到淡水後再西行，這樣台灣西岸近海之水文資訊亦已被蒐集。

3. 台灣的南極外交淪陷

在撰寫此文時，3 名來自國立海洋生物博物館、中山大學和正修大學的台灣科學研究員已經加入中國南極科學研究隊而在海龍號上，且航行於南冰洋而接近中國的中山研究站，他們顯然是以「中國台灣省籍身份」參與。由於南極科學研究是南極國際政治外交活動之一環，一旦將台灣的南極科學研究鎖在中國之下，等同台灣之南極外交淪陷，而類似今年 5 月間在世界衛生組織年會（WHA）中將台灣以中國的副會員資格列席一樣，使台灣在法理上更成為中國的一部份。預期台灣研究員會被中國在國際場合（如過境澳洲與紐西蘭補給時），像在 WHA 般，當成台灣是中國的一部份之政治宣傳樣版。

南極
民進黨忽略的大舞台

企鵝先生
登載於 2011 年 5 月 22 日《自由時報》自由廣場
www.libertytimes.com.tw/2011/new/may/22/today-o6.htm
標題經其主編修改

5 月 20 日的自由時報報導「我科學家穿中國隊服發言，南極研究發表惹議」（www.liberty times.com.tw/ 2011/new/may/20/today-life1.htm）。筆者認為，南極國際舞台遠比 WHA 提供各國更大的國家利益，而南極大陸是無主地，如公海與太空，是我們唯一能以台灣正名從事活動的國際舞台，但卻一直被國人漠視。

南極科學研究表面上是學術活動，實為如假包換的南極國際外交之一環，它是官方才涉入的南極活動，使得從事南極科學研究活動成為國家主權的展現。

在民進黨執政時，台灣南極學會曾奮力透過各種管道推促，如傳統上派遣農耕隊到他國工作一般，其應派遣台灣南極科學研究隊到他國的研究站，去從事國際合作的研究活動，卻連樓梯聲都未曾響過。但民進黨沒聽進去的，國民黨卻聽得很清楚，馬英九上台後，除很快地安排中國南極研究船訪問打狗港（科學研究船有間諜船功能），並派台灣科學研究人員參與中國南極科學研究，如在 WHA 一樣，將具主權意義之台灣南極研究活動綁在中國之下。

連台灣外勞母國之一的泰國，在 2004/05 年的南極夏日，即使用其自製的機械手，在日本昭和研究站附近深海從事南極海洋學研究，而開啓其國家南極科學研究。另印尼、馬來西亞、模里西斯和波羅地海三小國之一的愛沙尼亞等第三世界國家，也都已投入。

民進黨該好好加油，假如明年能執政，應認眞爲台灣在久被漠視的南極國際舞台做這些事：派遣台灣南極科學研究隊到他國的研究站工作、制訂國家南極政策（它是國家外交、海洋與教育政策的一部份）、國會通過南極保護法（將普世價値的南極保護納入國內法）和打狗市應與國際南極前進基地都市（如紐西蘭的 Christchurch、澳洲的 Hobart、阿根廷的 Ushuia 和智利的 Punta Arena 及南非的 Cape Town 等）發展姊妹市關係。其他詳見 Formosa 南極研究站網站（http://formosa-station.blogspot.com）。

解構當今東亞陸權與海權勢力之緊繃與台灣的方向

企鵝先生

2012 年 10 月初版 ・2013 年 12 月修訂

本文的論述係基於南極之人文事物——海洋文化與陸封文化的差異，以及歐盟（EU）之成立背景，來解構二戰後台海兩岸之紛擾，和中國崛起後中日對峙而致東亞陸權與海權勢力的緊繃，從而呈現台灣的位置與方向。有鑑於近幾個月來民進黨的中國熱、中日間釣魚台列嶼之紛擾，及近日諾貝爾和平獎頒發給歐盟，卻未見以東亞陸權與海權勢力為題的公共討論。本文將以較多篇幅來探討少被論及，卻導致今日東亞不安定的日本因素。因為日本是亞洲最早進行現代化的海洋國家，應具海洋思維與現代文明，就東亞的共存共榮而言，其自始即應被期待為正面力量之貢獻者，類似筆者曾處的紐西蘭與澳洲之於其所處的地緣政治圈。

具「海洋文化及全球思維」的英國，在原本其視為「領土不可分割的聖仗」之美國獨立戰爭中挫敗，但卻沒有與美國「漢賊不兩立」甚而發生兩岸糾紛，反而因為其在美國有比其他競爭者（包括荷蘭、西班牙、德國及法國……）更多的移民，使美國於獨立後較不親近參與獨立戰爭並致贈自由女神像的盟友法國，而與英國成為「特殊國與國關係」的有力兄弟國家（見第 350 頁）。後來，英國又增加了加拿大、紐西蘭與澳洲等 3 個兄弟國家。他們在國際事務中互相支援，從上世紀初，英國為紐、澳宣佈瓜分了巨大的南極領地（Antarctic Territory）（見第 241 頁）、二次世界大戰、二戰後與共產集團的對抗，到冷戰後多次跳過聯合國而攜手投入包括中東及阿富汗等地的戰爭。佔全球人口才約 6% 的該 5 個「英語系兄弟集團國家」除了在聯合國各佔有大會席次，還有 2 席安理會常任理事國。另外，這幾個兄弟國家在南極公約中也各有席次，且除加拿大外，其他 4 國爲原簽約國，其國旗永久環插在南極點上，而在南極的國際事務當中扮演舉足輕重的角色。

佔全球人口約 1/4 之「陸封文化及中原思維」的中國，在所有國際組織都只有 1 個席位，無兄弟國。除了一直大力打壓我們的國際生存空間，樂歪了那些兩邊受益的第三世界國家之外，還透過武力威脅替國際軍火賣家創造利基，使得原本應如英語系兄弟集團國家般共存共榮之各自進步的能量長期地消蝕殆盡。

不同的思維，使英語系兄弟集團國家與中國分別在國際舞台呈現了巨大的表現落差，光就文化面來說，前者的英語很自然地成就爲世界最強勢的語言，而中國要想發展成世界級的強大帝國，可能性之低就不言可喻了。

對具有企圖心的海島國家來說，其與鄰近之大陸間有微妙的關係，即擔心陸上強權之渡海攻擊。英國深知其與歐陸之間屬「競合」關係，以及「一般居家不睦可以搬遷，國家間不睦則領土無法遷移」，故一直極爲謹慎。日本則只看到其與亞陸之間的「競爭」關係，且誤信軍事的能耐，於是在明治維新國家現代化進程中即毛燥地左打右踢，尤其對正受西方列強欺凌、曾是亞洲陸上霸權之中華帝國落井下石，這對其子民來說自然情何以堪。在歷史上，「陸封文化、缺乏海洋活動技術、經驗與企圖心」之中華帝國雖於蒙古王朝時曾有東渡之舉，但畢竟沒有成功，而其後曾擁有巨大船隊與遠航紀錄的明帝國卻並未揮師攻日，即「東亞陸權與海權的對抗從未成眞」。到二戰時，日本科技雖已能建造當代巨艨的大和戰艦，惟其卻顯然完全缺乏如英國之長遠深邃的海洋思維，致將當今東亞陸權與海權勢力的緊繃相當程度地歸責於當年日本之錯誤所「開啓與激化」的結果，應不爲過。對中國來說，被「陸封中土」之近鄰日本加入遠來的西方列強，且對其投入應屬更多之掠奪行動所致的負面感受，遠超過於被那些西方列強之凌辱。在有別於歐洲基督宗教文化之東亞的特異中國文化圈中，會遺留多少負面深層衝擊與後座力，恐怕是當年的日本所從未列入估算者，而顯現日本與英國之巨大思維落差。**來自海洋方向的列強入侵，促使傳統上外患來自西方與北方陸地的中國深刻地警覺海權之重要，這除了使日本因歷史與地理因素，代位其他列強，成爲中國崛起、仇外的第一道標靶，且導致台灣與附近島嶼**（如釣魚台列嶼）**變成中國海權戰略思維下的重要兼併**（其認爲是奪回）**目標。**

日本走錯了路，與當年派到歐美學習的明治青年多出身漢學背景，及其對歐陸國家有較多投注，使得帶回去的知識不夠完整，恐怕有相當程度的關聯。

歐盟成立之近因，是因爲二戰後法國總統莫內（Jean O. M. G. Monnet, 1888 – 1979）與外長舒曼（Robert Schuman, 1886 – 1963）憂心於歐洲被外強瓜分成 2 個陣營，及其追求共存共榮的遠見。曾在 60 年間被入侵 3 次的法國主動找侵犯者德國之總理——當年反對納粹的阿得諾（Konrad Adenauer, 1876 – 1967）——和解，他們一拍即合，這與歐美文明中的基督教文化具和解元素應不無關係。當年日本要「解放」的朝鮮半島之南半部——今日的大韓民國，當今之基督教人口已達 40%，但基督教已經進入 450 多年，在 100 多年前要「脫亞入歐」的日本，如今的基督教人口則仍在 1% 徘徊，甚至可能低於今日共產中國而爲世界上基督教極難傳播的國度。

當今中日對峙之另一項重要因子應爲兩國之「陸封思維、漢儒文化系統下的面子文化」，一旦結怨就難分解了。其老本行的中國如此，但如果比較日本和德國在二戰後的善後措施。德國的教科書呈現史實眞相、國家軍人公墓或英雄碑無戰犯同列（普世價值）、有納粹史蹟博物館（www.obersalzberg.de）與被侵略之鄰國無保留的徹底和解，從而使其「全面的國家正常化」，相較於日本只在「經濟面」站起來，應顯現了日本的中國化思惟面向，加上先前的討論而呈現出其「脫亞入歐」之未竟全功。

二戰後至今，日本一直面對慘重的苦果——無兄弟國、除了台灣而沒有其他和睦的鄰國、失去北方屏障的北方四島、無法隨當年的西方列強遠走而將其國土向太平洋東遷以遠離亞洲大陸，以及雖有世界知名的企業，但國貿外匯收入再多，其國際政治影響力卻完全不成比例……。尤其歷史竟如此弔詭，在百多年後，當今的日本竟然面臨「當年被其進出自如」的中國之巨大威脅，得仰賴美國支撐而十分鬱卒。

相較於腐敗的國民黨，二戰後其共黨領導人的銳智與強烈企圖心，使得中國在歷經百多年後能重新崛起，面對日本自已非吳下阿蒙而確屬不易；惟，要抵達日本的人文文明、法治……總總已開發現代化國家的總體國力表現，中國仍有長遠的路要走。日本從崛起到二戰慘敗後至今深陷泥沼之歷程，應可為今日中國復興之路的明鏡，假如陸封霸權思維不改而致走錯路，不知是否能有另一個百年以重新再來。

相較於歐陸的法國與德國已由不睦的鄰國一躍而同為歐盟的老大國家，融合海權英國，歐洲正一步一腳印地邁向共存共榮之際，東亞卻是當今世界最大的火藥庫。上帝把中、日放在一起，其格局與智慧應不僅止於成為東亞地緣政治圈內「鬥牛」之絕配，以致於沒完沒了的惡性循環成為夢魘。

看來，中國與日本均分別有待修的課業：即成就東亞共存共榮的地球村所仰賴的相關體制、文化思維、深切認知與格局❶。

以上討論，也呈現了台灣的位置與方向，尤其在遠程思維中，其與中國和日本該有的關係。

❶ 2013 年 5 月 18 日自由時報報導：美國罕見地由國務院發言人薩奇（Jen Psaki）於華府時間 16 日重炮譴責日本維新會共同黨成員大阪市長橋下徹先前的「慰安婦必要論」，並悲嘆以性為目的而被迫充當性奴的女性遭遇，咸認為這是對人權極嚴重的侵害。她希望日本繼續與鄰國共同致力於解決歷史所遺留的問題，建立起能夠向前邁進的關係。同年 10 月 4 日報導：在日本參加美日「二加二」安全諮商委員會議的美國國務卿凱瑞（John Kerry）與國防部長哈格爾（Chuck Hagel），3 日出人意表地首度主動要求前往東京的「千鳥淵戰歿者墓園」獻花。國際政治專家認為，美方希望藉由賦予未奉納甲級戰犯之千鳥淵正統地位和聲譽，化解日本和中國、南韓等因靖國神社問題引爆的激烈爭端。（筆者加註：這應亦在為日相安倍晉三可能於 17 至 20 日秋祭期間參拜靖國神社之舉示警。）7 日報導：雙方同意修訂 1997 年的日美防衛合作指針，並在書面上明載歡迎日本行使集體自衛權。顯然，美國洞悉東北亞問題之日本因素而於支持日本對抗中國之餘，也推促日本修正思維。

現場／南極核電看台灣

企鵝先生

登載於 2013 年 3 月 10 日《自由時報》自由廣場
www.libertytimes.com.tw/2013/new/mar/10/today-o4.htm
標題與開場語經其主編修訂

站在凱道，突然想到南極企鵝。

有 12 個國家在 1957/58 國際地球物理年（IGY）投入南極的科學研究，設立了 55 個研究站，而開啓了國際社會在南極的全面性之科學研究活動，也引領了於 1959 年掌理南極國際事務的南極公約（AT）之簽訂，除將南極定位爲和平的陸地，甚至在國際 NGO 的推促下而於 1991 年將其劃爲「南極世界公園」。

由於自然條件嚴苛，使得南極科學研究站需要高可靠度的電力供應，而原本都採用耐操的柴油發電機組，惟需將體積龐大之柴油燃料經遠洋運輸越過海象惡劣之南冰洋在南極儲存，涉及運輸事故風險及陸上倉儲所致之漏油環保事件，會違反南極公約和造成高成本支出。南極最大研究站——美國的McMurdo Station（本人曾在 1996 年 2 月造訪過）——便因而在 1962 年安裝了核電機組，惟在 10 年運轉期間問題百出，最終以灰頭土臉收場，而將全套設備（包括附近被污染的土石）以鉅資包船運返美國處理。雖然美國有技術與價格優勢，於南極研究站卻再也不談核電。

近年來，許多國家包括印度、紐西蘭、澳洲與美國等的南極研究站，都努力於建造風力和太陽能發電。比利時甚至在 2009 年 2 月完成零排放的新世代南極研究站，於夏季期間完全依靠風力和太陽能供電，更運用長晝陽光，配合巧妙之房屋設計和「被動式太陽能增益（Passive Solar Gain）」功能，提供研究站自然暖氣，且其廢水經多重處理而經 5 次回收後才換水。

比起南極，台灣具有更充足的太陽能，且有豐富的潮汐發電資源，以及成熟之太陽能及風力發電相關科技。我們台灣人該如南極企鵝般同享非核家園。

尋找台灣的「Mr. Vinson」

企鵝先生

2001 年初版，曾登載於《台灣南極季刊》第一期

2013 年 7 月增列最後一段

自 1966 年 12 月 17 日美國登山協會首度成功地登上位於高緯度之南極大陸的最高峰文生山（Mt. Vinson, 4,897 M）後，攀登世界七大陸地之最高峰便成爲世界登山愛好者的共同目標。

位於南極半島與大陸南極（Continental Antarctica）接壤處附近（78° 35' S, 85° 25' W）的文生山，是美國爲紀念在 1935/61 年間大力支持其南極活動之喬治亞洲國會議員文生（Carl G. Vinson, 1883 – 1981）先生而得名。他的遠見促使美國急起直追，除了塡補其在早期之南極探險史上較不活躍的紀錄，並建立該國在近代南極國際舞台上的領先成就與主導地位。她在 1959 年主導了今日管理國際南極事物之「南極公約（Antarctic Treaty, AT）」的簽訂，除了首創在地球上建立不由聯合國管轄的陸地，亦有利於其在南極國際事物之影響地位，並成功地在隨後之冷戰的時代以較有利的戰鬥位置於南極國際舞台與蘇聯互別苗頭。

落伍的台灣自然也需要「文生先生」，以推促跳脫「中國陸封文化與經濟唯一」之「國際侏儒格局」，從而落實建立「海洋台灣」之新國家理念。她 / 他可以是在國會內推動「國家南極政策（National Antarctic Policy）」、「國家南極科學研究計劃（National Antarctic Program）」與「南極保護法」之制訂、南極博物館（Antarctic Visitor Centre）之設立及開啓與南極活動之前進基地都市外交（如紐西蘭的 Christchurch、澳洲的 Hobart、南非的 Cape Town、阿根廷的 Ushuaia、智利的 Punta

Arena、德國的 Bremerhaven、挪威的 Tromsø 及福克蘭群島的 Port Stanley 等）南極相關事物的國會議員，她 / 他更可以是任何其他身份，包括尤其來自在先進的海洋國家之南極探險史上有積極表現的「民間部門（Private Sector）」之如 NGO、學術界與企業界等人士在各層面帶領支持推動台灣的南極相關事物、開啓台灣的南極外交、進軍南極國際舞台，除讓台灣在南極國際舞台做出貢獻，亦有利於海洋台灣的落實。

您不一定需爲男士，女士們自然也可以擔當台灣的「Mr. Vinson」，因爲婦女在南極活動史上一直扮演著重要的角色，如早期的南極探索探險活動之背後即可見婦女們的堅忍支持、近代德國的南極科學研究站之「過冬職員（Winter- over Staff）」曾全數以婦女組成、近年來婦女於南極的大自然探險活動極爲活躍。

另，台灣的「Mr. Vinson」也不必然只有 1 位。

自 1998 年起，於推廣南極知識與推促開啓「台灣的南極科學研究，設立 Formosa 研究站，進軍南極國際舞台，除爲保護南極的普世價值盡國際義務，亦落實海洋立國」的社運活動之路程中，有多位很熱心的朋友曾在各面向投注積極之助力而足爲台灣的「Mr. Vinson」典範——賴一德先生、林文華先生、鄭邦鎭教授、戴寶村教授、Kembo Ruilang 先生、陳學而先生、吳秀娟主任（台灣教授協會辦公室）、黃金郎副秘書長（台聯黨）及楊新一先生。另外，要特別提的是出生於中國、認同並自稱「台灣國民」之廖中山教授（1934 – 1999）的事蹟：他自 1997 年底起即開始關切該議題，1998 年底曾抱病爲本書之初版尋找出版社奔波，且在次年最後於台大醫院病房時，還曾一再惦念與交代「應好好推動進軍南極國際舞台，以落實海洋台灣……；並請提供更詳細資訊，希望趕快出院以撰文大力推促……❶。」

▲廖中山教授 / 駱明永

❶ 廖中山教授且希望再去登玉山，以紀念結婚 50 週年，同時要去為當時的總統選舉候選人陳水扁助選。

1. 1910/12 日本南極探險 / 白瀨紀念博物館
2. 1968/69 昭和研究站 / 南極點橫越探險報告 ・日本極地研究中心
3. 1996/97 南極調查報告 / 國際綠色和平組織
4. 1991/92 Antarctic Expedition Report / Greenpeace International
5. 1999/2000 年新加坡南極探險網站
6. 2005/06 年西班牙南極探險網站
7. A for Antarctica facts and stories from the frozen south / Meredith Hooper
8. Alone to the South Pole / Erling Kagge
9. Amada 計劃 / 美國柏克萊大學
10. Amundsen-Scott Station / South Pole Observatory
11. Antarctica / Jeff Rubin
12. Antarctica / 讀者文摘
13. Antarctica --- Both Heaven and Hell / Reihold Messner
14. Antarctic Expedition / Greenpeace International
15. Antarctica / Greenpeace New Zealand
16. Antarctic / New Zealand Antarctic Society
17. Antarctica --- The Last Frontier / Dr. Richard Laws
18. Antarctica / Keith Scott・Australian Geographic
19. Atunas 世界七頂峰攀登網站
20. 南極簡介與南極地圖 / 紐西蘭南極中心
21. 南極簡介與南極地圖 / 澳洲地理雜誌
22. 南極的野生動物 / 澳洲國家南極科學研究計劃
23. 南極的發現 / Scott Polar Research Institute
24. 南極公約系統 / Antarctica & Southern Ocean Committee

25. 南極半島之南極古蹟與旅客遵守規則 / 英國 Antarctic Heritage Trust
26. 南極的發現與探險 / Antarctic Philatelic
27. 南極科學研究 / 美國 Byrd Polar Research Institute
28. 南極地圖 / Antarctic Mapping Mission, USA
29. 南極與南冰洋 / 李燦然・台灣水產試驗所
30. 南極蝦漁業技術及漁場資源開發 / 台灣水產試驗所試驗報告
31. 南極蝦漁業技術及紐西蘭東南海域深海漁場開發 / 台灣水產試驗所第 30 號公報 (1978 年 10 月)
32. 南極歸來 / 呂一鳴 ・ 自然科學文化事業公司
33. 南太平洋及南極漁場漁獲物之加工試驗 / 彭昌洋・台灣水產試驗所第 43 號公報
34. 台灣南極開拓者 --- 海功 / 廖學庚・台灣水產試驗所
35. 海功號滄桑記要 / 林宏誠・潮訊 (1983 年 11 月)・台灣水產試驗所
36. Aviation / John King
37. Birds / Collin Field Guide
38. 加拿大 Bombardier 公司產品介紹
39. 鄭和下西洋 / 戴寶村 ・ 國立政治大學台灣史研究所 (2010 年)
40. Crossing Antarctica / Will Steger & Jon Bowermaster
41. 宗教與文化及相關演講 / 董芳苑・長榮大學台灣研究所兼任教授 (2010 年)
42. Edmund Hillary / 紐西蘭中文一族週報
43. Encarta 百科全書 / 微軟
44. Falkland Conservation 網站
45. 福克蘭及三明治群島介紹 / 福克蘭及三明治群島總督秘書處
46. 福克蘭戰爭 / 台灣廣廈出版公司
47. 地球溫室效應 / 美國 Sierra Club
48. 瑞典 Hagglunds Vehicle AB 產品介紹

49. Icebound in Antarctica / David Lewis
50. Icebound --- The Greenpeace Expedition to Antarctica / Stephen Knight
51. Icy Heritage / David L. Harrowfield
52. In the teeth of the wind / Alain Hubert, Dixie Dansercoer & Michel Brent
53. 南極綜合介紹 / 國際南極資訊及研究中心
54. Life in the Freezer / BBC
55. 美國 Lockheed 公司產品介紹資訊
56. McMurdo Station / South Pole Observatory
57. Mind Over Matter / Ranulph Fiennes
58. Mt. Vaughan Expedition / Grider Promotions
59. Mt. Vaughan Expedition / Life 雜誌
60. New Zealand & the 21st Antarctic Treaty Consultative Meeting / NZ Foreign & Trade Department
61. New Zealand Geographic
62. New Zealand Heritage Antarctica
63. 紐西蘭南極政策研究 / Stuart Prior‧ 紐西蘭外交部
64.『北京應從速改變國際形象』/ 亞洲週刊 1997 年 8 月號
65. One of the wonder spots of the world / Park & Wildlife Service, Tasmania
66. Polar Sea & Polar Star / USA Coast Guard
67. Ross 海域南極古蹟與旅客遵守規則 / 紐西蘭 Antarctic Heritage Trust
68. Scott Base --- A History of New Zealand' s Southern-most Station / David L. Harrowfield
69. State of the Ice / Greenpeace International
70. South Pole – 900 Miles on Foot / Gareth Wood & Eric Jamieson
71. 亞南極群島 / 各相關國家之國家南極科學研究計劃
72. Sub Antarctic Islands / Department of Conservation, New Zealand

73. The Coldest Place on Earth / Robert Thomson
74. The Icebound In Antarctica / David Lewis and Mimi George
75. That First Antarctic Winter / Janet Crawford · South Latitude Research Ltd
76. The New Zealand Harold
77. The old man & his mountain / Gordon Wiltsie · Life Magazine
78. To The Ends of The Earth / Ranulph Fiennes
79. Two Below Zero / Don & Margie McIntyre · Australian Geographic
80. 美國基地後勤補給 / Antarctic Development Squadron 6
81. 英國 Antarctic Heritage Trust 簡介
82. 英國 Royal Geographic Society 簡介目錄
83. 英國 Royal Society 簡介目錄
84. 鯨與海豚 / Project Jonah, NZ
85. 鯨豚名中英對照 / 台大鯨豚研究室網頁
86. 正確的大自然活動觀念 / 黃德雄 · 民生報
87. Whales & Dolphins / Barbara Todd · Printgroup Ltd, NZ
88. Word Park Base / Greenpeace International
89. Woman's Tran Antarctic Expedition / Grider Promotions
90. 美、英、德、挪、義、日、法、印、中、澳、紐、斐、荷、比、韓、加、葡、西班牙、波蘭、芬蘭、瑞典、阿根廷、智利、烏克蘭、巴西、秘魯、厄瓜多爾、馬來西亞、印尼、泰國、愛沙尼亞及巴基斯坦 …等之國家南極科學研究相關出版品與網站
91. 各國之國家南極科學研究計劃 / Antarctic Managers Electronic Nct-work
92. 南極公約系統網站
93. 國家南極科學研究計畫經理委員會網站
94. ANI, Aurora Expeditions, Adventure Associates, Alpine Ascents, Quark Expedition, Society Expedition, Southern Heritage Expedition …等旅遊公司之目錄或南極資訊

95. Exploring Polar Frontiers / William James Mills · ABC-CLIO · Dec 2003
96. Encyclopedia of the Antarctic / Beau Riffenburg · CRC Press · 2007
97. Argentina Marambio Organization
98. Wikipedia 網站之南極相關資訊
99. 我的南極經歷 / 陳鎮東教授 · 國立中山大學海洋地質及化學研究所
100. 我的南極經歷 / 陳天任教授 · 國立台灣海洋大學海洋生物研究所
101. 我的南極經歷 / 胡健驊教授 · 國立台灣海洋大學海洋環境資訊系
102. 我的南極經歷 / 盧仲成教授 · 國立中興大學生命科學系
103. ARA 計畫 / 國立台灣大學物理學系陳丕燊教授
104. 台灣聯合大學網站
105. 國際南極旅遊主辦者協會 (IAATO) 網站
106. 美國國家科學基金會 (NSF)
107. 比利時國際極地基金會 (Int’ l Polar Foundation)
108. 南征 · 新加坡南極探險隊 / Lulin Reutens · Epigram Books
109. 其他南極資訊相關網站
110. 台灣自由時報網站
111. 挪威總理府網站

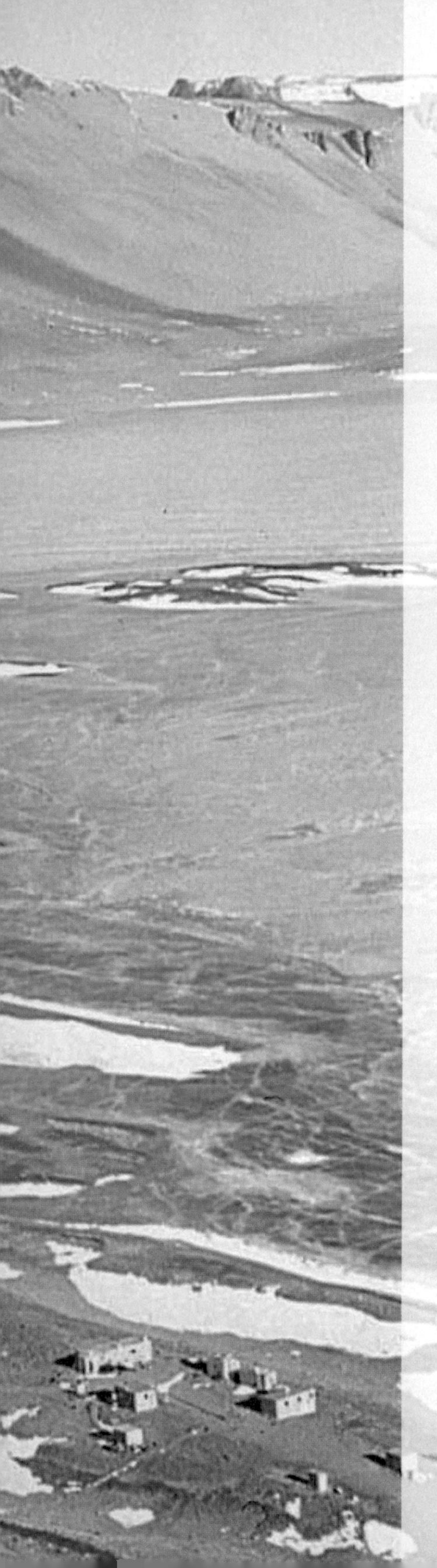

國家圖書館出版品預行編目(CIP)資料

南極世界公園・從南極看台灣 / 企鵝先生著. -- 初版.
-- 臺北市：前衛, 2014.07
面； 公分
ISBN 978-957-801-741-2(平裝)

1.自然地理 2.人文地理 3.旅遊 4.南極

779 103007665

南極世界公園・從南極看台灣

作　　者　企鵝先生
責任編輯　前衛編輯部
美術編輯　Nico
出 版 者　前衛出版社
10468台北市中山區農安街153號4樓之3
Tel：02-2586-5708　Fax：02-2586-3758
郵撥帳號：05625551
e-mail：a4791@ms15.hinet.net
http://www.avanguard.com.tw
出版總監　林文欽
法律顧問　南國春秋法律事務所林峰正律師
總 經 銷　紅螞蟻圖書有限公司
台北市內湖舊宗路二段121巷28.32號4樓
Tel：02-2795-3656　Fax：02-2795-4100

出版日期　2014年7月初版一刷
定　　價　新台幣600元
特　　價　新台幣490元

Printed in Taiwan　ISBN 978-957-801-741-2